ubu

HAPPY CRACIA

FABRICANDO CIDADÃOS FELIZES

EDGAR CABANAS E EVA ILLOUZ

TRADUÇÃO
HUMBERTO DO AMARAL

11 Introdução

27 1. Especialistas no seu bem-estar
77 2. Reavivar a chama do individualismo
129 3. Positividade no trabalho
173 4. Eus gratificados à venda nos mercados
221 5. Ser feliz é o novo normal

267 Conclusão

279 Sobre os autores

A Jara, por seu amor infinito, sua mente
aguçada e seu senso exemplar de justiça.
EDGAR CABANAS

À memória de meu pai, Emile-Haim,
que preferia a justiça à felicidade.
A meus filhos, Nathanael, Immanuel e Amitai,
que me dão muito mais do que felicidade.
EVA ILLOUZ

Que outro apocalipse foi tão agradável?
— PHILIP RIEFF, *The Triumph of the Therapeutic*

INTRODUÇÃO

O filme de Hollywood *À procura da felicidade* [*The Pursuit of Happyness*] estourou em 2006, com uma bilheteria de 307 077 300 dólares. Baseado no best-seller autobiográfico de Christopher Gardner – um afro-americano de classe média-baixa que saiu da pobreza e se tornou um homem de negócios bem-sucedido, corretor da Bolsa e palestrante motivacional –, o filme se passa no início dos anos 1980 e começa com Ronald Reagan na televisão, anunciando más notícias sobre a economia. O momento não poderia ser pior para Gardner e sua mulher, Linda, ambos com dificuldades para manter fora da pobreza a si mesmos e ao filho de cinco anos. A situação da família é bastante grave: o casal mal consegue pagar o aluguel, as contas do dia a dia e a creche da criança. Persistente e talentoso, Gardner é um sujeito determinado que anseia por uma carreira melhor – e, apesar de tudo, permanece otimista.

Um dia, parado diante de uma das corretoras de valores de maior prestígio do país, ele observa os rostos dos funcionários que estão saindo do prédio: "Eles todos parecem tão felizes", Gardner pensa, "por que não posso ser como eles?". Esse pensamento o inspira a trabalhar ali naquela empresa. Seu carisma e seu traquejo social lhe abrem as portas para um programa de estágio altamente competitivo, ainda que não remunerado. Linda, no entanto, não apoia seus sonhos. Quando o marido fala que pretende ser corretor, ela rebate com sarcasmo: "E por que não astronauta?". Ela é retratada como o contrapeso de Gardner: pessimista, reclamona, o tipo de pessoa que desiste fácil – e abandona a família justo quando a situação não podia ficar pior. Sem o apoio econômico da mulher, Gardner se vê desamparado. Expulsos de seu apartamento e sem pensão, ele e o filho se veem forçados a se mudar para um abrigo destinado a moradores de rua.

Apesar de tudo, ele não se deixa abater pelas circunstâncias: diante dos CEOs do programa de estágio e de seus concorrentes saídos de faculdades de elite, ele passa a imagem de bem-sucedido. Trabalha dia e noite, acumulando dois empregos enquanto estuda pesado para a prova final do estágio e ainda cuida muito bem do filho. E é obstinado: "Nunca deixe que alguém lhe diga que você não pode fazer alguma coisa. Se você tem um sonho, deve zelar por ele. Se quer alguma coisa, vá atrás. E ponto final", diz ao filho durante uma partida de basquete. Gardner termina entre os finalistas do programa e acaba conseguindo o emprego de seus sonhos. "Felicidade é isto aqui", declara ao cabo do filme.

Um aspecto interessante do sucesso internacional do filme é que ele diz muito da onipresença da felicidade – tanto o ideal como a busca – em nossa vida cotidiana. Ela está por toda parte: na televisão e no rádio, em livros e revistas, nas academias de ginástica, nas dicas de alimentação e dieta, nos hospitais, no trabalho, na guerra, nas escolas, nas universidades, na tecnologia, na internet, nos esportes, em casa, na política e, claro, nas gôndolas do supermercado.

A felicidade ronda nosso imaginário cultural, a ponto de ser uma presença *ad nauseam* em nosso dia a dia – é raro passar um dia inteiro sem ouvir ou ler alguma coisa sobre ela. Uma simples busca na internet resulta em centenas de milhares de ocorrências do termo. Antes da virada do século, a Amazon listava não mais do que trezentos livros com a palavra "felicidade" no título, e hoje essa lista inclui mais de 2 mil; o mesmo vale para o número de tuítes e posts no Instagram ou Facebook que as pessoas compartilham todos os dias. Ela desempenha um papel fundamental na compreensão corriqueira que temos de nós mesmos e do mundo, uma noção que nos parece e soa tão familiar que já nem pensamos nela – seria estranho ousar questioná-la.

Não apenas a frequência e a ubiquidade das ocorrências da palavra, porém, mudaram radicalmente nas últimas décadas: o modo como começamos a entender a felicidade também passou por uma transformação drástica. Já não a relacionamos ao destino ou a circunstâncias particulares – ausência de problemas, corolário de uma vida plena, ou então mero prêmio de consolação para os pobres de espírito. Hoje ela costuma ser vista como uma atitude passível de ser engendrada pela força de vontade; resultado do treino de nossa força interior e nosso eu autêntico; única meta que faz a vida valer a pena; o padrão pelo qual devemos medir o valor de nossa biografia, o tamanho de nossos sucessos e fracassos; e a magnitude de nosso desenvolvimento psíquico e emocional.

Mais importante, a felicidade passou a ser o modelo, a encarnação da imagem ideal contemporânea do bom cidadão. A história de Gardner ganha especial interesse deste ponto de vista: um dos aspectos mais atraentes do filme não está no que ele diz sobre a noção de felicidade em si, mas no que revela sobre o tipo de cidadão capaz de alcançá-la de modo legítimo.[1] O que o enredo propõe é que a felicidade não é tanto uma coisa, mas um determinado

---

[1] Edgar Cabanas, "'Psytizens', or the Construction of Happy Individuals in Neoliberal Societies", in Eva Illouz (org.), *Emotions as Com-*

tipo de pessoa: individualista, fiel a si mesma, resiliente, motivada, otimista e com um alto grau de inteligência emocional. O filme transforma o protagonista na personificação ideal do sujeito feliz e apresenta a felicidade como o eixo da vida exemplar, ao organizar e mobilizar o eu em torno de certos valores ideológicos, pressupostos antropológicos e virtudes políticas.

A história, no entanto, vai além da tela. A história do verdadeiro Christopher Gardner continuou na mídia, que se interessou por sua vida e em como ela poderia inspirar milhões de pessoas com a ideia de que, na verdade, riqueza e pobreza, sucesso e fracasso, felicidade e infelicidade são escolhas. Em 2006, Will Smith, que interpretou o protagonista do filme, disse em uma série de entrevistas que adorava Gardner porque "ele personifica o sonho americano". No *Oprah Winfrey Show*, o ator também mencionou que "os Estados Unidos foram uma ótima ideia" porque "são o único país no mundo em que Chris Gardner poderia existir". Faltou dizer que casos como o de Gardner são uma exceção tanto nos Estados Unidos como no resto do planeta. Smith desconsiderou que seu país é uma das nações com as maiores taxas de desigualdade de renda e de exclusão social do mundo,[2] de tal modo que a mobilidade e ascensão social são na realidade muito difíceis de alcançar para a maioria da população. Ele também deixou de mencionar que os Estados Unidos são um dos países que acreditam que o sucesso ou fracasso pessoal cabe exclusivamente aos indivíduos (sejam eles vencedores ou perdedores),

---

modities: *Capitalism, Consumption and Authenticity*. London: Routledge, 2018, pp. 173-96.

[2] Thomas Piketty, Emmanuel Saez e Gabriel Zucman, *Distributional National Accounts: Methods and Estimates for the United States*. Cambridge: NBER Working Paper, n. 22945, 2016.

uma crença profundamente arraigada ao inconsciente cultural e nacional – um pressuposto meritocrático que se estende aos países ocidentais em geral, nos quais só cresce a tendência em ver a situação particular de alguém em termos de merecimento, e não de processos estruturais.³ O filme é um exemplo muito representativo disso, com Gardner retratado como o *self-made man* por excelência, e sua vida uma espécie de luta darwiniana por ascensão social; termina com a mensagem muito clara de que a meritocracia funciona porque a perseverança e o esforço pessoal são sempre recompensados.

Nos anos que se seguiram, o Christopher Gardner de carne e osso ficou famoso no mundo todo. Deu centenas de entrevistas compartilhando seu segredo para a felicidade e explicou por que, no título original do filme, a felicidade [*happyness*] era escrita com "y" e não com "i", como seria o correto: "O 'y' está lá para nos deixar conscientes de que é você [YOU] o responsável por fazer da sua vida o que dela você desejar. Ninguém vai te ajudar. Depende só de você". Gardner encontrou sua verdadeira missão na vida: dividir com o mundo a sabedoria que conquistou a duras penas sobre o poder das pessoas de salvar a si mesmas e transformar circunstâncias adversas em oportunidades para o crescimento e o sucesso. Nomeado embaixador da felicidade em 2010 pela Associação Estadunidense de Aposentados (*American Association of Retired Persons* – AARP), uma organização sem fins lucrativos com mais de 40 milhões de membros ao redor do mundo, ele se dedicou de corpo e alma à divulgação de uma mensagem simples: assim como as pessoas podem ser moldadas, ajustadas e transformadas graças à força de vontade

---

3   Jonathan J. B. Mijs, "Visualizing Belief in Meritocracy, 1930-2010". *Socius: Sociological Research for a Dynamic World*, n. 4, 2018.

e ao *know-how* adequado, também a felicidade pode ser fabricada, ensinada e aprendida.

Sua mensagem, contudo, era também paradoxal, para dizer o mínimo. Enquanto afirmava que a felicidade era sobre "você, de SUA responsabilidade, e só sua", Gardner argumentava a favor da necessidade de especialistas como ele para guiar as pessoas nessa empreitada. O ex-corretor estava sem dúvida preso ao eterno paradoxo embutido no mito da reinvenção pessoal: no fim das contas, mesmo indivíduos que alcançam o sucesso graças aos próprios esforços precisam de instruções e de orientação. Aliás, seu raciocínio não era novo, pelo contrário: provém de uma tradição de raízes profundas que mistura atributos ideológicos, espirituais e populares que há muito alimentam um mercado poderoso escorado na mercantilização de histórias pessoais de transformação, redenção e triunfo pessoal – uma espécie de "pornografia emocional" voltada a moldar a forma como as pessoas devem se sentir a respeito de si mesmas e do mundo que as rodeia. A conversão dessas histórias em biografias exemplares destinadas a ensinar o que as pessoas devem se tornar para serem felizes tem sido uma constante na cultura estadunidense – de Samuel Smiles na década de 1850 a Oprah Winfrey, nos anos 1990, passando por Horatio Alger no final dos anos 1880 e Norman Vincent Peale nos anos 1950.[4]

A busca da felicidade é, com efeito, um dos produtos de exportação mais característicos e um dos principais horizontes políticos da cultura estadunidense que foi disseminada e impulsionada com o auxílio de um vasto conjunto de agentes não políticos, como escritores de autoajuda, *coaches*, empresá-

---

4 E. Illouz, *Oprah Winfrey and the Glamour of Misery: An Essay on Popular Culture*. New York: Columbia University Press, 2003.

rios, organizações e fundações privadas, Hollywood, *talk-shows*, celebridades e, é claro, psicólogos. No entanto, só em tempos mais recentes ela deixou de ser um horizonte político sobretudo estadunidense e se tornou uma indústria global multibilionária que opera ao largo (e com a cumplicidade) das ciências empíricas e naturais.

Tivesse sido lançado nos anos 1990, *À procura da felicidade* teria passado relativamente despercebido em meio à profusão de relatos de superação que inundavam o mercado e em especial as estantes de autoajuda das livrarias e os catálogos hollywoodianos de dramas piegas. Mas a situação era diferente nos anos 2000. Criada em 1998 e generosamente financiada por recursos estadunidenses, a emergente ciência da felicidade, ou psicologia positiva, já havia assumido a tarefa de explicar por que a busca da felicidade deveria ser algo evidente em si não só nos Estados Unidos – como está na Constituição daquele país – mas também no resto do mundo. De acordo com esses psicólogos, todos os indivíduos são movidos pelo ímpeto de serem felizes, de modo que a busca da felicidade deveria ser vista não apenas como natural, mas como a expressão mais elevada da realização de um ser humano. As "ciências psicológicas", diziam, já havia tocado em alguns dos principais fatores que poderiam ajudar as pessoas a terem uma vida mais feliz, e todos poderiam se beneficiar de suas descobertas se seguissem os conselhos simples, mas de eficácia comprovada, dos especialistas. A ideia não era nenhuma novidade, mas, vinda dos quartéis-generais das ciências psicológicas, parecia valer a pena levá-la a sério. Em questão de anos, o movimento já tinha alcançado o que nenhum outro grupo conseguira: a felicidade estava no topo das prioridades acadêmicas, integrando a pauta social, política e econômica de muitos países.

Graças à psicologia positiva, a felicidade deixou de ser um conceito nebuloso, um desígnio utópico ou um luxo pessoal inacessível. Tornou-se um propósito universal, um conceito mensurável em torno do qual esses cientistas afirmaram poder enfim identificar os atributos psicológicos que definem um indivíduo saudável, bem-sucedido e funcional num nível ótimo. No fim das contas, contudo, e como era em grande medida previsível, esses atributos correspondiam, quase à perfeição, àqueles encarnados por pessoas como Gardner. Níveis altos de inteligência emocional, independência, autoestima, otimismo, resiliência e motivação seriam típicos de pessoas autogeridas [*self--managed*], autênticas e em vias de florescer [*flourishing*], e que também expressariam altos níveis de felicidade, saúde e sucesso pessoal. Tal perfil guarda tamanha semelhança com Gardner que o filme poderia ser apresentado como uma narrativa psicológica positiva exemplar.

O surgimento da psicologia positiva na virada do século mudou as regras do jogo. Os sermões motivacionais de Gardner deixaram de soar como meros bordões sobre a capacidade de superação e passaram a ser verdades científicas. De fato, os psicólogos positivos forneceram a suprema legitimidade da ciência a instituições poderosas, a multinacionais do *Top 100* da *Forbes* e a uma indústria multibilionária global bastante interessada em promover e vender a mesma ideia simples que Gardner apregoa em suas palestras: qualquer um é capaz de se reinventar e se tornar a melhor versão de si graças à simples adoção de um ponto de vista mais positivo sobre si e sobre o mundo. Para muitos, a busca da felicidade se tornou um assunto sério, e uma abordagem científica poderia atrair enormes benefícios sociais e psicológicos. Para outros, a ciência por trás dessas promessas ilusórias de realização pessoal e aprimoramento social lança, tanto na teoria como na prática, uma grande sombra sobre muitas de suas afirmações mais apologéticas, de seus empregos mais inquietantes e de seus efeitos mais controversos. O tempo provou que os céticos e os críticos estavam certos: como nem tudo o que reluz é ouro, devemos abordar a ciência e as promessas sedutoras da psicologia positiva com cautela.

NEM TUDO O QUE RELUZ É OURO: HESITAÇÕES E DESCONFIANÇAS

Então surge uma questão: será que a felicidade é o objetivo mais importante a ser perseguido por todos? Talvez. Mas, caso levemos em consideração o discurso dos tais cientistas, é preciso ficar com um pé atrás. Este livro não é contra a felicidade, mas contra a visão reducionista, e no entanto disseminada, da "vida boa" que essa ciência prega. Ajudar as pessoas a se sentir melhor é uma intenção louvável, dispensa maiores explicações. Mas, à luz do que tal ciência tem a nos oferecer, não temos tanta certeza de que essa ideia não tenha sua dose de limitações, afirmações controversas, resultados contraditórios e consequências deploráveis.

Nossas reservas quanto à felicidade têm como base quatro considerações críticas principais, de ordem epistemológica, sociológica, fenomenológica e moral. A primeira pode ser chamada epistemológica porque está interessada na legitimidade científica da ciência da felicidade – e, por extensão, na validade de seu conceito de felicidade do ponto de vista científico e objetivo. Sem meias palavras: essa ciência está repleta de falhas – e, sendo assim, o mesmo vale para o raciocínio por trás da noção de felicidade que propõe. O pragmatista Charles Peirce disse certa vez que uma corrente de pensamento é tão frágil quanto seu elo mais fraco, e a ciência da felicidade depende de diversos pressupostos sem fundamento, inconsistências teóricas e metodológicas, resultados não comprovados e generalizações etnocêntricas e exageradas. Assim, é difícil aceitar sem reservas tudo o que seus proponentes afirmam como verdadeiro e objetivo.

A segunda consideração é sociológica. Sem levar em conta o mérito dessa ciência como disciplina científica, é essencial interrogar e examinar quais agentes sociais consideram útil a noção de felicidade, quais os interesses e os interessados em seus pressupostos ideológicos e quais as consequências econômicas e políticas de sua implementação generalizada. Nesse aspecto, é digno de nota que a abordagem científica e a indústria da felicidade que surge e se expande a partir daí contribuem de modo significativo para legitimar a ideia de que riqueza e pobreza, sucesso e fracasso, saúde e doença resultam de nossas próprias ações. Esse processo também empresta legitimidade à noção de que não há problemas estruturais, apenas deficiências psicológicas; de que, em suma, não existe essa coisa de sociedade, mas apenas indivíduos, para citar a frase de Margaret Thatcher inspirada em Friedrich Hayek (*"There is no such thing as society"*). Tal como formulada e socialmente implementada hoje, a felicidade atua quase sempre como pouco mais que um lacaio dos valores que deram origem à revolução radical da Escola de Chicago e de outros economistas neoliberais. A partir dos anos 1950, eles convenceram o mundo de que a busca da felicidade pessoal era o único e mais valioso substituto realista para a busca do bem coletivo – como a própria Thatcher ressaltou numa entrevista ao *Sunday Times* em 1981: "O que me irrita a respeito da direção geral da política nos últimos trinta anos é que ela sempre foi orientada para a sociedade coletivista. As pessoas esqueceram da sociedade pessoal [...]. A mudança da economia é o caminho para alterar essa abordagem [...]. A economia é o método; o objetivo é mudar os corações e as mentes".[5] A busca da felicidade tal como apresentada pelos apóstolos da ciência da felicidade não se caracteriza como o bem inquestionável e supremo que todos deveríamos perseguir, mas é o suprassumo do triunfo da sociedade personalista (terapêutica, individualista, atomizada) em detrimento da coletivista.

A terceira consideração pode ser identificada como fenomenológica. Ela tem a ver com a frequência com que tal ciência não só falha em entregar resultados como também reproduz muitos subprodutos sem fundamento, indesejáveis e paradoxais. É inegável que ela constrói sua proposta de bem-estar e realização pessoal a partir da mesma preleção terapêutica de deficiência, inautenticidade e falta de autossuficiência para as quais propõe soluções. Uma vez que a felicidade é estabelecida como um imperativo, ainda que em constante movimento e sem uma linha de chegada bem definida, ela produz uma nova variedade de "perseguidores da felicidade" e de "happycondríacos" [*happychondriacs*] obcecados e ansiosos pelo eu interior, com a constante preocupação de corrigir seus defeitos psicológicos e dedicados à transformação e ao aprimoramento pessoal. Assim, enquanto esse processo faz dela a mercadoria perfeita para um mercado que prospera em meio à normatização de nossa obsessão com a saúde mental e física, essa mesma obsessão se volta com muita facilidade contra as mesmas pessoas que depositam suas esperanças nos muitos tipos de produtos, serviços e terapias oferecidos pelos estudiosos, profissionais e assim chamados especialistas em bem-estar.

---

5 Margaret Thatcher, "Interview for *Sunday Times*". *Sunday Times*, 3 mai. 1981.

Por último, a quarta consideração é moral e envolve a relação entre felicidade e sofrimento. Ao equiparar felicidade e positividade com produtividade, funcionalidade, bondade e até mesmo normalidade – e a ausência dela a noções diametralmente opostas a essas –, a ciência da felicidade nos força a escolher entre o sofrimento e o bem-estar. Ela pressupõe que nós sempre podemos optar – a positividade e a negatividade são dois polos antípodas – e que existe a possibilidade de nos livrarmos do sofrimento de uma vez por todas. Tragédias são inevitáveis, não há dúvida, mas a ciência da felicidade insiste que sofrimento e felicidade são uma questão de escolha pessoal. Quem não faz da adversidade um meio de crescimento pessoal é suspeito de querer e merecer suas próprias desgraças, não importam as circunstâncias. No fim, então, não temos muita opção: a ciência da felicidade não só nos obriga a ser feliz, mas também nos culpa por não levar uma vida mais bem-sucedida e gratificante.

A ESTRUTURA DA OBRA

O capítulo 1 aborda a relação entre felicidade e política. Abre com um panorama sobre a ascensão e o desenvolvimento das áreas mais influentes no estudo científico da felicidade desde a virada do século: a psicologia positiva e a economia da felicidade. E se concentra nos fundamentos, nos pressupostos metodológicos, no alcance social e acadêmico e nas influências institucionais de ambas as áreas. Na sequência, mostra como essas pesquisas se infiltraram na política. Apresentada como uma variável objetiva e mensurável, a felicidade pode ser usada como critério central e legítimo para tomar decisões políticas de primeira ordem, avaliar o progresso social e nacional e resolver disputas ideológicas e morais polêmicas (como a desigualdade) de modo tecnocrático e não moral.

O capítulo 2 se volta para a relação entre a felicidade e a ideologia neoliberal. Ele defende que a felicidade se provou útil para legitimar o individualismo em termos aparentemente não ideológicos por meio da neutralização do discurso de autoridade da ciência positiva. Em um primeiro momento, o capítulo passa em revista a literatura da psicologia positiva a fim de revelar em que medida o movimento é marcado por pressupostos individualistas e uma noção limitada do social. Depois, mostra que, ainda que a psicologia positiva possa dar vazão aos anseios das pessoas, sobretudo em tempos de incerteza social, as receitas para a felicidade podem acabar contribuindo para a manutenção e a criação de parte da insatisfação que prometem curar. O capítulo termina com uma nota crítica sobre a introdução da felicidade na esfera da educação.

O capítulo 3 tem como foco a questão da organização do trabalho e questiona até que ponto o investimento na felicidade pessoal se tornou a condição *sine qua non* para que os assalariados consigam lidar com as condições e exigências que despontam no mundo corporativo. Ao desprezar antigos modelos psicológicos de comportamento no trabalho, a ciência da felicidade articula um novo discurso sobre a construção da identidade dos trabalhadores, de tal modo que os padrões comportamentais, senso de valor próprio e perspectivas pessoais dos empregados sejam mais bem adaptados às novas necessidades e demandas de controle, flexibilização e distribuição do poder nas empresas. O capítulo também discute em que grau o repertório e as técnicas de felicidade facilitam a adesão e o conformismo dos empregados à cultura corporativa; de que modo exploram emoções positivas como bens produtivos a serviço da empresa;

e como facilitam que se transfira para os trabalhadores o ônus da incerteza do mercado, da escassez de vagas disponíveis, de sua impotência estrutural e da competição desenfreada.

O capítulo 4 analisa a felicidade como mercadoria: no capitalismo do século XXI ela se transformou na mercadoria-fetiche de uma indústria global e multibilionária que engloba terapias positivas, literatura de autoajuda, serviços de *coaching*, aconselhamento profissional, aplicativos de smartphone e dicas de aprimoramento pessoal. Ela se tornou uma série de *emodities*[6] – serviços, terapias e produtos que prometem e impõem a transformação emocional –[7] que circulam e são negociadas. Essas commodities da emoção seguem um percurso sinuoso – podem começar como teorias desenvolvidas nas universidades, mas logo passam a incidir sobre mercados variados, como grandes empresas, fundos de pesquisa ou a indústria do estilo de vida dos consumidores. A autogestão emocional, a busca por autenticidade e por florescer não só levam o eu a se reconfigurar o tempo todo como também servem de instrumentos para que várias instituições ponham mercadorias emocionais (ou *emodities*) em circulação no corpo social.

O capítulo 5 retoma alguns pontos dos capítulos precedentes para mostrar que o discurso científico da felicidade se apropria cada vez mais da linguagem da funcionalidade – a saber, a linguagem que define o que significa ter um bom desempenho, agir e sentir dentro dos limites dos padrões e expectativas psicológicas e sociais –, estabelecendo-se como critério para avaliar os indivíduos – se são saudáveis, capazes de se adaptar, e até se são

6 Neologismo formado pela junção das palavras *emotion* (emoção) e *commodity* (mercadoria). [N. T.]
7 E. Illouz (org.), *Emotions as Commodities*, op. cit.

normais. Primeiramente o capítulo analisa a profunda divisão que os cientistas da felicidade postulam entre emoções positivas e negativas, às quais recorrem ao revisitar a noção da "pessoa comum". Tal divisão é contestada, salientando-se algumas de suas armadilhas sob o ponto de vista sociológico. O capítulo passa então à relação entre felicidade e sofrimento e termina com uma reflexão sobre os perigos de instrumentalizar o sofrimento, fazendo dele algo evitável e, em última análise, inútil.

Happycracia busca contribuir para o debate sobre a felicidade a partir de uma perspectiva sociológica crítica. Baseados em nossos trabalhos anteriores no campo das emoções, do neoliberalismo, da felicidade e da cultura terapêutica,[8] articulamos e expandimos alguns desses argumentos, e introduzimos novas

---

8   Id., *Saving the Modern Soul: Therapy, Emotions, and the Culture of Self-Help*. Berkeley: University of California Press, 2008; id., *O amor nos tempos do capitalismo* [2007], trad. Vera Ribeiro. Rio de Janeiro: Zahar, 2011; id., *Oprah Winfrey and the Glamour of Misery*, op. cit.; id., "The Making of a 'Happy Worker': Positive Psychology in Neoliberal Organizations", in A. Pugh (org.), *Beyond the Cubicle: Insecurity Culture and the Flexible Self*. New York: Oxford University Press, 2017, pp. 25-50; E. Cabanas e E. Illouz, "Fit fürs Gluck: Positive Psychologie und ihr Einfluss auf die Identität von Arbeitskräften in Neoliberalen Organisationen". *Verhaltenstherapie & Psychosoziale Praxis*, v. 47, n. 3, 2015, pp. 563-78; E. Cabanas, "Rekindling Individualism, Consuming Emotions: Constructing 'Psytizens' in the Age of Happiness". *Culture & Psychology*, v. 22, n. 3, 2016, pp. 467-80; E. Cabanas e José Carlos Sánchez-González, "Inverting the Pyramid of Needs: Positive Psychology's New Order for Labor Success". *Psicothema*, v. 28, n. 2, 2016, pp. 107-13; E. Cabanas, "'Psytizens', or the Construction of Happy Individuals in Neoliberal Societies", op. cit.; id., "Positive Psychology and the Legitimation of Individualism". *Theory & Psychology*, v. 28. n. 1, 2018, pp. 3-19; E. Illouz, *Emotions as Commodities*, op. cit. Os autores gostariam de informar que alguns parágrafos e frases desses materiais foram reproduzidos de maneira parcial neste livro.

ideias a respeito da relação entre a busca da felicidade e as formas pelas quais o poder é exercido nas sociedades capitalistas neoliberais. O termo "happycracia" foi cunhado para enfatizar nosso interesse em mostrar novas estratégias coercitivas, decisões políticas, estilos de gestão, padrões de consumo, obsessões individuais e hierarquias sociais que, em conjunto com uma nova noção de cidadania, surgiram na era da felicidade.

Nos últimos anos, sociólogos, filósofos, antropólogos, psicólogos, jornalistas e historiadores publicaram inúmeras obras que tratam a felicidade sob uma perspectiva crítica. Dentre elas, as de maior destaque são as de Barbara Ehrenreich[9] e de Barbara S. Held[10] sobre a tirania do pensamento positivo, as análises de Sam Binkley[11] e William Davies[12] quanto à relação entre felicidade e mercado, e as investigações de Carl Cederström e André Spicer[13] a respeito do bem-estar como ideologia, para citar apenas alguns autores que também inspiraram este livro.

---

9 Barbara Ehrenreich, *Sorria: como a promoção incansável do pensamento positivo enfraqueceu a América* [2009], trad. Maria Lúcia de Oliveira. São Paulo: Record, 2013.
10 Barbara S. Held, "The Tyranny of the Positive Attitude in America: Observation and Speculation". *Journal of Clinical Psychology*, v. 58, n. 9, 2002, pp. 965-91.
11 Sam Binkley, *Happiness as Enterprise: An Essay on Neoliberal Life*. New York: SUNY Press, 2014.
12 William Davies, *The Happiness Industry: How the Government and Big Business Sold Us Well-Being*. London: Verso, 2015.
13 Carl Cederström e André Spicer, *The Wellness Syndrome*. Cambridge: Polity, 2015.

1
ESPECIALISTAS NO SEU BEM-ESTAR

Vivemos numa época consumida pela veneração da psique. Numa sociedade assolada por divisões de raça, classe e gênero, somos, no entanto, unidos pelo evangelho da felicidade psicológica. Rico ou pobre, branco ou negro, homem ou mulher, hétero ou homossexual, compartilhamos a crença de que os sentimentos são sagrados e a salvação está na autoestima, de que a felicidade é a meta final e a cura psicológica, o meio para atingi-la.
EVA S. MOSKOWITZ, In Therapy We Trust

QUANDO SELIGMAN TEVE SONHOS POSITIVOS

"Acredito que tenho uma missão",[1] declarou Martin Seligman um ano antes de concorrer à presidência da Associação Estadunidense de Psicologia (*American Psychological Association* – APA), a maior associação profissional de psicólogos dos Estados Unidos, que conta com mais de 117 500 membros.[2] Ele não

---

1 Martin E. P. Seligman, *Felicidade autêntica: usando a nova psicologia positiva para a realização permanente* [2002], trad. Neuza Capelo. São Paulo: Objetiva, 2021, p. 40.
2 Cf. apa.org/about/apa/archives/apa-history.

sabia ao certo qual era essa missão, mas acreditava que descobriria assim que fosse eleito.³ Seligman já tinha algumas coisas em mente, como duplicar o financiamento de pesquisas sobre saúde mental, expandir o escopo e o alcance da psicologia aplicada ao campo da prevenção e abandonar o modelo ultrapassado e negativo de distúrbios psíquicos adotado pela psicologia clínica. "Mas, no fundo", ele dizia, "não é nada disso".⁴ Sua meta era mais ambiciosa: ele aspirava a uma nova perspectiva psicológica da natureza humana, capaz de rejuvenescer a disciplina e ampliar seu campo e influência.

O momento "eureca" só viria alguns meses depois de sua "surpreendente" eleição como presidente da APA em 1998. Seligman podava o jardim com sua filha Nikki, de cinco anos, que insistia em jogar as folhas para o alto. Então ele gritou com ela, que lhe respondeu: "Papai, você se lembra de quando eu ainda não tinha cinco anos? De quando eu tinha três até quando fiz cinco, eu era uma chorona. Eu chorava todo dia. No dia do meu aniversário de cinco anos, decidi que não ia mais chorar. Foi a coisa mais difícil que já fiz. Mas se eu posso parar de chorar, você também pode parar de ser tão mal-humorado".⁵ De acordo com Seligman, "Nikki acertou em cheio", e ele de repente percebeu "que educar Nikki não era corrigir suas faltas", mas "alimentar aquela força precoce que ela demonstrava".⁶ Assim como na paternidade, o problema da psicologia estaria em tentar consertar o que ia mal nas pessoas, e não em alimentar o que estava indo bem e ajudar a desenvolver ao máximo os potenciais de cada um. "Para

3 M. E. P. Seligman, *Felicidade autêntica*, op. cit., p. 40.
4 Ibid.
5 Ibid., p. 42.
6 Ibid.

mim, aquilo foi uma epifania, nada mais, nada menos", afirma o autor no manifesto inaugural "Positive Psychology: An Introduction" [Psicologia positiva: uma introdução], publicado em 2000 na *American Psychologist* [e escrito com Mihaly Csikszentmihalyi].[7] Seligman declarou que não tinha nenhum "modo menos místico" de explicar a gênese da psicologia positiva. De fato, ao afirmar que "eu não escolhi a psicologia positiva. Foi ela que me chamou [...] a psicologia positiva me chamou como a sarça ardente chamou Moisés", ele empregou a mesma narrativa de revelação divina que líderes religiosos oferecem a seus seguidores.[8] Assim, como se a recebesse do céu, Seligman afirmou ter finalmente encontrado sua missão: criar uma nova ciência da felicidade voltada a investigar o que faz a vida valer a pena e a descobrir as chaves psicológicas para o florescimento do ser humano.

Mas, como costuma ocorrer com as revelações, a imagem da psicologia positiva apresentada no manifesto inaugural era um tanto vaga. Com a seleção arbitrária de afirmações e conceitos evolucionistas, psicológicos, neurocientíficos e filosóficos, ela se apresentava de forma bastante eclética e mal delineada. O manifesto mais parecia uma declaração de intenções do que um projeto científico sólido. "Como todos os recortes, este é, em alguma medida, arbitrário e incompleto", afirmaram seus autores, que se apressaram em esclarecer que aquela publicação pretendia apenas "abrir o apetite do leitor" quanto às "promessas

---

[7] M. E. P. Seligman e M. Csikszentmihalyi, "Positive Psychology: An Introduction". *American Psychologist*, v. 55, 2000, p. 6.
[8] M. E. P. Seligman, *Florescer: uma nova compreensão sobre a natureza da felicidade e do bem-estar* [2011], trad. Cristina Paixão Lopes. São Paulo: Objetiva, 2021, p. 88.

do campo de estudo".⁹ Mas o que o campo de estudo prometia? Para muitos, nada de novo: afirmações antigas e desconjuntadas sobre desenvolvimento pessoal, felicidade e crenças culturais estadunidenses de raízes profundas em relação ao poder dos indivíduos para a autodeterminação, mas enfeitadas com os adereços da ciência positivista – e cujas histórias poderiam ser traçadas via movimentos da psicologia adaptativa e de autoestima dos anos 1980 e 1990, da psicologia humanística dos anos 1950 e 1960 e da consolidação da cultura de autoajuda e dos movimentos da "cura da mente" ao longo do século xx.[10]

Pode-se muito bem dizer que, de modo bastante similar ao protagonista do conto "O curioso caso de Benjamin Button", de F. Scott Fitzgerald, a recém-nascida psicologia positiva parecia vir ao mundo já bastante envelhecida. Não na opinião de seus pais, porém. Nas palavras dos próprios, esse campo recém-inaugurado oferecia "uma oportunidade histórica [...] para criar um monumento científico – uma ciência que assume como tarefa principal a compreensão daquilo que faz a vida valer a pena".[11] Isso incluía emoções positivas, a atribuição pessoal de sentido, o otimismo e, é

9 M. E. P. Seligman e M. Csikszentmihalyi, "Positive Psychology: An Introduction", op. cit., p. 8.
10 Kristján Kristjánsson, "Positive Psychology and Positive Education: Old Wine in New Bottles?". *Educational Psychologist*, v. 47, n. 2, 2012, pp. 86-105; Roberto García, E. Cabanas e José Carlos Loredo, "La cura mental de Phineas P. Quimby y el origen de la psicoterapia moderna". *Revista de Historia de La Psicología*, v. 36, n. 1, 2015, pp. 135-54; Dana Becker e Jeanne Marecek, "Positive Psychology: History in the Remaking?". *Theory & Psychology*, v. 18, n. 5, 2008, pp. 591-604; Eugene Taylor, "Positive Psychology and Humanistic Psychology: A Reply to Seligman". *Journal of Humanistic Psychology*, v. 41, n. 1, 2001, pp. 13-29.
11 M. E. P. Seligman e M. Csikszentmihalyi, "Positive Psychology: An Introduction", op. cit., p. 13.

claro, a felicidade. Sob essa roupagem e de forma muito otimista, Seligman e Csikszentmihalyi apresentaram a psicologia positiva aos mais altos escalões da psicologia acadêmica como um novo empreendimento científico cujos resultados poderiam ser estendidos "para outros tempos e lugares e talvez até para todos os tempos e lugares".[12] Nada menos.

A ideia causou certo espanto e foi recebida no mínimo com ceticismo, mas Seligman estava determinado a prosseguir com sua missão. Ainda que em seu livro de 1990, *Aprenda a ser otimista*, o antigo behaviorista e psicólogo cognitivo tenha dito que o otimismo "às vezes nos impede de perceber a realidade com a clareza necessária",[13] a epifania o levou a uma transformação: "Naquele momento, resolvi mudar".[14] Ele não queria rotular sua proposta como behaviorista, cognitivista ou mesmo humanista, mas pretendia fundar uma área científica nova em folha e conseguir a adesão do maior número de adeptos possível. Afinal de contas, a estrada para uma orientação mais positivista do estudo científico da felicidade já estava pavimentada, ainda que de modo tímido: começara com a psicologia no começo dos anos 1990 graças aos trabalhos de Michael Argyle, Ed Diener, Ruut Veenhoven, Carol Ryff e Daniel Kahneman, que afirmavam, todos eles, que as tentativas anteriores de compreensão da felicidade haviam produzido um impacto insignificante, careciam de consistência teórica e de procedimentos avaliatórios confiá-

---

[12] Id., "'Positive Psychology: An Introduction': Reply". *American Psychologist*, v. 56, n. 1, 2001, p. 90.
[13] M. E. P. Seligman, *Aprenda a ser otimista: como mudar sua mente e sua vida* [1990], trad. Débora Landsberg. Rio de Janeiro: Objetiva, 2019, pp. 343-44.
[14] Id. e M. Csikszentmihalyi, "Positive Psychology: An Introduction", op. cit., p. 6.

veis, e eram muito carregadas de juízos de valor. Assim, e talvez cientes de que havia algo fantástico no recém-criado campo da psicologia positiva – "Vocês talvez pensem que isto é pura fantasia", como admitiram seus pais fundadores –, eles concluíram o manifesto com uma afirmação bastante encorajadora e confiante: "Enfim chegou a vez da psicologia positiva [...]. Prevemos que neste novo século ela permitirá que os psicólogos entendam e construam os fatores que permitirão que os indivíduos, as comunidades e as sociedades floresçam".[15]

Nas semanas que se seguiram à sua eleição à presidência da APA, começaram (nas palavras de Seligman) a "aparecer" cheques sobre sua mesa. "Homens grisalhos, vestidos com ternos cinzentos", vindos de "fundações anônimas" que escolhiam apenas "vencedores" convocavam-no para reuniões em prédios luxuosos em Nova York, curiosos para saber "o que é essa tal psicologia positiva", com pedidos de "explicações de dez minutos" e de propostas de "no máximo três páginas". E assim, "um mês depois, um cheque de 1,5 milhão de dólares apareceu", diz Seligman. "Com este financiamento, a psicologia positiva começou a prosperar."[16] De fato, em um curtíssimo espaço de tempo ela se expandiu em proporções sem precedentes. Em 2002 já arrecadara cerca de 37 milhões de dólares em investimentos. Parecia o momento propício para lançar o primeiro *Handbook of Positive Psychology* [Guia de psicologia positiva], que proclamava a "independência desse campo de pesquisa". O capítulo "The Future of Positive Psychology: A Declaration of Independence" [O futuro da psicologia positiva: uma declara-

---

15 M. E. P. Seligman e M. Csikszentmihalyi, "Positive Psychology: An Introduction", op. cit., p. 13.
16 M. E. P. Seligman, *Florescer*, op. cit., pp. 16-18.

ção de independência] concluía que já era hora de "se libertar" da "psicologia tradicional", fundada na "fraqueza" e no "modelo patológico" do comportamento humano. Os organizadores da publicação afirmavam que o guia "simplesmente tinha de acontecer" e encerravam observando que "é nossa opinião [...] que o primeiro estágio do movimento científico – *estágio que caracterizaríamos como uma declaração de independência do modelo patológico* – foi concluído".[17] Assim, apoiados por uma entusiasmada cobertura da imprensa e da mídia no mundo todo, os psicólogos positivos foram bem-sucedidos em disseminar entre acadêmicos, profissionais liberais e o grande público a ideia de que uma nova ciência, capaz de encontrar as chaves psicológicas para o bem-estar, para a criação de sentido e para o florescer, havia finalmente chegado.

Um monumento bastante caro

Em poucos anos os psicólogos positivistas já haviam criado uma rede institucional ampla e global, propagada em grande escala via programas de mestrado e doutorado; prêmios, bolsas de estudo e cursos de especialização; simpósios e workshops ao redor do mundo; um número crescente de guias, manuais e monografias; blogs e sites voltados à disseminação de informações e à coleta de dados on-line sobre satisfação com a vida, emoções positivas e felicidade (em geral por meio de questioná-

---

[17] C. R. Snyder et al., "The Future of Positive Psychology: A Declaration of Independence", in C. R. Snyder e S. I. Lopez (orgs.), *Handbook of Positive Psychology*. New York: Oxford University Press, 2002, p. 752 (grifo do original).

rios); e uma série de publicações acadêmicas voltadas exclusivamente a pesquisas na área, como a *Journal of Happiness Studies*, criada em 2000, a *Journal of Positive Psychology*, de 2006, e a *Journal of Applied Psychology: Health and Well-Being*, de 2008. Como Seligman tinha previsto, o campo havia construído um monumento para si mesmo. Mas publicações científicas, redes acadêmicas globais e o alarde midiático não explicam, sozinhos, um sucesso tão rápido. Também foi necessário muito dinheiro.

Os subsídios e o financiamento não se limitaram aos primeiros cheques que se materializaram sobre a mesa de Seligman. Grandes aportes continuariam a chegar nos meses e anos seguintes, provenientes de um amplo leque de organizações públicas e privadas diretamente interessadas na área. Já em 2001, a Fundação John Templeton, instituição religiosa ultraconservadora que Seligman prestigiara em seu discurso de posse na APA, concedeu ao pai da psicologia positiva a quantia de 2,2 milhões de dólares para a criação do Centro de Psicologia Positiva na Universidade da Pensilvânia. Ao que tudo indica, *Sir* John Templeton se empolgara com o projeto, dado seu interesse pelo controle que os indivíduos poderiam exercer sobre a própria mente a fim de enfrentar as circunstâncias e moldar o mundo como bem entendessem. Aliás, foi ele o autor do prefácio do *Handbook of Positive Psychology*: "Tenho esperança de que todos faremos progressos surpreendentes à medida que os pesquisadores presentes e futuros aceitarem a visão da psicologia positiva, e as fundações e os governos iniciarem programas para apoiar esse trabalho revolucionário e benfazejo", ele escreveu. Mais tarde a fundação financiaria vários projetos para estudar a relação entre emoções positivas, envelhecimento, espiritualidade e produtividade. Em 2009, por exemplo, ela ofereceu a Seligman outro aporte, desta vez de 5,8 milhões de dólares, para pesquisas adicionais sobre neurociência positiva e o papel da felicidade e da espiritualidade para uma vida bem-sucedida. A Fundação John Templeton não era a única que financiava tais pesquisas. Diversas instituições públicas e privadas, de maior ou menor porte, incluindo as Organizações Gallup, a Fundação Mayerson, a Fundação Annenberg e a Atlantic Philantropies, ofereceram financiamento considerável e uma série de aportes, prêmios e bolsas de estudo aos psicólogos positivos. Em 2008, a Fundação Robert Wood Johnson, por exemplo, verteu na conta de Seligman 3,7 milhões de dólares para que ele explorasse o conceito de saúde positiva. De modo similar, instituições como o Instituto Nacional de Envelhecimento (*National Institute on Aging* – NIA) e o Centro Nacional para a Medicina Complementar e Alternativa (*National Center for Complementary and Alternative Medicine* – NCCAM) custearam pesquisas a respeito dos efeitos do bem-estar, da satisfação pessoal e da felicidade sobre a prevenção de doenças físicas e mentais. Empresas como a Coca-Cola também colaboraram, com a esperança de descobrir métodos mais baratos e eficientes para aumentar a produtividade, reduzir o estresse e a ansiedade no trabalho, e incentivar o engajamento dos empregados na cultura corporativa. Um dos mais recentes e significativos investimentos – 145 milhões de dólares –, e talvez o que tenha provocado mais estardalhaço, foi para estabelecer o Comprehensive Soldier Fitness, um programa psicológico conduzido desde 2008 pelo Exército dos Estados Unidos em colaboração direta com Seligman e com o Positive Psychology Center.[18] Depois de apresentar o programa ao grande público em uma edição especial da *American Psychologist* de 2011, Seligman argumentou em outro texto que

18 M. E. P. Seligman, *Positive Psychology Center: Summary of Activities*, 2005.

treinar os soldados e o pessoal militar para emoções positivas, a felicidade e a espiritualidade ajudaria "a criar uma força cujo preparo psicológico é tão pronunciado quanto o físico"[19] – ou, também em suas próprias palavras, a criar "um exército indomável"[20] (este tópico será mais bem explorado no capítulo 5). Mas os investimentos não estavam limitados aos Estados Unidos. Desde a criação da área, em 2000, um número cada vez maior de instituições privadas e públicas de países europeus e asiáticos passou a financiar pesquisas sobre a felicidade e a psicologia positiva – a China, os Emirados Árabes Unidos e a Índia entre os mais novos países a serem atraídos para ela.

Curiosamente, e ainda que isso não estivesse entre suas prioridades declaradas, Seligman logo angariou uma quantidade impressionante de investimentos públicos e privados voltados à saúde mental positiva e à prevenção de doenças mentais. A felicidade oferecia um terreno fértil e, segundo se dizia, inexplorado de um ponto de vista científico: por que as emoções positivas são tão importantes? Como, apesar das dificuldades, as pessoas podem levar vidas felizes? Qual a relação entre otimismo e saúde, produtividade e performance? Poderia a ciência descobrir as chaves para a plenitude? Questões como essas começaram a pipocar em milhares de artigos científicos e publicações especializadas, muitos dos quais replicavam uns aos outros em seus questionamentos, descobertas, argumentos, mitos fundacionais, referências e assim por diante – o que passava aos leitores a sensação de uma consistência teórica e conceitual e de um consenso que, na realidade, faltavam à área.

---

19 Id., "Building Resilience". *Harvard Business Review*, 2011, par. 7.
20 Bruce E. Levine, "Psychologists Profit on Unending U.S. Wars by Teaching Positive Thinking to Soldiers". *The Huffington Post*, 22 jul. 2010.

Talvez em um esforço para criar essa consistência, Seligman e seu colega Christopher Peterson publicaram, em 2004, *Character Strengths and Virtues: A Handbook and Classification* [Virtudes e pontos fortes de caráter: um guia e uma classificação]. Esse "manual das sanidades", como os autores o chamaram, apresentava um contraponto positivo ao *Manual diagnóstico e estatístico de transtornos mentais* (*Diagnostic and Statistical Manual of Mental Disorders* – DSM) e à Classificação Internacional de Doenças (CID), duas das referências mais importantes para psicólogos, psiquiatras e terapeutas de todo o mundo. Em vez de diagnosticar e mensurar transtornos mentais, o manual oferecia uma classificação universal dos pontos fortes e das virtudes dos seres humanos "para ajudar as pessoas a atingir seu potencial máximo" e servir de guia aos pesquisadores e profissionais do setor para diagnosticar, mensurar e cultivar nos indivíduos o que era adequado, autêntico e empoderador: "Este manual procura pôr em foco o que vai bem nas pessoas e, mais especificamente, os pontos fortes do caráter que possibilitam a vida boa. Seguimos o exemplo do DSM e da CID [...]. A diferença crucial é que nos preocupamos não com a doença psicológica, mas com a saúde psicológica".[21] O manual também pretendia proporcionar aos psicólogos positivos um "vocabulário comum" que ainda faltava ao campo:

> Um vocabulário consensual a respeito do positivo beneficiaria – na verdade, moldaria e transformaria – a psicologia positiva como um todo, exatamente como o DSM e a CID moldaram a psiquiatria, a psicologia clínica e a assistência social ao oferecer um repertório a res-

---

21. Christopher Peterson e M. E. P. Seligman, *Character Strengths and Virtues: A Handbook and Classification*. New York: Oxford University Press, 2004, p. 4.

peito do negativo. Acreditamos que a classificação do caráter aqui apresentada é um passo importante em direção a um vocabulário comum para atributos positivos mensuráveis.[22]

Ainda assim, os autores reconheciam que *Character Strengths and Virtues* era apenas uma classificação, não uma taxonomia dos atributos humanos positivos, já que esta última estava além de suas "capacidades concretas para especificar uma teoria razoável" sobre a felicidade.[23] O manual, contudo, fez a área avançar rumo à consolidação e teve um impacto significativo nas esferas política, organizacional, educacional e terapêutica nos anos que se seguiram.[24]

Uma aliança anunciada

Em menos de uma década, a dimensão, o alcance e o impacto da pesquisa acadêmica sobre a felicidade e os tópicos a ela relacionados, como bem-estar subjetivo, pontos fortes e virtudes, emoções positivas, autenticidade, florescimento, otimismo e resiliência, decuplicaram. Esses temas não se limitaram à psicologia, infiltrando-se em disciplinas como economia, educação, terapias em geral, saúde, política, criminologia, ciências do esporte, bem-estar animal, design, neurociência, ciências humanas, negócios

---

22 Ibid., p. 5.
23 Ibid., p. 6.
24 Ryan M. Niemiec, "VIA Character Strengths: Research and Practice (The First 10 Years)", in H. H. Knoop e A. D. Fave (orgs.), *Well-Being and Cultures: Perspectives from Positive Psychology*. Heidelberg: Springer Netherlands, 2013, pp. 11-29.

e administração de empresas.[25] O sucesso colossal da psicologia positiva finalmente punha em xeque o ceticismo anterior quanto aos estudos científicos da positividade e da felicidade. Conceitos como otimismo, pensamento e emoções positivas, florescimento e esperança, em geral vistos com desconfiança, como produtos ilusórios e charlatanismo de autoajuda, passaram a ser confiáveis e legítimos. A psicologia positiva logrou equiparar o ceticismo a uma negatividade retrógrada que impedia os estudiosos de apreender o sentido correto da vida boa e de contribuir para a liberação do potencial humano reprimido. Aos poucos, mais e mais psicólogos e cientistas sociais, por convicção ou oportunismo, começaram a pegar carona no novo campo que se descortinava, à medida que o interesse pelas questões que ele levantava encontrava eco em setores da economia e da política, bem como junto a administradores, terapeutas e educadores. Seus defensores obtiveram autoridade acadêmica, poder social e influência cultural.

Os acadêmicos não foram os únicos a se beneficiar do sucesso e da expansão da área. Assenhoraram-se dos novos conceitos os profissionais "psi" não acadêmicos que nas décadas anteriores vinham abrindo caminho no mercado terapêutico – e que ao mesmo tempo criavam e disseminavam esse mesmo mercado conforme avançavam –, um amplo conjunto de profissionais que abarcava escritores de autoajuda, palestrantes motivacionais, *coaches* pessoais e empresariais, formadores de

---

[25] Gabriel Schui e Günter Krampen, "Bibliometric Analyses on the Emergence and Present Growth of Positive Psychology". *Applied Psychology: Health and Well-Being*, v. 2, n. 1, 2010, pp. 52–64; Reuben D. Rusk e Lea E. Waters, "Tracing the Size, Reach, Impact, and Breadth of Positive Psychology". *The Journal of Positive Psychology*, v. 8, n. 3, 2013, pp. 207–21.

gestão e consultores de aprendizagem. Encarregados de moldar estilos de vida e facilitar a emergência de sensibilidades e *habitus* emocionais e psicológicos, todos esses mediadores culturais e "negociantes da necessidade"[26] estavam profundamente vinculados, nos anos 1980 e 1990, a contextos terapêuticos, de saúde, educacionais e organizacionais. E todos estavam em igual medida fascinados pelo eu, pela espiritualidade, pela capacidade de autoaperfeiçoamento do indivíduo e pelo poder da mente sobre o corpo. Na falta de um conjunto sólido e comum de conhecimentos, esses profissionais escoravam suas práticas em uma mistura mal-ajambrada e eclética de fontes heterogêneas que iam desde a psicanálise e a religião até o behaviorismo, a medicina, o ocultismo, a neurociência, a sabedoria chinesa antiga e a experiência pessoal.

Nesse aspecto, como destacou Barbara Ehrenreich,[27] a psicologia positiva caíra do céu para esses profissionais. A emergente ciência da felicidade lhes proporcionava um conjunto de repertórios e técnicas comuns que parecia provar cientificamente a relação entre pensamentos e emoções positivas, desenvolvimento pessoal, saúde e sucesso econômico. Ideias já popularizadas por autores como Norman Vincent Peale, em seu livro *O poder do pensamento positivo*,[28] e Daniel Goleman (*Inteligência emocional*), que de início tiveram uma recepção fria

---

26 Pierre Bourdieu, *A distinção: crítica social do julgamento* [1984], trad. Daniela Kern e Guilherme J. F. Teixeira. São Paulo / Porto Alegre: Edusp / Zouk, 2007, p. 343.

27 Barbara Ehrenreich, *Sorria: como a promoção incansável do pensamento positivo enfraqueceu a América* [2009], trad. Maria Lúcia de Oliveira. São Paulo: Record, 2013.

28 Norman Vincent Peale, *O poder do pensamento positivo* [1952]. São Paulo: Cultrix, 2016.

e bastante crítica no interior da comunidade científica. Agora essas noções deixavam os consultórios de aconselhamento, as estantes de autoajuda, as páginas das revistas de estilo de vida e dos livros de ciência popular para frequentar clínicas de psicoterapia, publicações científicas, departamentos universitários e currículos acadêmicos. De repente, cientistas e profissionais do mercado falavam a mesma língua. Além disso, os psicólogos positivos permitiram que esses profissionais se livrassem do estigma de frivolidade e oportunismo. E eis que as pessoas com confiança no futuro, extrovertidas, alegres, saudáveis, ricas e bem-sucedidas eram tão dignas da atenção dos psicólogos quanto os desesperados, os solitários, os deprimidos, os doentes, os pobres e os fracassados. Era tudo uma questão de se distanciar da desgraça psíquica. Agora, todos sem exceção poderiam (e deveriam) recorrer a um especialista para guiá-los no caminho da descoberta da melhor versão de si mesmos.

Desde sua criação, a psicologia positiva estabeleceu sinergias poderosas e lucrativas com o que Eloise Swan chamou de "profissionais do desenvolvimento pessoal", ou seja, os profissionais "psi" já voltados para pessoas saudáveis, empregando "práticas terapêuticas que visavam ajudar o paciente a trabalhar melhor, a se tornar uma pessoa 'melhor' ou a alcançar uma 'vida melhor'".[29] Se esses profissionais começaram a ganhar legitimidade graças à popularidade e à plataforma dos psicólogos positivos, estes últimos, por sua vez, se beneficiaram da disseminação de seus ensinamentos empreendida pelos primeiros, que levaram esses ensinamentos a praticamente todas as esferas da

---

[29] Elaine Swan, *Worked Up Selves: Personal Development Workers, Self-Work and Therapeutic Cultures*. New York: Palgrave Macmillan, 2010, p. 4.

vida: casamento, sexo, alimentação, trabalho, educação, relacionamentos, sono, vícios etc. De fato, ainda que os psicólogos positivos tenham recorrido à retórica do rigor científico na tentativa de traçar uma linha clara entre "especialistas" e não especialistas – o próprio Seligman, por exemplo, enfatizou que "em contraste com a psicologia popular e a maior parte do material de autoaperfeiçoamento, meus escritos são credíveis por causa da ciência subjacente a eles" –,[30] quase sempre essa distinção permaneceu da boca para fora.

Não demorou muito para que os psicólogos positivos começassem a fazer algumas concessões a movimentos lucrativos como o *coaching* – e isso, como é de supor, porque estavam bastante cientes de que essa indústria representava sozinha um mercado capaz de gerar 2,356 bilhões de dólares por ano no mundo todo, de acordo com a Confederação Internacional de Coaching (*International Coaching Federation* – IFC).[31] Já em 2004 e 2005, títulos como "Toward a Positive Psychology of Executive Coaching" [Rumo a uma psicologia positiva do *coaching* executivo] e "Positive Psychology and Coaching Psychology: Perspectives on Integration" [Psicologia positiva e psicologia de *coaching*: perspectivas de integração] podiam ser lidos em capítulos e em artigos publicados por psicólogos positivos. Em 2007, o próprio Seligman publicou o artigo "Coaching and Positive Psychology" [*Coaching* e psicologia positiva], em que observava que "o *coaching* é uma prática em busca de uma espinha dorsal – duas, aliás: uma espinha dorsal científica e baseada em evidências, e uma espinha dorsal teórica. Creio que a nova disciplina da psicologia positiva ofereça

---

30 M. E. P. Seligman, *Florescer*, op. cit., p. 11.
31 Cf. coachfederation.org/app/uploads/2017/12/2016ICFGlobalCoachingStudy_ExecutiveSummary-2.pdf.

ambas".³² Em 2011, ele voltaria a insistir que a psicologia positiva deveria oferecer aos *coaches* as "credenciais adequadas para serem um *coach*".³³ Não surpreende que, em seu até hoje último e talvez mais influente livro sobre a felicidade, *Florescer*, ele se valeu do tom característico de *coaching* e autoajuda:

> Este livro vai ajudá-lo a florescer. Pronto. Finalmente falei. [...] A psicologia positiva torna as pessoas felizes. Lecionar a psicologia positiva, pesquisá-la, usá-la na prática como *coach* ou terapeuta, oferecer exercícios de psicologia positiva a alunos em sala de aula, criar filhos a partir da psicologia positiva, ensinar sargentos a instruir sobre o crescimento pós-traumático, reunir-se com outros psicólogos positivos e apenas ler sobre a psicologia positiva – tudo isso torna as pessoas mais felizes. As pessoas que trabalham com a psicologia positiva são as que desfrutam do mais alto bem-estar que conheço.³⁴

Make psychology great again

Com o tempo, o manifesto fundador da psicologia positiva revelou ser um negócio em que todos saíam ganhando. Os pesquisadores da felicidade insuflaram vida em uma disciplina em permanente busca por seu objeto de estudo e em constante necessidade de reinventar conceitos a fim de conservar seu status, continuar a atrair investimentos e permanecer na moda.

---

32 M. E. P. Seligman, "Coaching and Positive Psychology". *Australian Psychologist*, v. 42, n. 4, 2007, p. 266.
33 Id., *Florescer*, op. cit., p. 82.
34 Ibid., pp. 11-12.

Além disso, a nova área finalmente borrava a linha tênue e porosa que diferenciava a psicologia convencional de sua contrapartida comercial e profissional. Os novos psicólogos se valeram da popularidade, ainda que dispersa, dos profissionais do desenvolvimento pessoal, na mesma medida em que estes últimos tomaram de empréstimo a retórica científica da psicologia positiva. Não havia mais motivos para se envergonhar da relação de unha e carne da psicologia com o mercado de serviços e mercadorias "psi" que prometiam as chaves para a felicidade e a realização pessoal: a psicologia positiva assumiria a tarefa de separar o papo-furado das afirmações comprovadas que poderiam ser vendidas como conselhos baseados na ciência. Por fim, ela oferecia aos psicólogos uma estratégia promissora de carreira que incluía a criação de um mercado de workshops, cursos de treinamento, aconselhamento empresarial e livros semiacadêmicos, dentre outros. Além disso, a avalanche de novas revistas que surgiram fornecia, sobretudo aos pesquisadores mais jovens, outras possibilidades de sobrevivência e prosperidade em meio à cultura acadêmica do "publicar ou perecer".

Uma das principais razões do sucesso do novo campo dentro da psicologia acadêmica foi possibilitar uma expansão da disciplina sem atritos teóricos internos entre escolas diferentes de pensamento. Nesse aspecto, Seligman propôs não tanto uma nova abordagem psicológica, mas uma nova atitude positiva que afastava da estagnação a psicologia básica e aplicada, e chamava atenção dos acadêmicos e profissionais para o mercado inexplorado das pessoas saudáveis e normais. É possível que Seligman não quisesse repetir a história da disciplina e se enveredar numa competição sobre qual teoria seria a mais forte.

Ao contrário da psicologia humanista de décadas anteriores, derrotada na batalha interna contra o behaviorismo e a psicologia cognitiva, a proposta de Seligman não pretendia antagonizar nenhuma facção bem-estabelecida. Ela buscava a adesão do maior número possível de seguidores para a nova fé, e seu manifesto era vago e eclético o bastante a ponto de dar espaço para que todos pudessem participar e contribuir independentemente de treinamento psicológico acadêmico prévio. Desse modo, o "zoológico intelectual" da psicologia, para usar a imagem severa com a qual George Miller se referiu à disciplina,[35] poderia se expandir sem competição interna.

Ainda que tenham sido rápidos em defender certa independência e se apresentar como uma alternativa necessária ao que chamavam de psicoterapia "rotineira", "tradicional" ou "negativa", os novos psicólogos não tentaram romper definitivamente com os clínicos, nem buscaram contestar princípios teóricos ou metodológicos de ampla aceitação. A seus olhos, a psicologia tradicional ainda era necessária, tanto para a pesquisa de patologias clínicas como para o tratamento paliativo de deficiências psíquicas. Isso ela fazia muito bem; o único problema, diziam, era que não bastava remover condições problemáticas nem ensinar estratégias para lidar com as dificuldades da vida cotidiana para construir comportamentos e personalidades normais, ajustadas e adaptáveis – como já vinha sendo defendido havia muito tempo por *coaches* e escritores de autoajuda. Insistiam que as pessoas precisavam incrementar a felicidade não só quando as coisas iam mal, mas também quando corriam bem – e assim introduziam um papel fundamentalmente novo para a psicologia acadêmica: não apenas erradicar o sofrimento mas

---

35 George A. Miller, "The Constitutive Problem of Psychology", in S. Koch e D. E. Leary (orgs.), *A Century of Psychology as Science*. Washington: American Psychological Association, 1985, pp. 40-59.

também potencializar o indivíduo. Daí a necessidade de especialistas e acadêmicos treinados na novíssima empreitada, capazes de estudar as chaves psicológicas para a felicidade e ensinar os indivíduos, de modo científico, a desenvolver seus potenciais ao máximo e viver uma vida significativa e com valor.

A estratégia funcionou à perfeição, e a necessidade de uma visão mais positiva ressoou na psicologia, tanto como no ambiente acadêmico em geral. Não é de espantar que o pai da psicologia positiva tenha sido eleito presidente da APA com três vezes mais votos do que o segundo colocado. Seligman deu um passo ao mesmo tempo conservador e inovador, convencido de que era preciso que tudo mudasse para que a psicologia continuasse como estava – mas para que também continuasse a crescer e se expandir. Afinal, o otimismo – que ele decidiu adotar – não é apenas uma atitude conservadora, como Henry James já observara:[36] os psicólogos positivos costumam afirmar que ele é igualmente um atributo típico dos empreendedores de sucesso. Vale ressaltar, contudo, que Seligman e muitos outros que lideraram a expansão da área não eram meros acadêmicos nem profissionais quaisquer: ocupavam postos importantes na universidade pública e detinham cargos privilegiados em instituições políticas, econômicas e acadêmicas. Assim, não foi por coincidência que, mal Seligman assegurou o púlpito da APA para si, o recém-criado campo da psicologia positiva passou por crescimento e expansão sem precedentes, forjando alianças poderosas.

Nas duas últimas décadas, surgiram muitas críticas à psicologia positiva. Algumas, muito bem argumentadas, questionavam pressupostos fundamentais e destacavam declarações

---

36 Henry James, "The Novels of George Eliot". *The Atlantic Monthly*, n. 18, 1866, pp. 479-92.

descontextualizadas e etnocêntricas;[37] simplificações teóricas, tautologias e contradições;[38] deficiências metodológicas;[39] problemas graves com a reprodutibilidade dos experimentos;[40] generalizações exageradas;[41] e mesmo a eficácia terapêutica e seu status científico.[42] Parece claro que tal disciplina não poderia ter

[37] John Chambers Christopher, Frank C. Richardson e Brent D. Slife, "Thinking through Positive Psychology". *Theory & Psychology*, v. 18, n. 5, 2008, pp. 555-61; J. C. Christopher e Sarah Hickinbottom, "Positive Psychology, Ethnocentrism, and the Disguised Ideology of Individualism". *Theory & Psychology*, v. 18, n. 5, 2008, pp. 563-89.

[38] B. D. Slife e Frank C. Richardson, "Problematic Ontological Underpinnings of Positive Psychology: A Strong Relational Alternative". *Theory & Psychology*, v. 18, n. 5, 2008, pp. 699-723; Alistair Miller, "A Critique of Positive Psychology – or 'the New Science of Happiness'". *Journal of Philosophy of Education*, v. 42, n. 3-4, 2008, pp. 591-608; Richard S. Lazarus, "Author's Response: The Lazarus Manifesto for Positive Psychology and Psychology in General". *Psychological Inquiry*, v. 14 n. 2, 2003, pp. 173-89; ibid., "Does the Positive Psychology Movement Have Legs?", pp. 93-109.

[39] James K. McNulty e Frank D. Fincham, "Beyond Positive Psychology? Toward a Contextual View of Psychological Processes and Well-Being". *American Psychologist*, v. 67, n. 2, 2012, pp. 101-10; Erik Angner, "Is it Possible to Measure Happiness?". *European Journal for Philosophy of Science*, v. 3, n. 2, 2013, pp. 221-40.

[40] Myriam Mongrain e Tracy Anselmo-Matthews, "Do Positive Psychology Exercises Work? A Replication of Seligman et al.". *Journal of Clinical Psychology*, n. 68, 2012, pp. 382-89.

[41] James C. Coyne e Howard Tennen, "Positive Psychology in Cancer Care: Bad Science, Exaggerated Claims, and Unproven Medicine". *Annals of Behavioral Medicine*, v. 39, n. 1, 2010, pp. 16-26

[42] Marino Pérez-Álvarez, "The Science of Happiness: As Felicitous as It Is Fallacious". *Journal of Theoretical and Philosophical Psychology*, v. 36, n. 1, 2016, pp. 1-19; Luis Fernández-Ríos e Mercedes Novo, "Positive Psychology: Zeitgeist (or Spirit of the Times) or Ignorance (or Disinformation) of History?". *International Journal of Clinical and Health Psychology*, v. 12, n. 2, 2012, pp. 333-44.

prosperado com base apenas na ciência. A área é tanto conhecida por sua popularidade como marcada por déficits intelectuais e baixo desempenho científico. Após quase vinte anos e mais de 64 mil pesquisas sobre o que faz a vida valer a pena, ela chegou a pouco mais do que resultados desconjuntados, ambíguos, inconclusivos e mesmo contraditórios. A depender do planejamento ou da metodologia empregados, há estudos que dizem que um atributo, aspecto ou variável em particular revela uma chave para a felicidade, enquanto outros apontam para o oposto.[43]

O que esses estudos mostram com clareza é a pauta ideológica de muitos daqueles que financiam, promovem e implementam a felicidade nas empresas, escolas, instituições de saúde, no entretenimento, nas políticas públicas ou nas Forças Armadas. Seria possível afirmar que a psicologia positiva é pouco mais que uma ideologia reciclada na forma de gráficos, tabelas e diagramas repletos de números; uma psicologia pop que pode ser vendida com facilidade, propagandeada por cientistas com seus jalecos brancos. E essa foi uma das fontes de seu enorme sucesso. Ela captou de modo inteligente pressupostos culturais e ideológicos profundamente arraigados a respeito do eu e os reformulou como fatos objetivos e empíricos. Essa estratégia lhe permitiu crescer em paralelo à expansão da indústria da felicidade, à institucionalização crescente da felicidade nas esferas pública e privada, e ao número cada vez maior de alianças que ela forjou e que incluem áreas da política, da educação, do trabalho, da economia e, é claro, da terapia em sua diversidade. Vamos nos voltar para cada um desses campos ao longo do livro – a começar pela relação estreita entre psicólogos positivos e economia

---

[43] Ruth Whippman, "Why Governments Should Stay Out of the Happiness Business". *The Huffington Post*, 24 mar. 2016.

da felicidade, outro movimento com influência nas universidades e bastante conectado com a política.

OS ESPECIALISTAS É QUE SABEM

À medida que crescia, a psicologia positiva fortaleceu suas alianças com contrapartidas profissionais e não acadêmicas bem como desenvolveu sinergias poderosas com os economistas da felicidade. Ainda que esse ramo da economia se expandisse de forma progressiva desde os anos 1980, foi só depois do começo dos anos 2000 que *Sir* Richard Layard deu à área a influência e o alcance de que ela goza nos dias de hoje. Layard, um dos conselheiros do governo de Tony Blair de 1997 a 2001, é membro da Câmara dos Lordes desde 2000 e foi diretor do Centre for Economic Performance da London School of Economics de 1993 a 2003. Fundador e diretor do Programa de Bem-Estar (*Wellbeing Programme*) desse mesmo centro desde 2003, conhecido como o "czar da felicidade", é um famoso defensor da psicologia positiva desde sua estreia nas universidades. Já em 2003, em uma série de palestras na London School of Economics, ressaltou que, para que pudessem entender a fundo a felicidade, os economistas e os psicólogos precisariam trabalhar juntos: "Felizmente", ele disse, "a psicologia agora está se movendo rapidamente na direção certa, e espero que a economia faça o mesmo".[44] Assim como o filósofo inglês Jeremy Bentham, um dos pais do utilita-

---

[44] Richard Layard, "Happiness: Has Social Science a Clue? Lecture 1: What Is Happiness? Are We Getting Happier?", in *Lionel Robbins Memorial Lecture Series*. London: London School of Economics and Political Science, 2003.

rismo, ele acreditava que o objetivo principal e mais legítimo da política era a maximização da soma total de felicidade em uma sociedade. Também como os utilitaristas que vieram antes dele, estava convencido de que a felicidade era uma questão de maximização do prazer e de que era possível mensurá-la. E, assim como na visão de Seligman sobre a psicologia tradicional, ele tinha certeza de que a economia tradicional precisava mudar. Um dos problemas centrais, ele pensava, era que a economia tradicional estava tão preocupada em relacionar dinheiro a vantagens que havia esquecido que a felicidade era uma forma muito mais precisa de mensurar o valor econômico. Assim, Layard afirmava que a ênfase na felicidade levaria às modificações de que a área precisava e ressaltava que os economistas poderiam se valer de alguns dos "achados principais da nova psicologia da felicidade"[45] – o que logo começaria a acontecer.

Na verdade, um grande grupo de psicólogos e economistas interessados no tópico e em como estudá-lo de modo científico havia iniciado uma colaboração já nos anos 1990. Até então o interesse na questão por um viés científico havia sido raro e dominado pela ideia de que a felicidade era um conceito relativo e traiçoeiro, tanto que a ciência positivista recebera com ceticismo estudos que afirmavam medi-la com precisão. O economista Richard Easterlin é um bom exemplo dessa abordagem relativista. Em 1974, muitos psicólogos e economistas foram picados pelo bichinho da felicidade graças em grande parte a Easterlin e seu famoso paradoxo. Ele defendia que, por um lado, enquanto comparações de um mesmo país em um dado momento mostravam que rendimentos mais altos correspondiam a níveis mais

---

[45] Id., "Happiness and Public Policy: A Challenge to the Profession". *The Economic Journal*, v. 116, n. 510, 2006, p. C24.

altos de felicidade, comparações entre países diferentes ou dentro de um mesmo país ao longo do tempo, por outro lado, sugeriam que a riqueza das nações (como medida pelos respectivos produtos internos brutos) não estava ligada a níveis mais altos de felicidade entre seus cidadãos. Easterlin concluiu, dentre outras coisas, que considerações pautadas por aspectos relativos eram as verdadeiras determinantes da felicidade, já que os indivíduos sempre se adaptam às circunstâncias: "Ao julgar a própria felicidade, as pessoas tendem a comparar sua situação atual a um padrão ou a uma norma de referência, derivados de experiências sociais passadas e recentes".[46]

Essa abordagem trazia duas dificuldades. A primeira: para os economistas, se a felicidade era relativa, então aprimoramentos e incentivos econômicos objetivos pareciam não proporcionar nenhum benefício real para as pessoas. Como explicar o desconcertante fato de que as sociedades modernas, representantes do progresso, da riqueza e da prosperidade, estavam fracassando em oferecer às pessoas níveis mais elevados de felicidade? A segunda: para os psicólogos, se a felicidade era relativa, então era a própria possibilidade de uma ciência objetiva das emoções e dos sentimentos que estava em jogo. Foi nesse momento que esses economistas e psicólogos tiveram uma epifania: e se no fim das contas o verdadeiro problema fosse a incapacidade de as pessoas analisarem seus estados emocionais? E se as pessoas não conseguissem entender direito um conceito tão complexo quanto "felicidade" e não fossem boas em avaliá-lo, assim como

---

[46] Richard A. Easterlin, "Does Economic Growth Improve the Human Lot? Some Empirical Evidence", in P. A. David e M. V. Reder (orgs.), *Nations and Households in Economic Growth: Essays in Honor of Moses Abramovitz*. New York: Academic Press, 1974, p. 118.

não são boas em tomar decisões racionais? Essas perguntas pareciam apontar para as respostas que esses profissionais procuravam. De fato, no final dos anos 1980, os psicólogos Daniel Kahneman e Amos Tversky já haviam defendido a ideia de que em geral as pessoas se valiam de um tipo de psicologia intuitiva em suas vidas diárias que fazia com que confiassem em um conjunto de predisposições e heurísticas cognitivas incorretas e insuficientes.[47] Esses estudos tiveram um impacto enorme na área da economia e acabaram por garantir a Kahneman o Prêmio Nobel de Economia em 2002. Em primeiro lugar, psicólogos e economistas concordaram que precisavam de metodologias mais precisas, capazes de superar a introspecção excessiva e medir os sentimentos de forma objetiva. Em segundo, admitiram que também era preciso criar novos profissionais especializados e que, capazes de conduzir os indivíduos no rumo certo, ditassem às pessoas os padrões corretos a partir dos quais a vida deveria ser medida.

Ao longo dos anos 1990, psicólogos e economistas se empenharam em desenvolver novos questionários, escalas e metodologias na tentativa de medir de forma objetiva conceitos como felicidade, bem-estar subjetivo e equilíbrio hedônico entre os afetos positivos e negativos. O Inventário de Felicidade de Oxford; a Escala de Satisfação com a Vida; a Tabela de Afetos Positivos e de Afetos Negativos; o Método de Amostragem de Experiências; e o Método de Reconstrução do Dia são alguns dos exemplos mais conhecidos. Aparentemente, os psicólogos

---

[47] Amos Tversky e Daniel Kahneman, "The Framing of Decisions and the Psychology of Choice". *Science*, v. 211, n. 4481, 1981, pp. 453-58; id., "Judgment under Uncertainty: Heuristics and Biases". *Science*, v. 185, n. 4157, 1974, pp. 1124-31.

e os economistas demonstraram duas coisas com essas metodologias: de um lado, que a qualidade hedônica da felicidade era dotada de uma ancoragem objetiva, já que os níveis de felicidade podiam ser comparados empiricamente e medidos de forma precisa como variáveis da quantidade relativa de prazer em comparação com a dor, de modo a não serem completamente relativos; e, de outro, que a felicidade era questão de frequência, e não de intensidade.[48] A intensidade não viria a ser desconsiderada de todo, porém. Pelo contrário, a necessidade de traçar de modo científico o papel que ela desempenha na felicidade e definir como poderia ser materializada de forma objetiva em medições corporais – batimentos cardíacos, pressão arterial, taxa de glicose, níveis de serotonina, expressões faciais etc. – criariam um novo campo de exploração para psicólogos, neurocientistas e psicofisiólogos.

Em 1999, o livro *Well-Being: The Foundations of Hedonic Psychology* [Bem-estar: os fundamentos da psicologia hedônica], organizado por Daniel Kahneman e Ed Diener, sintetizou as descobertas da área naquela década[49] e corroborou a interdependência entre psicólogos e economistas. O livro considerava a suposta relação fundamental entre os conceitos de felicidade e de utilidade, ao mesmo tempo que, visando legisladores, encorajava nações a monitorar o prazer e a dor por meio de novas metodologias que poderiam complementar indicadores sociais

---

48 Ed Diener, Ed Sandvik e William Pavot, "Happiness Is the Frequency, Not the Intensity, of Positive versus Negative Affect", in F. Strack, M. Argyle e N. Schwarz (orgs.), *Subjective Well-Being: An Inter-Disciplinary Perspective*. Oxford: Pergamon Press, 1991, p. 119.

49 D. Kahneman, E. Diener e Norbert Schwarz (orgs.), *Well-Being: The Foundations of Hedonic Psychology*. New York: Russell Sage Foundation, 1999.

já existentes para a avaliação das políticas públicas. Essas eram ideias centrais que Layard e o campo de estudos da economia da felicidade seriam bem-sucedidos em levar adiante nos anos que se seguiriam.

Um bem mensurável e evidente em si mesmo

Em 2014, as estantes das livrarias acolheram um título improvável escrito por alguns economistas sob a liderança de Richard Layard: *Thrive – The Power of Psychological Therapy* [Desenvolva-se – O poder da terapia psicológica]. O volume foi apresentado como um libelo a favor de um maior investimento público em terapias positivas de bom custo-benefício voltadas a acabar de uma vez por todas com a praga da doença mental que assolava as sociedades modernas.[50] Daniel Kahneman o endossou como "uma história inspiradora de sucesso" com "uma mensagem envolvente". Seligman também o cobriu de elogios: "Este é simplesmente o melhor livro já escrito sobre políticas públicas e saúde mental". O livro, no entanto, não trazia nada de novo: no momento de sua publicação, a felicidade e a saúde mental positiva já estavam no topo da pauta política de muitos países, incluindo Estados Unidos, Chile, Reino Unido, Espanha, Austrália, França, Japão, Dinamarca, Finlândia, Israel, China, Emirados Árabes Unidos e Índia.[51]

---

50 R. Layard e David M. Clark, *Thrive: The Power of Psychological Therapy*. London: Penguin, 2015.

51 Sam Binkley, *Happiness as Enterprise: An Essay on Neoliberal Life*. New York: SUNY Press, 2014.

Os economistas da felicidade e os psicólogos positivos desempenharam um papel fundamental nisso tudo, já que ambas as áreas começaram a ganhar tração acadêmica e política no começo dos anos 2000. A crise econômica de 2008 se encarregou do resto. Depois do derretimento econômico global, mais e mais países que se aconselhavam com esses profissionais pensaram que poderiam muito bem usar indicadores de felicidade para verificar se, mesmo com o continuado declínio dos índices objetivos de qualidade de vida e de igualdade, as pessoas ainda estavam se sentindo bem. Os pesquisadores da felicidade logo ofereceram respostas, sustentando que ela era uma unidade precisa para medir o bem-estar sentido e percebido pelos cidadãos. Assim, em oposição a índices concretos e objetivos de progresso econômico e social, de repente pareceu uma boa ideia que índices mais flexíveis e subjetivos como felicidade fossem utilizados para uma análise mais detalhada e certeira da sociedade. Se as pessoas diziam ser felizes, então não havia muito com o que se preocupar – afinal de contas, não seria a felicidade o verdadeiro e definitivo objetivo da política, algo a ser priorizado em detrimento da justiça e da igualdade?

O Chile foi um dos primeiros países a se juntar a essa iniciativa, talvez para testar se a "doutrina do choque"[52] – as drásticas reformas neoliberais econômicas e políticas levadas a cabo por Augusto Pinochet, aconselhado por Milton Friedman e outros economistas de Chicago – ainda estava rendendo seus "bons frutos". Logo depois, os conservadores David Cameron e Nicholas Sarkozy fariam o mesmo, e ambos determinariam que seus respectivos serviços nacionais de estatística começassem a colher

---

[52] Naomi Klein, *A doutrina do choque: a ascensão do capitalismo do desastre* [2008], trad. Vânia Cury. Rio de Janeiro: Nova Fronteira, 2008.

informações sobre a felicidade do povo. A ideia era introduzir o conceito de felicidade interna bruta (FIB) como um indicador que fosse além do produto interno bruto (PIB) – assim como de suas extensões, como "medida de bem-estar econômico", "aspectos econômicos de bem-estar", "índice de bem-estar econômico sustentável" ou "índice de desenvolvimento humano" – a fim de medir a eficiência política e o progresso nacional. A partir de 2008, todos os países interessados na felicidade e na saúde mental positiva começariam progressivamente a abraçar, em maior ou menor grau, esses tipos de iniciativa.

A maioria desses países aderiu a políticas do tipo quando instituições e fóruns globais proeminentes começaram a recomendar a felicidade como um índice de progresso nacional, social e político. Um exemplo disso é a Organização das Nações Unidas (ONU), para a qual todo ano Layard organiza o *Relatório mundial da felicidade*, um estudo global sobre a felicidade das nações publicado em colaboração com a empresa estadunidense de pesquisa de opinião Gallup. Em 2012, a ONU declarou 20 de março o Dia Internacional da Felicidade, proclamou "a felicidade e o bem-estar como metas e aspirações universais nas vidas dos seres humanos ao redor do mundo" e defendeu "a importância de seu reconhecimento nos objetivos das políticas públicas" das nações. Outro bom exemplo vem da influente Organização para Cooperação e Desenvolvimento Econômico (OCDE), que advoga a favor de políticas econômicas e coordena estatísticas entre mais de trinta dos países mais ricos do mundo; ela produz suas próprias ferramentas, bancos de dados e projetos de intervenção baseados na felicidade, como é o caso do Índice para uma Vida Melhor e da Iniciativa Vida Melhor. A OCDE também conta com diversos psicólogos positivos, economistas e outros cientistas da felicidade dentre seus conselheiros, incluindo Ruut

Veenhoven, Ed Diener e Bruno Frey. Desde 2009, a organização recomenda com entusiasmo que sistemas de contas nacionais adotem índices de bem-estar "para monitoramento e avaliação comparativa do desempenho dos países, direcionamento das escolhas do povo, e planejamento e entrega de políticas"[53] em diversos domínios políticos, como na alocação de recursos públicos, na educação, no urbanismo, em sistemas tributários e frente ao desemprego. Multinacionais importantes como a Coca-Cola também contribuíram para essas iniciativas, com a abertura de filiais do Instituto Coca-Cola da Felicidade em todos esses países a fim de publicar um relatório anual internacional, o "barômetro da felicidade", com a colaboração de economistas da felicidade e de psicólogos positivos. Em 2017, o instituto já possuía dezenas de filiais em diferentes países, inclusive no Paquistão.

A despeito de tudo que os separa, psicólogos positivos e economistas da felicidade compartilham, desde sua aliança inicial, da convicção de que a felicidade não é um constructo mal definido ou especulativo com mais de cinquenta tons históricos e filosóficos de cinza, mas um conceito objetivo e universal que pode ser medido de modo imparcial e preciso. Essa mensuração tem sido um dos pontos cruciais de concordância entre as duas disciplinas, mesmo na ausência de um maior consenso teórico quanto ao resto – apesar das discordâncias, seria possível quantificar a felicidade de algum modo. Ambas apresentaram a felicidade como um conceito brutalmente empírico que se deixava analisar em grandes bancos de dados, e não em especulações teóricas ou filosóficas. "A felicidade é exatamente como o barulho", disse Layard em sua série de palestras de 2003, "há várias

---

[53] OCDE, OECD Guidelines on Measuring Subjective Well-Being. Paris: OCDE, 2013, p. 3.

qualidades de barulho, desde o trombone até o miado de um gato. Mas todos esses sons podem ser comparados em termos de decibéis".[54] Dois anos depois, em seu livro mais importante e influente sobre a relação entre felicidade e política, *Felicidade – lições de uma nova ciência*, Layard afirmaria que a felicidade não só pode ser medida como também é boa em si mesma. Ele estava em consonância com os psicólogos positivos ao afirmar que a felicidade deveria ser compreendida como uma meta natural e objetiva a ser perseguida por todos os seres humanos:

> A felicidade é esse objetivo supremo porque, ao contrário de todos os outros objetivos, é evidentemente boa. Se nos perguntam por que a felicidade é importante *não podemos apresentar uma razão adicional externa*. Ela apenas é obviamente importante. Como diz Declaração de Independência dos Estados Unidos, a felicidade é um objetivo "evidente por si mesmo".[55]

Vale notar, no entanto, que essa afirmação deve ser entendida como um postulado ideológico, não como uma demonstração científica; uma tautologia que, como diz o próprio Layard, carece de razões adicionais e externas que possam justificá-la.

Apesar da falta de uma sustentação teórica sólida, a autossuficiência das medições precisas e imparciais da felicidade tem sido um dos atrativos mais significativos com que o discurso científico da felicidade vem se alojando na alma individualista, tecnocrática e utilitarista das políticas neoliberais. Segundo seus apóstolos, o sonho de Bentham se tornou realidade. O

---

54 R. Layard, "Happiness: Has Social Science a Clue?", op. cit.
55 Id., *Felicidade: lições de uma nova ciência* [2005], trad. Maria Clara Fernandes. Rio de Janeiro: Best Seller, 2008, p. 139 (grifo nosso).

utilitarismo deixou de ser uma utopia abstrata de engenharia social para se tornar uma realidade científica em que a vida boa é suscetível à tecnocracia graças à integração de humores e de sentimentos, de sentidos, de desenvolvimento e até mesmo dos rincões mais íntimos da psique em um cálculo de escala massiva de consumo, eficiência, produtividade e progresso nacional. Como esses economistas garantem: "Os pesquisadores [já] alcançaram o que Bentham não conseguiu: desenvolver uma forma de medir quão felizes as pessoas são e quanto prazer ou dor elas extraem dos eventos e das condições corriqueiras de suas vidas".[56]

Termômetro afetivo

O desenvolvimento contínuo dos métodos de pesquisa – bem como das técnicas de imagens cerebrais, tecnologias de monitoramento de humor, aplicativos de celular e redes sociais, que acompanham e coletam informações pessoais em tempo real com base em nossos sinais vitais, atividades diárias, relacionamentos, uso da linguagem, lugares que frequentamos e assim por diante – permitiu, de acordo com os economistas da felicidade, superar os problemas metodológicos derivados da medição por testemunho, tais como a introspecção e o relativismo cultural. Segundo afirmaram, a felicidade seria um constructo científico robusto com o qual se poderia medir o progresso econômico e social. Tratava-se de introduzir a ciência psicológica

---

[56] Derek Bok, *The Politics of Happiness: What Government Can Learn from the New Research on Well-Being*. Princeton: Princeton University Press, 2010, p. 204.

positiva e a pesquisa da felicidade na tessitura do Estado – onde hoje elas com toda certeza já estão.

Talvez seja no *big data* que a penetração da felicidade na estrutura governamental tecnocrata esteja mais evidente, onde a análise de dados – apresentado pela *Harvard Business Review* como "o emprego mais sexy do século XXI"[57] – combina perfeitamente com o que poderia ser chamado "o assunto mais quente do século XXI". A felicidade se dá bem com estatísticas em escala massiva e com a economia dos dados pessoais – o V Congresso Mundial de Psicologia Positiva, realizado em 2015 no Walt Disney Resort em Orlando, na Flórida, gravitou em torno da relação da felicidade com *big data* e política, tema que também foi amplamente discutido na Cúpula Mundial de Governos de 2017, em Dubai. Pesquisadores da felicidade e analistas de dados trabalham em conjunto estudando perfis de Facebook, tuítes, mensagens de Instagram, buscas no Google e a ocorrência e presença quantitativa de vocabulário positivo ou negativo nas mídias sociais. A partir dessas informações, reúnem um volume enorme de dados com os quais traçam mapas geográficos, estabelecem comparações transculturais, conduzem pesquisas sobre padrões comportamentais e identidades digitais, e estudam como a felicidade pode ser um instrumento para compreender e moldar a opinião pública sobre qualquer assunto social ou político, dentre outros. Em paralelo, novas tendências para avaliar a felicidade, como a "análise de sentimentos" ou o "eu quantificado" [*quantified self*], também usam a mineração de dados da internet, dos celulares e das redes sociais para calcular humores positivos e negativos a fim de antecipar tendências de mercado, fazer previsões eleitorais ou direcionar

---

[57] Thomas H. Davenport e Dhanurjay DJ Patil, "Data Scientist: The Sexiest Job of the 21st Century". *Harvard Business Review*, out. de 2012.

o marketing de certos produtos com o objetivo de, entre muitas outras coisas, encorajar o consumo.

É claro que os pesquisadores de mineração de dados ainda não apresentaram nada de revolucionário sobre a felicidade humana – que as pessoas prefiram os finais de semana às terças-feiras, que a chuva afete nosso humor, que os indivíduos deprimidos prefiram cores e tons escuros e que o Natal seja um dos dias mais felizes do ano estão entre suas descobertas mais fenomenais. Ainda assim, o lado importante da mineração de dados em escala massiva não está no que o *big data* pode falar sobre a felicidade, mas como esses dados podem ser usados, sem que tenhamos consciência disso, para influenciar e agir sobre o modo como entendemos a felicidade e a relação que estabelecemos conosco e com o mundo por meio dela. Ao garimpar o que gostamos de fazer e quando, com que frequência e em que sequência de eventos o fazemos, os especialistas, as instituições e as corporações passam a deter informações preciosas, com um potencial enorme de agir sobre os menores aspectos da vida particular de cada um – por exemplo, quais notícias devemos ler, quais anúncios devemos ver, quais músicas devemos ouvir a depender de nosso humor ou quais conselhos de saúde e de estilo de vida devemos receber –, mas que também influenciam os padrões comportamentais mais amplos do coletivo ao moldar o que deve ou não ser valorizado como algo que contribui para a nossa felicidade.

Em 2014, o Facebook revelou que havia conduzido um experimento em que manipulara o *feed* de notícias de 689 mil usuários para que as pessoas se sentissem mais positivas ou negativas a respeito de si mesmas e de seus amigos virtuais.[58]

---

[58] Adam D. I. Kramer, Jamie E. Guillory e Jeffrey T. Hancock, "Experimental Evidence of Massive-Scale Emotional Contagion through

O estudo dizia que a manipulação do conteúdo ocorrera de forma "coerente com as políticas de uso de dados do Facebook, com as quais todos os usuários concordam antes de criar sua conta no site, o que configura consentimento informado para os fins desta pesquisa".[59] Um escândalo gigantesco logo estourou. A controvérsia não se devia apenas ao deslize do Facebook em obter o consentimento para a pesquisa, ou ao não compartilhar com o público os algoritmos usados para manipular humores. O problema estava na extensão com que uma única empresa pôde influenciar os humores e pensamentos das pessoas em uma escala massiva graças à manipulação de informações pessoais e sociais. Um membro do Comitê Especial de Cultura, Mídia e Esportes da Câmara dos Comuns da Inglaterra ficou preocupado com o poder que essas empresas detinham para moldar os pensamentos das pessoas na política e em outras áreas.[60] O experimento do Facebook enfatizou duas questões principais: que a felicidade se tornou o interesse principal das empresas e dos políticos não só como meio de entender como as pessoas se sentem, reagem e valorizam certos aspectos de sua vida e da vida dos outros, mas sobretudo para influenciar como elas devem sentir, agir e valorizar esses mesmos aspectos; e que a felicidade foi inscrita de modo profundo como uma forma de medição quantitativa de primeira ordem para pautar e impactar a política, a economia e os processos deliberativos, tanto na esfera pública como privada.

Social Networks". *Proceedings of the National Academy of Sciences*, v. 111, n. 24, 2014, pp. 8788-90.
59 Sydney Lupkin, "You Consented to Facebook's Social Experiment". ABCNews, 30 jun. 2014.
60 Robert Booth, "Facebook Reveals News Feed Experiment to Control Emotions". *The Guardian*, 30 jun. 2014.

A mensuração e a quantificação dos fenômenos sociais (ou, mais precisamente, o que os sociólogos Wendy Espeland e Mitchell Steven chamam "comensuração")[61] são fundamentais para compreender como a felicidade ganhou tanto destaque nas sociedades modernas e neoliberais. Medi-la é essencial para vendê-la como um conceito objetivo, preciso, passível de ser estudado sob a égide do rigor científico das ciências naturais. Também é fundamental para transformá-la numa mercadoria cujo valor de mercado e legitimidade dependem muitíssimo da quantificação de sua eficiência, como se verá.

A mensuração da felicidade também permite que se use o conceito de diversas maneiras, tanto científica como politicamente. Primeiro, ela possibilita sua segmentação em unidades ou variáveis calculáveis e quantificáveis com as quais informações – biológicas, emocionais, comportamentais, cognitivas, sociais, econômicas e políticas – díspares, diversas e com frequência incongruentes podem ser reunidas, comparadas e analisadas. Depois, ela é decisiva para que os pesquisadores estabeleçam relações de causalidade e realizem pesquisas empíricas com base na ideia de que a quantificação não altera o sentido e as propriedades do conceito. A comensuração também é essencial para classificar e organizar variáveis relacionadas à felicidade sob uma métrica comum, e, logo, para estabelecer quais aspectos, eventos ou ações contribuiriam mais e seriam mais cruciais para o bem-estar dos indivíduos – dormir bem, comprar um carro novo, tomar sorvete, passar um tempo com a família, arrumar um emprego, visitar a Disney, meditar quatro vezes por semana ou escrever cartões de agradecimento. De modo relacio-

---

61 Wendy N. Espeland e Mitchell L. Stevens, "A Sociology of Quantification". *European Journal of Sociology*, v. 49, n. 3, 2008, pp. 401-36.

nado, e o que é mais importante, a comensuração permite que a felicidade se estabeleça como fenômeno social comunicável e também como critério legitimado e neutro para a condução de um vasto arranjo de decisões políticas e econômicas e de intervenções conforme a neutralidade e a objetividade que caracterizam a política tecnocientífica e neoutilitarista.

A medição da felicidade permitiu que seus economistas e as instituições políticas introduzissem a satisfação existencial nas análises políticas de custo-benefício locais e globais, para contestar a abordagem econômica tradicional: se antes custos e benefícios eram medidos em unidades monetárias, agora os benefícios deveriam ser medidos em unidades de felicidade. Layard recomendava que a abordagem para avaliar decisões políticas em países democráticos fosse "classificar de forma hierárquica todas as políticas públicas possíveis e imagináveis segundo a felicidade que elas geram para cada dólar gasto".[62] Ao adotá-la como unidade de benefício, a felicidade poderia ser relacionada de diferentes maneiras a investimentos em escala global. Foi possível, por exemplo, que se estabelecesse um valor monetário para ela – como quando os especialistas afirmaram que a quantia que os ingleses diziam precisar para serem felizes era de 7 milhões de libras –,[63] que informações sobre perdas e ganhos econômicos fossem derivadas de um aumento ou de uma diminuição da felicidade – como quando a Gallup relatou que a infelicidade dos empregados custava à economia dos Esta-

---

[62] R. Layard e Gus O'Donnell, "How to Make Policy When Happiness Is the Goal", in J. F. Halliwell, R. Layard e J. Sachs (orgs.), World Happiness Report. New York: Sustainable Development Solutions Network, 2015, p. 77.

[63] Kirstie McCrum, "What Exactly Does Happiness Cost? A Mere £7.6 Million Say Britons". Mirror, 15 maio 2015.

dos Unidos 500 bilhões de dólares por ano –;[64] ou que se analisasse a eficiência com que as políticas de diferentes países contribuíam para a felicidade de seus cidadãos.

Uma vez transformada em cifras aparentemente objetivas e imparciais, capazes de ultrapassar fronteiras culturais e integrar cálculos de custo-benefício em escala massiva, a felicidade passou a ser um dos principais nortes econômicos, políticos e morais para as sociedades neoliberais. Nesse aspecto, os economistas da felicidade afirmaram que as evidências extraídas de pesquisas já se mostravam sólidas: os países poderiam ser comparados por seus níveis de felicidade, e portanto nações e instituições deveriam adotá-los como um "termômetro afetivo" objetivo e imparcial para estimar a utilidade econômica, analisar o progresso social e conduzir as políticas públicas.[65]

Tecnohappycracia

Os métodos para aferir a felicidade não têm sido imunes a críticas. Para começar, alguns autores contestam a existência de métodos comprovados e consensuais para tanto.[66] Até mesmo a OCDE publicou uma série de diretivas sobre a questão, alertando que muitos dos procedimentos "não apresentam a consistência

---

64 Gallup, *State of the American Workplace: Employee Engagement Insights for U.S. Business Leaders*. Washington: Gallup, 2013.
65 Luigino Bruni e Pier Luigi Porta, "Introduction", in L. Bruni e P. L. Porta (orgs.), *Handbook on the Economics of Happiness*. Cheltenham: Edward Elgar, 2007, pp. XI-XXXVII; Bruno S. Frey e Alois Stutzer, *Happiness and Economics: How the Economy and Institutions Affect Human Well-Being*. Princeton: Princeton University Press, 2006.
66 E. Angner, "Is it Possible to Measure Happiness?", op. cit.

necessária para que sejam usados como base para comparações internacionais".[67] Outros autores expressaram preocupação com a orientação excessivamente individual dessas medições. Apesar das afirmações dos economistas da felicidade, não está claro se é possível comparar graus de felicidade entre indivíduos. Como saber, por exemplo, que a pontuação de 7 numa escala de 0 a 10 alcançada por uma pessoa em um questionário corresponde ao 7 numa escala de 0 a 10 de outra? Como saber se uma pontuação de 7 de alguém na Irlanda é maior ou menor do que o 6 ou o 8 de alguém no Camboja ou na China? Quão mais feliz é alguém com uma pontuação de 5 do que alguém com uma pontuação de 3? O que um 10 significa na prática? Outra preocupação é que essa metodologia traz limitações severas para o alcance de respostas informativas que as pessoas são capazes de oferecer quando analisam a própria felicidade. Isso é importante porque além de favorecer um viés de autoconfirmação dos pesquisadores,[68] respostas fechadas podem desconsiderar informações importantes para deliberações políticas. Um estudo recente mostrou, por exemplo, que, em comparação com narrativas de vida obtidas por meio de entrevistas, as autodeclarações quantitativas negligenciavam questões sociais importantes no modo como as pessoas avaliam sua vida, inclusive quanto a circunstâncias particulares e específicas, avaliações negativas e sentimentos conflitantes. Nesse aspecto, o estudo concluiu com uma indicação de que seria "um enorme desastre" para a pesquisa "se as pessoas não se sentissem

---

67 OCDE, *Guidelines on Measuring Subjective Well-Being*, op. cit., p. 23.
68 N. Schwarz et al., "The Psychology of Asking Questions", in E. D. de Leeuw, J. J. Hox e D. A. Dillman (orgs.), *International Handbook of Survey Methodology*. New York: Taylor & Francis, 2008, pp. 18-36.

bem e os pesquisadores não conseguissem percebê-lo".[69] De fato, tais medições quantitativas e limitadas implicam um sério risco: o de muitas questões importantes para os indivíduos serem sub-representadas no debate público.

Mas as preocupações metodológicas não são as únicas ou as mais importantes: é preciso questionar os usos derivados da escolha da felicidade como um critério político de primeira ordem. É legítimo questionar, por exemplo, se políticas baseadas na felicidade não podem muitas vezes funcionar como cortinas de fumaça para esconder deficiências políticas e econômicas relevantes e estruturais. Esse alarme, na verdade, já foi disparado durante o mandato do primeiro-ministro britânico conservador David Cameron. Em 2010, logo após o anúncio dos maiores cortes econômicos na história do país, Cameron declarou que o Reino Unido deveria adotar a felicidade como um índice nacional de progresso. Os conservadores deixaram de lado as questões econômicas e promoveram a novíssima ideia de que "é hora de admitirmos que o dinheiro não é tudo na vida, e também focar no BEG – bem-estar geral". A ênfase na felicidade individual e agregada era, aqui e à vista de todos, uma estratégia óbvia para pôr de escanteio e camuflar indicadores socioeconômicos mais objetivos e complexos de bem-estar e vida boa, como a redistribuição de renda, as desigualdades materiais, a segregação social, a desigualdade de gênero, a saúde da democracia, a corrupção e a transparência, as oportunidades objetivas *versus* a percepção delas, os auxílios sociais e a taxa de desemprego. Os israelenses, no entanto, se orgulham da altís-

---

[69] Ivo Ponocny et al., "Are Most People Happy? Exploring the Meaning of Subjective Well-Being Ratings". *Journal of Happiness Studies*, v. 17, n. 6, 2015, p. 2651.

sima posição no ranking de indicadores mundiais de felicidade – como se isso fosse capaz de esconder que o país tem um dos níveis de desigualdade mais altos do mundo e vive em estado constante de ocupação.

Preocupação similar pode ser encontrada em países caracterizados pela pobreza generalizada, por constantes violações de direitos humanos e altas taxas de desnutrição, mortalidade infantil e suicídio, como no caso dos Emirados Árabes Unidos e da Índia, quando decidem adotar a felicidade como parâmetro de suas políticas nacionais. Em 2014, o primeiro-ministro e emir de Dubai, o xeque Mohammed bin Rashid al-Maktoum, ordenou a instalação de telas *touchscreen* pela cidade para coletar informações em tempo real sobre a satisfação das pessoas com o objetivo de construir "a cidade mais feliz do mundo". Em 2016 foi anunciada a mais ampla reorganização governamental da história de 44 anos do país, que incluiu, como menina dos olhos das mudanças, a instalação do "Ministério da Felicidade", voltado à criação de "bem-estar e satisfação sociais". O novo ministro da pasta, Ohood Al Roumi, disse à CNN que o papel do país era "produzir um ambiente em que as pessoas possam florescer – possam alcançar seus potenciais – e escolher serem felizes", ao que acrescentou que, "para nós, dos Emirados Árabes Unidos, a felicidade é muito importante. Sou uma pessoa muito feliz e positiva e escolho ser feliz todos os dias, porque é isso que me move, é isso que me motiva, é isso que me dá um propósito de vida, e então sempre escolho ver o copo meio cheio". Algo similar aconteceu na Índia, em que o sr. Chouhan, um entusiasta da ioga e membro do partido de situação BJP, do primeiro-ministro Narendra Modi, afirmou que "a felicidade não chega apenas com posses e desenvolvimento material, mas infundindo positividade na vida das pessoas".

Talvez uma das implicações mais importantes da régua da felicidade seja permitir que questões políticas e econômicas delicadas se resolvam de maneira supostamente não ideológica e estritamente tecnocrática. Seja a avaliação de um programa de vacinação, a intervenção em uma escola ou uma nova medida tributária, a felicidade agregada é postulada como um critério objetivo. Quanto aos impostos, por exemplo, Adler e Seligman afirmam que o critério de felicidade deveria presidir a elaboração de medidas fiscais "a fim de obter estruturas tributárias otimizadas que maximizem a arrecadação de impostos sem reduzir o bem-estar da sociedade. A perda do bem-estar pode ser calibrada para diferentes níveis de tributação de modo a encontrar uma estrutura eficiente que maximize o bem-estar nacional".[70] Assim, a tributação não deveria ser uma questão de pensamento político ou social, mas uma matéria técnica solucionada pela quantia de felicidade que ela produz nas pessoas. Os autores defendem ainda que essa lógica deveria ser aplicada a questões morais e políticas:

> De que forma as sociedades podem tomar decisões jurídicas sobre temas controversos sob o aspecto moral, como prostituição, aborto, drogas, punição e jogos de azar? Argumentos perfeitamente coerentes podem ser defendidos contra ou a favor dessas questões. Contudo, é raro que os valores dos indivíduos ou de grupos pequenos estejam alinhados. Uma das vantagens do critério de bem-estar para o aconselhamento das políticas públicas é a própria natureza subjetiva dos instrumentos de autodeclaração. Nesses casos, os indicadores subjetivos de preferências – que

---

[70] Alejandro Adler e M. E. P. Seligman, "Using Wellbeing for Public Policy: Theory, Measurement, and Recommendations". *International Journal of Wellbeing*, v. 6, n. 1, 2016, p. 14.

refletem os valores particulares e os objetivos de vida das pessoas – oferecem àqueles que concebem políticas públicas uma ferramenta democrática e justa (de um ponto de vista utilitarista) para o enfrentamento de temas moralmente carregados.[71]

A desigualdade é um dos exemplos mais atuais e impressionantes. Segundo estudos recentes, e ao contrário das afirmações de muitos outros economistas de que as ideias de um piso social, redistribuição de rendimentos e igualdade são indispensáveis para a prosperidade, a dignidade e o reconhecimento e bem-estar sociais,[72] as pesquisas em grandes bancos de dados pareceriam agora provar que a desigualdade de renda e a concentração de capital apresentam uma relação positiva com a felicidade e com o progresso econômico, em especial em países em desenvolvimento. Aparentemente, a desigualdade seria acompanhada não por um ressentimento, mas por um "fator de esperança" – os pobres encarariam o sucesso dos ricos como um prenúncio, uma motivação para prosperar, e assim a esperança e a felicidade aumentariam. Esse deslocamento, no entanto, não deve causar surpresa. Os valores meritocráticos e individualistas subjacentes à felicidade ocultam as diferenças fundamentais de classe e reforçam a competição em sistemas desiguais, em vez de reduzir a desigualdade econômica. Novos estudos argumentam que quanto mais profundas forem as desigualdades, mais os indivíduos enxergarão oportunidades para si mesmos no futuro, e, portanto, maiores serão os níveis

---

71 Ibid.
72 T. Piketty, *O capital no século XXI*, trad. Mônica Baumgarten de Bolle. Rio de Janeiro: Intrínseca, 2014; Joseph Stiglitz, *The Price of Inequality: How Today's Divided Society Endangers Our Future*. London: W. W. Norton, 2013.

de felicidade. Kelley e Evans concluíram recentemente que "a desigualdade de rendimentos é associada a uma maior felicidade". Esse "fator-chave", continuam os autores, seria mais bem aplicado a países em desenvolvimento, enquanto a desigualdade de países desenvolvidos seria "irrelevante" para a felicidade dos indivíduos, "nem ajudando, nem atrapalhando".[73] As implicações políticas sobre os esforços para a redução das desigualdades parecem claras: esses esforços não devem existir.

> Esforços tremendos têm sido feitos, tanto hoje como no passado, para reduzir a desigualdade de renda. *Há uma vontade generalizada de sacrificar o crescimento econômico a fim de acabar com a desigualdade. Nossos resultados sugerem que esses esforços estão altamente equivocados*: [...] no mundo em que vivemos, a desigualdade social de renda não reduz em geral o bem-estar subjetivo individual. *Em países em desenvolvimento, a desigualdade até mesmo aumenta a felicidade*. Isso sugere que os esforços atuais para reduzir a desigualdade de renda são potencialmente danosos para o bem-estar dos cidadãos dos países pobres.[74]

O critério da felicidade é bastante conveniente de um ponto de vista tecnocrático: ele parece oferecer um verniz de humanidade à visão desumanizadora da tecnocracia. A felicidade agregada refletiria os sentimentos e as opiniões do povo com exatidão, e assim não seria preciso perguntar o que as pessoas

---

[73] Jonathan Kelley e Mariah D. R. Evans, "Societal Inequality and Individual Subjective Well-Being: Results from 68 Societies and over 200,000 Individuals, 1981-2008". *Social Science Research*, n. 62, 2017, pp. 1-23.

[74] Ibid. (grifos nossos).

pensam a respeito de medidas políticas, mas apenas pedir que elas avaliem seu grau de satisfação com a vida preenchendo um questionário de cinco perguntas. As opiniões, ao contrário das avaliações, são desorganizadas, confusas e difíceis de interpretar. Ainda que, no início de suas considerações sobre a felicidade no mundo, Layard e O'Donnell tenham enfatizado que a felicidade agregada deveria ser o critério para a boa política e para qualquer democracia, eles também destacaram que a avaliação das pessoas quanto a certas políticas era muitas vezes "sem sentido", e assim os dados sobre felicidade seriam mais confiáveis e se caracterizariam como "um novo método poderoso para deliberações políticas com base em evidências científicas".[75] Apesar disso, a ideia de tratar as pessoas como dados e não perguntar suas verdadeiras opiniões, sob a premissa de que estas últimas poderiam não fazer sentido, parece mais despótica do que democrática. Como William Davies[76] já sugeriu, um dos problemas das abordagens neoutilitaristas e tecnocráticas é a democracia em si mesma; talvez o alcance da democracia tenha se estendido demais e para além das fronteiras administráveis, e então conceitos como felicidade, que são propícios à quantificação, capazes de homogeneizar juízos e crenças e evocar a ideia de bem-estar social – cada vez mais inatingível –, passaram a ser uma estratégia útil para oferecer migalhas de democracia, mas sem a necessidade de lidar com os resultados caóticos e os desafios políticos que as decisões democráticas reais envolveriam.

---

75 R. Layard e G. O'Donnell, "How to Make Policy When Happiness is the Goal", op. cit., p. 79.

76 William Davies, *The Happiness Industry: How the Government and Big Business Sold Us Well-Being*. London: Verso, 2015.

Hoje a felicidade é sem dúvida um conceito altamente político – e, em culturas anglo-saxônicas, é objeto de reflexão desde pelo menos o advento da modernidade. Tanto economistas da felicidade como psicólogos positivos o reconhecem, e admitem que da felicidade resultam consequências políticas e também econômicas. Como Ashley Frawley mostra, quase 40% dos artigos dos psicólogos positivos chegam a conclusões que sugerem intervenções em políticas públicas.[77] O que eles relutam em reconhecer, contudo, é que tanto a pesquisa como a implementação da felicidade podem ter motivações políticas e culturais; isto é, que pode haver uma pauta ideológica e um viés cultural por trás de seu estudo científico e de sua aplicação política, econômica e social. Os pesquisadores tentam escapar de todo questionamento cultural, histórico ou ideológico ao se aferrar à dicotomia ciência/valores e ao insistir que uma abordagem científica impede que a definição de felicidade individual seja influenciada por princípios morais, prescrições éticas ou valores ideológicos. Isso, contudo, está em contraste direto com a relação íntima que ela mantém com as principais suposições individualistas e com as demandas éticas características à ideologia neoliberal, como desenvolveremos no próximo capítulo.

---

[77] Ashley Frawley, *Semiotics of Happiness: Rhetorical Beginnings of a Public Problem*. London: Bloomsbury, 2015.

2
REAVIVAR A CHAMA DO INDIVIDUALISMO

Separado da família, da religião e da vocação como fontes de autoridade, dever e exemplo moral, primeiro o eu procura desenvolver sua própria forma de ação por meio da busca autônoma da felicidade e pela satisfação de suas necessidades. Mas quais são as necessidades do eu? De que medidas ou faculdades ele se vale para identificar a felicidade? Diante dessas questões [...] o individualismo parece mais do que nunca determinado a levar adiante a tarefa de abandonar qualquer critério que não seja a validação particular radical.
ROBERT BELLAH ET AL., *Habits of the Heart*

FELICIDADE E NEOLIBERALISMO

O neoliberalismo deve ser encarado como um fenômeno mais amplo e fundamental do que apenas uma teoria de práticas político-econômicas. Como já mencionamos em outro lugar,[1] ele

---

1 Edgar Cabanas e Eva Illouz, "The Making of a 'Happy Worker': Positive Psychology in Neoliberal Organizations", in A. Pugh (org.), *Beyond the Cubicle: Insecurity Culture and the Flexible Self*. New York: Oxford University Press, 2017, pp. 25-50; id., "Fit fürs Gluck: Positive Psychol-

deve ser entendido como um novo estágio do capitalismo, caracterizado por uma expansão implacável do alcance e do escopo da economia para todos os estratos culturais;[2] pela demanda crescente por critérios tecnocientíficos para deliberações políticas e sociais;[3] por uma ênfase renovada nos princípios utilitaristas da escolha, eficiência e maximização dos lucros;[4] pelo aumento exponencial da insegurança no mundo do trabalho, da instabilidade econômica, da competição de mercado, da predisposição a assumir riscos e da flexibilização e descentralização da cultura corporativa;[5] pelo acirramento da mercantilização do simbólico e do imaterial, no que se incluem as identidades, os sentimentos e os estilos de vida;[6] e pela consolidação de um *ethos* terapêutico que situa tanto a saúde emocional[7] como a necessidade de

---

ogie und ihr Einfluss auf die Identität von Arbeitskräften in Neoliberalen Organisationen". *Verhaltenstherapie & Psychosoziale Praxis*, v. 47, n. 3, 2015, pp. 563-78;
[2] Jason Read, "A Genealogy of Homo-Economicus: Neoliberalism and the Production of Subjectivity". *Foucault Studies*, n. 6, 2009, pp. 25-36; David Harvey, *O neoliberalismo: história e implicações* [2007], trad. Adail Sobral e Maria Stela Gonçalves. São Paulo: Edições Loyola, 2008.
[3] Michèle Lamont, "Toward a Comparative Sociology of Valuation and Evaluation". *Annual Review of Sociology*, v. 38, n. 2, 2012, pp. 1-21.
[4] Jean Baudrillard, *A sociedade de consumo* [1970], trad. Artur Morão. Lisboa: Edições 70, 1995.
[5] Ulrich Beck, *Sociedade de risco: rumo a uma outra modernidade* [2000], trad. Sebastião Nascimento. São Paulo: Editora 34, 2010; Luc Boltanski e Eve Chiapello, *O novo espírito do capitalismo* [2005], trad. Ivone C. Benedetti. São Paulo: Martins Fontes, 2009.
[6] E. Illouz, *Why Love Hurts: A Sociological Explanation*. Cambridge: Polity, 2012; Arlie Russell Hochschild, *The Managed Heart: Commercialization of Human Feeling*. Berkeley: University of California Press, 2003.
[7] E. Illouz, *Saving the Modern Soul: Therapy, Emotions, and the Culture of Self-Help*. Berkeley: University of California Press, 2008; id.,

"realização pessoal" no centro do progresso social e das intervenções institucionais.[8] Mais fundamental ainda, o neoliberalismo deve ser compreendido como uma filosofia social individualista cujo *locus* principal é o eu e cuja pressuposição antropológica principal, como argumenta Aschoff, é que "somos todos agentes independentes e autônomos que se encontram no mercado, construindo o próprio destino e, nesse processo, a sociedade".[9] Ele deve ser entendido em termos de seus atributos e consequências estruturais, mas também em seus pressupostos infraestruturais; ou seja, em termos de suas máximas éticas e morais, de acordo com as quais todos os indivíduos são (e devem ser) seres livres, estratégicos, responsáveis e autônomos, capazes de governar estados psicológicos a seu bel-prazer, de atingir seus interesses e buscar o que entendem ser o objetivo inerente da vida: a conquista da felicidade.

Assim, não deveria surpreender que a guinada drástica em favor da felicidade na virada do século[10] tenha começado imediatamente depois da consolidação daquilo que autores como Gilles Lipovetsky identificam como "a segunda revolução individualista",[11] um processo cultural generalizado de individualização e psicologização que transformou profundamente os mecanismos

---

O amor nos tempos do capitalismo [2007], trad. Vera Ribeiro. Rio de Janeiro: J. Zahar, 2011.
8   Axel Honneth, "Organized Self-Realization: Some Paradoxes of Individualization". *European Journal of Social Theory*, v. 7, n. 4, 2004, pp. 463-78.
9   Nicole Aschoff, *The New Prophets of Capitalism*. London: Verso, 2015, p. 87.
10 Sara Ahmed, *The Promise of Happiness*. Durham: Duke University Press, 2010.
11 Gilles Lipovetsky, *L'Ère du vide: essais sur l'individualisme contemporain*. Paris: Gallimard, 1983.

políticos e sociais da responsabilização no seio das sociedades capitalistas avançadas. Essa revolução permitiu que os déficits, as contradições e os paradoxos estruturais dessas sociedades fossem assimilados como atributos psicológicos e responsabilidades individuais. Aspectos como o trabalho passaram a ser cada vez mais entendidos como assunto da ordem de projetos pessoais, criatividade e empreendedorismo; a educação, como área ligada a competências e talentos individuais; a saúde, como questão de hábitos e estilo de vida; o amor, como matéria de identificação e compatibilidade interpessoais; a identidade, como escolha e personalidade; o progresso social, como tema relacionado ao crescimento e desenvolvimento individuais; e assim por diante.[12] O resultado foi um colapso generalizado do social em favor do psicológico,[13] com a substituição gradual da Política com P maiúsculo pela política terapêutica[14] e com o discurso da felicidade substituindo gradualmente o discurso do individualismo na definição do modelo neoliberal de cidadania (desenvolveremos essa ideia no capítulo 4).[15]

12 Michel Foucault, *O nascimento da biopolítica* [1979], trad. Eduardo Brandão. São Paulo: Martins Fontes, 2008; Ulrich Beck e Elisabeth Beck-Gernsheim, *Individualization: Institutionalized Individualism and Its Social and Political Consequences*. London: Sage, 2002; Anthony Giddens, *Modernidade e identidade*, trad. Plínio Dentzien. Rio de Janeiro: J. Zahar, 2002; Martin Hartmann e A. Honneth, "Paradoxes of Capitalism". *Constellations*, 2006.
13 Eduardo Crespo e José Celio Freire, "La atribución de responsabilidad: de la cognición al sujeto". *Psicologia & Sociedade*, v. 26, n. 2, 2014, pp. 271-79.
14 Kenneth McLaughlin, "Psychologization and the Construction of the Political Subject as Vulnerable Object". *Annual Review of Critical Psychology*, n. 8, 2010, pp. 63-79.
15 E. Cabanas, "Rekindling Individualism, Consuming Emotions: Constructing 'Psytizens' in the Age of Happiness". *Culture & Psychology*, v. 22, n. 3, 2016, pp. 467-80.

A felicidade não deve ser vista como uma abstração inócua e bem-intencionada voltada para o bem-estar e a satisfação. Também não deve ser concebida como um conceito vazio e desprovido de vieses e pressupostos culturais, morais e antropológicos. Por que ela, e não qualquer outro valor – justiça, prudência, solidariedade, lealdade –, desempenha papel de tanto destaque nas sociedades capitalistas avançadas? Por que organiza de maneira tão poderosa o modo como explicamos o comportamento humano? Uma das razões pelas quais ela se tornou tão proeminente nas sociedades neoliberais se deve à saturação de valores individualistas – com a definição do eu como valor supremo e a concepção de grupos e sociedades como uma massa de vontades estanques e autônomas. Mais especificamente, afirmamos que, se a felicidade passou a ser tão importante nas sociedades neoliberais, foi porque ela se provou um conceito muito útil para reacender, legitimar e reinstitucionalizar a chama do individualismo em termos aparentemente não ideológicos por meio do discurso científico neutro e de autoridade.

Como Michel Foucault e muitos outros já ressaltaram, em vez de fazer um apelo direto à moralidade ou à política, discursos neutros que recorrem às propriedades naturais dos seres humanos são sempre mais persuasivos e fáceis de institucionalizar.[16] Sob as asas da ciência positiva, muitos cientistas da felicidade fizeram com que a noção de felicidade se metamorfoseasse em um instrumento potente e ideologicamente alinhado que reforça a responsabilidade do indivíduo por seu destino e transmite valores altamente individualistas disfarçados de

16 M. Foucault, *O nascimento da biopolítica*, op. cit.

ciência psicológica e econômica.[17] De fato, vários estudiosos analisaram de forma crítica e detalhada o viés altamente individualista que dá sustentação às bases teóricas, morais e metodológicas do estudo científico da felicidade.[18] Ainda assim, enquanto a relação íntima entre felicidade e individualismo tem sido demonstrada a torto e a direito, é importante entender que a noção não prosperou *apesar de* suas profundas raízes individualistas, mas, antes, que isso se deu *graças a* esse individualismo subjacente. De certo modo, parte de seu sucesso

17 B. S. Held, "The Tyranny of the Positive Attitude in America: Observation and Speculation". *Journal of Clinical Psychology*, v. 58, n. 9, 2002, pp. 965-91; Barbara Ehrenreich, *Sorria: como a promoção incansável do pensamento positivo enfraqueceu a América* [2009], trad. Maria Lúcia de Oliveira. São Paulo: Record, 2013; S. Binkley, *Happiness as Enterprise*, op. cit.; William Davies, *The Happiness Industry: How the Government and Big Business Sold Us Well-Being*. London: Verso, 2015; Carl Cederström e André Spicer, *The Wellness Syndrome*. Cambridge: Polity, 2015.
18 F. C. Richardson e Charles B. Guignon, "Positive Psychology and Philosophy of Social Science". *Theory & Psychology*, v. 18, n. 5, 2008, pp. 605-27; C. Christopher e Sarah Hickinbottom, "Positive Psychology, Ethnocentrism, and the Disguised Ideology of Individualism". *Theory & Psychology*, v. 18, n. 5, 2008, pp. 563-89; John Chambers Christopher, Frank C. Richardson e Brent D. Slife, "Thinking through Positive Psychology". *Theory & Psychology*, v. 18, n. 5, 2008, pp. 555-61; Dana Becker e Jeanne Marecek, "Positive Psychology: History in the Remaking?". *Theory & Psychology*, v. 18, n. 5, 2008, pp. 591-604; Louise Sundararajan, "Happiness Donut: A Confucian Critique of Positive Psychology". *Journal of Theoretical and Philosophical Psychology*, v. 25, n. 1, 2005, pp. 35-60; S. Binkley, "Psychological Life as Enterprise: Social Practice and the Government of Neo-Liberal Interiority". *History of the Human Sciences*, v. 24, n. 3, 2011, pp. 83-102; Jeff Sugarman, "Neoliberalism and Psychological Ethics". *Journal of Theoretical and Philosophical Psychology*, v. 35, n. 2, 2015, pp. 103-16; B. Ehrenreich, *Sorria*, op. cit.; S. Binkley, *Happiness as Enterprise*, op. cit.

generalizado se deve à legitimização de seu discurso individualista e apolítico[19] – um discurso que concebe a vida das pessoas separada da comunidade e enxerga o eu como causa e origem de todos os comportamentos.

Os psicólogos positivos, em conjunto com os economistas da felicidade e outros especialistas, desempenharam um papel central nesse aspecto. De fato, a psicologia positiva é a disciplina que relacionou a felicidade ao individualismo de modo mais estreito, a ponto de fazer com que os dois conceitos dependessem fortemente um do outro – e até mesmo que fossem intercambiáveis. Sem dúvida, os vieses e pressupostos individualistas não são exclusivos da psicologia positiva e de sua noção de felicidade: são um atributo característico subjacente à psicologia tradicional de forma mais ampla.[20] Ainda assim, veremos na sequência que a diferença principal está na circularidade impressionante e no caráter explícito com que os psicólogos positivos a concebem e a relacionam ao individualismo, seja moral ou conceitualmente.

Psicologia positiva e individualismo

Quanto à moralidade, por exemplo, os apóstolos da psicologia positiva não reconhecem nenhuma ancoragem normativa para

---

[19] E. Cabanas, "Rekindling Individualism, Consuming Emotions", op. cit.; id., "Positive Psychology and the Legitimation of Individualism", op. cit.
[20] Nikolas Rose, *Inventing Our Selves: Psychology, Power and Personhood*. London: Cambridge University Press, 1998; Ron Roberts, *Psychology and Capitalism: The Manipulation of Mind*. Alresford: Zero Books, 2015.

além do indivíduo: se a felicidade é boa, é porque ela é sinônimo de realização pessoal. Seligman declara, por exemplo, que todo ato ou prazer diretamente derivado de nossas qualidades distintivas deveria ser identificado como "felicidade", mesmo que estejamos falando de um "sadomasoquista que experimente assassinar pessoas em série e sinta grande prazer nisso [...], um franco-atirador que obtenha intensa gratificação em espreitar e matar [...] [ou] um terrorista ligado à Al-Qaeda que sequestre um avião e o atire contra o World Trade Center".[21] Assim, ainda que acrescente que "condena suas ações, é claro", ele afirma ser capaz de fazê-lo apenas "em um terreno independente das teorias [da psicologia positiva]".[22] A psicologia positiva, assim como muitas outras ciências, seria descritiva e, portanto, neutra, de modo que suas afirmações não envolveriam juízos de valor. É claro que estamos diante de uma contradição profunda: o subjetivismo moral subjacente à justificativa da psicologia positiva para a benevolência da felicidade é tão moral quanto o de qualquer outra.[23] Seligman, contudo, insiste em seu argumento: "Não é função da psicologia positiva dizer a você que seja otimista, espiritual, bondoso ou bem-humorado; sua função é descrever as consequências dessas características [...]. O que você vai fazer com aquelas informações depende dos seus valores e objetivos".[24]

---

21 M. E. P. Seligman, *Felicidade autêntica: usando a nova psicologia positiva para a realização permanente* [2002], trad. Neuza Capelo. São Paulo: Objetiva, 2021, p. 326.
22 Ibid.
23 L. Sundararajan, "Happiness Donut", op. cit.; Sara Ahmed, *The Promise of Happiness*, op. cit.
24 M. E. P. Seligman, *Felicidade autêntica*, op. cit., p. 149.

No campo conceitual, os psicólogos positivos associam com ênfase felicidade e individualismo, fazendo deste último uma precondição cultural e ética para a obtenção da primeira, e da primeira a justificativa científica do individualismo, que eles apresentam como um valor moralmente legítimo.[25] A forte relação entre os dois conceitos resulta com frequência na adoção de racionalidades tautológicas. Nesse aspecto, os psicólogos positivos supõem, e muitas vezes são contundentes ao afirmar que, assim como a felicidade é uma meta natural a ser perseguida por todos, também o individualismo e a busca autônoma e independente de objetivos são as formas mais naturais de viver uma vida feliz.[26] De modo relacionado, várias publicações sobre psicologia positiva afirmam oferecer evidências empíricas de que o individualismo é a variável que se relaciona de modo mais consistente e robusto com a felicidade – e vice-versa –, a despeito de quaisquer outros fatores sociológicos, econômicos e políticos.[27] Estudos transcul-

---

[25] E. Cabanas, 'Positive Psychology and the Legitimation of Individualism', op. cit.

[26] William Tov e E. Diener, "Culture and Subjective Well-Being", in E. Diener (org.), *Culture and Well-Being: The Collected Works of Ed Diener*. New York: Springer, 2009, pp. 9-42; Ruut Veenhoven, "Quality-of-Life in Individualistic Society". *Social Indicators Research*, v. 48, n. 2, 1999, pp. 159-88; id., "Life Is Getting Better: Societal Evolution and Fit with Human Nature". *Social Indicators Research*, v. 97, n. 1, 2010, pp. 105-22; M. E. P. Seligman, *Florescer*, op. cit.; W. Tov e E. Diener, "The Well-Being of Nations: Linking Together Trust, Cooperation, and Democracy", in E. Diener (org.) *The Science of Well-Being. The Collected Works of Ed Diener*. New York: Springer, 2009, pp. 155-73; E. Diener, "Subjective Well-Being: The Science of Happiness and a Proposal for a National Index". *American Psychologist*, v. 55, n. 1, 2000, pp. 34-43.

[27] Robert Biswas-Diener, Joar Vittersø e E. Diener, "Most People Are Pretty Happy, but There Is Cultural Variation: The Inughuit, the

turais são muito ilustrativos. Ed Diener e seus colegas, por exemplo, declararam que, apesar de outros fatores socioeconômicos e políticos, o individualismo foi a variável que se relacionou de modo mais intenso com a felicidade. Isso explicaria por que culturas individualistas tenderiam a produzir cidadãos com índices de satisfação mais altos do que culturas não individualistas ou coletivas. Diener e seus colegas alegam que cidadãos de culturas individualistas teriam "mais liberdade para escolher o curso de suas vidas", seriam "mais propensos a atribuir o sucesso a seu próprio esforço" e aproveitariam mais chances "para perseguir suas metas individuais".[28] Ruut Veenhoven também abraça esse argumento, e ainda acrescenta que as sociedades individualistas e modernas contribuem em grande medida para os altos níveis de felicidade de seus cidadãos ao oferecer "um ambiente desafiador adequado à necessidade humana inata de realização pessoal".[29] De forma similar, Oishi afirma que o individualismo definido como uma ênfase cultural na independência e no valor dos indivíduos é o atributo mais expressivo associado ao bem-estar e à satisfação

Amish, and the Maasai", in *Culture and Well-Being: The Collected Works of Ed Diener*. New York: Springer, 2009, pp. 245-60; E. Diener, "Introduction – The Science of Well-Being: Reviews and Theoretical Articles by Ed Diener", in *The Science of Well-Being*, op. cit., pp. 1-10; Ulrich Schimmack, Shigehiro Oishi e E. Diener, "Individualism: A Valid and Important Dimension of Cultural Differences Between Nations". *Personality and Social Psychology Review*, v. 9, n. 1, 2005, pp. 17-31; W. Tov e E. Diener, "Culture and Subjective Well-Being", op. cit.
28   E. Diener, Marissa Diener e Carol Diener, "Factors Predicting the Subjective Well-Being of Nations", in *Culture and Well-Being*, op. cit., p. 67.
29   E. Diener e M. E. P. Seligman, "Very Happy People". *Psychological Science*, v. 13, n. 1, 2002, pp. 81-84; M. E. P. Seligman, *Florescer*, op. cit.; R. Veenhoven, "Quality-of-Life in Individualistic Society", op. cit; id., "Life Is Getting Better", op. cit., p. 120.

com a vida – o que explicaria por que os cidadãos da Austrália e da Dinamarca são mais felizes do que aqueles da Coreia ou do Bahrein.[30] De acordo com Steele e Lynch, o individualismo também explicaria a ascensão da felicidade em países como a China, em que o aumento da felicidade entre os cidadãos estaria intimamente relacionado com uma aceitação crescente da ética da responsabilidade pessoal por todo o país, mesmo entre pessoas em situação de desvantagem social.[31] Psicólogos positivos como Ahuvia ainda apontaram que o desenvolvimento econômico das nações leva a uma maior felicidade não graças à melhoria das condições de vida ou do poder de compra de seus cidadãos, mas sobretudo à criação de culturas individualistas que encorajam as pessoas a perseguir seus aprimoramentos pessoais.[32] Fischer e Boer concluem que, levando tudo em consideração, "o padrão geral sugere fortemente que um maior individualismo está consistentemente associado a mais bem-estar".[33]

---

[30] S. Oishi, "Goals as Cornerstones of Subjective Well-Being", in E. Diener e E. M. Suh (orgs.), *Culture and Subjective Well-being*. Cambridge: MIT Press, 2000, pp. 87-112.

[31] Liza G. Steele e Scott M. Lynch, "The Pursuit of Happiness in China: Individualism, Collectivism, e Subjective Well-Being During China's Economic and Social Transformation". *Social Indicators Research*, v. 114, n. 2, 2013, pp. 441-51.

[32] Aaron C. Ahuvia, "Individualism / Collectivism and Cultures of Happiness: A Theoretical Conjecture on the Relationship between Consumption, Culture and Subjective Well-Being at the National Level". *Journal of Happiness Studies*, v. 3, n. 1, 2002, pp. 23-36.

[33] Ronald Fischer e Diana Boer, "What Is More Important for National Well-Being: Money or Autonomy? A Meta-Analysis of Well-Being, Burnout, and Anxiety across 63 Societies". *Journal of Personality and Social Psychology*, v. 101, n. 1, 2011, p. 164.

Mesmo que ainda seja assunto de debate permanente e controverso quais variáveis contribuem mais para o bem-estar das nações,[34] a maioria dos psicólogos positivos se alinha à afirmação de que quanto mais individualista um país, mais felizes seus cidadãos. Apesar disso, não deve ser motivo de espanto que esses estudiosos encontrem de modo recorrente evidências que dão suporte à associação entre felicidade e individualismo. A forma como eles conceitualizam e medem a felicidade é altamente individualista logo de saída. De fato, a minimização da importância – quando não sua rejeição pura e simples – do papel que as circunstâncias externas podem desempenhar na determinação da felicidade tem sido uma das marcas registradas da disciplina desde seus primórdios. Isso fica evidente em muitos de seus estudos transculturais e nos instrumentos usados para quantificar a felicidade – e, para ilustrar a tendência desses questionários de supervalorizar os fatores individuais e subjetivos em detrimento de outros elementos sociais, econômicos, culturais, políticos ou mais objetivos, pode-se citar a conhecida Escala de Satisfação com a Vida (ESV)[35] –, assim como na sustentação teórica do movimento. Com relação a esta última, talvez nenhum caso exemplifique melhor o viés indi-

---

34 Navjot Bhullar, Nicola S. Schutte e John M. Malouff, "Associations of Individualistic-Collectivistic Orientations with Emotional Intelligence, Mental Health, and Satisfaction with Life: A Tale of Two Countries". *Individual Differences Research*, v. 10, n. 3, 2012, pp. 165-75; Ki-Hoon Jun, "Re-Exploration of Subjective Well-Being Determinants: Full-Model Approach with Extended Cross-Contextual Analysis". *International Journal of Wellbeing*, v. 5, n. 4, 2015, pp. 17-59.
35 William Pavot e E. Diener, "The Satisfaction With Life Scale and the Emerging Construct of Life Satisfaction". *The Journal of Positive Psychology*, v. 3, n. 2, 2008, pp. 137-52; E. Diener et al., "The Satisfaction With Life Scale". *Journal of Personality Assessment*, v. 49, n. 1, 1985, pp. 71-75.

vidualista e sua noção limitada do social do que a famosa "fórmula da felicidade" de Seligman.

A fórmula da felicidade

Em seu livro *Felicidade autêntica*, de 2002, Seligman registrou o que chamou de "fórmula da felicidade": F (felicidade) = L (limites pessoais geneticamente preestabelecidos) + C (circunstâncias que afetam a felicidade) + V (voluntário, atividades volitivas e intencionais dedicadas ao aumento da felicidade de alguém).[36] De acordo com o autor, essa equação simples condensa descobertas revolucionárias sobre a natureza da felicidade humana, e, mais especificamente, sobre o fato de que a genética é responsável por cerca de 50% da felicidade dos indivíduos; de que os fatores volitivos, cognitivos e emocionais respondem por 40% dela; e de que circunstâncias externas e outros fatores como renda, educação e status social representam os 10% restantes – "circunstâncias" que, segundo Seligman, podem ser agrupadas "porque, supreendentemente, nenhuma delas tem muita importância para a felicidade".[37]

Ainda que questionável do ponto de vista científico, a fórmula sintetiza os três pressupostos fundamentais sobre os quais a concepção da psicologia positiva sobre a felicidade viria a se basear mais tarde. O primeiro é o de que 90% da felicidade humana é atribuível a fatores individuais e psicológicos. O segundo, que contradiz o primeiro, diz que ela pode ser em grande medida adquirida, aprendida e arquitetada por meio

---

36 M. E. P. Seligman, *Felicidade autêntica*, op. cit., p. 60.
37 Ibid., p. 75.

da escolha, da força de vontade, do autoaperfeiçoamento e do *know-how* adequado. E o terceiro, que fatores não individuais desempenham um papel bastante insignificante no bem-estar de todas as pessoas. Com relação às circunstâncias, Seligman se apressa em esclarecer que aquilo que faz alguma diferença para a felicidade é a percepção individual e subjetiva dessas circunstâncias, e não as circunstâncias em si. No que diz respeito ao dinheiro, por exemplo, ele insiste que "mais que o próprio dinheiro, o que influencia a felicidade é a importância que você dá a ele".[38] Desse modo, ainda que as circunstâncias objetivas possam exercer algum efeito sobre a felicidade das pessoas, o autor conclui que a influência limitada que elas exercem não compensa o esforço necessário para tentar mudá-las: "a boa notícia a respeito das circunstâncias é que algumas aumentam o nível de felicidade. A má notícia é que mudar tais circunstâncias costuma ser impraticável ou muito caro".[39]

A solução dos 40%

Os psicólogos positivos logo estabeleceram a fórmula da felicidade como uma linha-mestra teórica a ser seguida. Em seu best-seller *A ciência da felicidade,*[40] Sonja Lyubomirsky afirma que a fórmula é uma explicação simples, mas lastreada em evidências científicas, para as causas que de fato determinam a felicidade

---

[38] Ibid., p. 71.
[39] Ibid., p. 65.
[40] Sonja Lyubomirsky, *The How of Happiness: A Scientific Approach to Getting the Life You Want*. New York: Penguin, 2007 [ed. bras.: *A ciência da felicidade: um método científico para alcançar a vida que você deseja*, trad. Mauro Gama. Rio de Janeiro: Elsevier, 2008].

das pessoas. Ela defende que, "se aceitarmos que as circunstâncias da vida *não* são as chaves para a felicidade, ficaremos muito empoderados para buscá-la por conta própria".[41] Nesse contexto, para aprimorar a felicidade, a autora encoraja as pessoas a se concentrarem em si mesmas, e não nas circunstâncias, método que chama de "a solução dos 40%". De acordo com a autora, o foco na mudança de como nos sentimos, pensamos e nos comportamos na vida diária se provou muito mais eficiente no aprimoramento da felicidade do que qualquer outra solução – não só porque não pareceria viável ou porque não compensaria alterar a genética ou as circunstâncias externas, mas também porque, na ausência de mudanças pessoais, não importa quão afortunadas ou desafortunadas sejam as pessoas, todas parecem regressar rapidamente a seus limites preestabelecidos (L) – os níveis de felicidade que cada um de nós apresentaria por predisposição genética. Nesse aspecto, depois de destacar as virtudes científicas e as descobertas revolucionárias feitas desde a criação da psicologia positiva, Lyubomirsky dedica a maior parte do livro a ensinar aos leitores uma série de "atividades da felicidade" para explorar ao máximo suas margens de 40% de aprimoramento da felicidade, dentre as quais se incluem exercícios para demonstrar gratidão, cultivar o otimismo, evitar muitas reflexões, administrar o estresse, viver no presente e aproveitar os pequenos prazeres da vida.

Uma das críticas mais severas contra a fórmula da felicidade foi lançada por Barbara Ehrenreich em *Sorria*.[42] Ehrenreich levantou sérias preocupações a respeito da dubiedade da base estatística e da falta de lógica científica por trás da "mal-

---

41 Ibid., p. 22 (grifo do original).
42 B. Ehrenreich, *Sorria*, op. cit.

-ajambrada equação" de Seligman, assim como das implicações sociais e morais de reduzir as circunstâncias a um papel menor na determinação da felicidade das pessoas.[43] Se o que os psicólogos positivos afirmam é verdade, então por que defender melhores empregos e escolas, vizinhanças mais seguras ou sistemas universais de saúde, já que nenhuma dessas medidas faria grande coisa para a felicidade das pessoas? E a autora continua: deveríamos simplesmente aceitar os argumentos de que a renda não contribui tanto assim? E o que dizer das muitas famílias que lutam para fechar as contas, poupar para a aposentadoria, sustentar parentes desempregados ou pagar hipotecas? Será que salários mais altos e mais justos não reduziriam a exclusão social e a inquietação diária dessas famílias de classe baixa (e média)?

A renda tem sido uma dessas assim chamadas "circunstâncias" que provocam os maiores debates quanto a seus efeitos sobre a felicidade das pessoas. Para os psicólogos positivos, quando se trata de renda, não há muitos motivos para hesitação: o dinheiro não se relaciona de modo significativo com a felicidade (e isto coloca a questão de entender por que tantas pessoas parecem acreditar no contrário). Uma afirmação similar, ainda que um pouco mais nuançada, tem sido defendida por economistas da felicidade como Richard Layard, que argumentam que, mesmo que o dinheiro possa ser importante para aqueles cuja renda é "baixa", sua relação com a felicidade e com o bem-estar social seria nula a partir de certa faixa de renda.[44] Essa faixa, contudo, nunca foi delimitada com precisão; dependendo do estudo, seu alcance varia entre um salário anual de 15 mil

---

43 Ibid., p. 172.
44 R. Layard, *Felicidade: lições de uma nova ciência* [2005], trad. Maria Clara Fernandes. Rio de Janeiro: Best Seller, 2008.

dólares[45] a um de 75 mil dólares.[46] Apesar disso, autores como Stevenson e Wolfers questionaram a suposição de que renda e felicidade não estejam relacionadas. Como esses autores apontam, "não há um conjunto maior de dados sobre bem-estar que sustente essa que é uma afirmação tão comum de se ouvir";[47] eles argumentam que, ao contrário das "evidências frágeis e incompletas quanto a essa relação",[48] suas pesquisas mostram "que o gradiente subjetivo bem-estar-renda estimado é não só significativo mas também impressionantemente robusto na comparação entre países, dentro de um mesmo país e ao longo do tempo", de modo que a afirmação "de que o desenvolvimento econômico não aumenta o bem-estar subjetivo" deveria ser "deixada de lado".[49] Assim como Ehrenreich, os autores enfatizam que, embora infundada, tal afirmação acarreta consequências sociais e políticas importantes: "A conclusão de que a renda absoluta produz pouco impacto sobre a felicidade tem implicações de longo alcance na elaboração de políticas públicas. Se o

---

45 Id., "Happiness: Has Social Science a Clue? Lecture 1: What Is Happiness? Are We Getting Happier?", in *Lionel Robbins Memorial Lecture Series*. London: London School of Economics and Political Science, 2003.
46 D. Kahneman e Angus Deaton, "High Income Improves Evaluation of Life but Not Emotional Well-Being". *Proceedings of the National Academy of Sciences*, v. 107, n. 38, 2010, pp. 16489-93.
47 Betsey Stevenson e Justin Wolfers, "Subjective Well-Being and Income: Is There Any Evidence of Satiation?". *American Economic Review*, v. 103, n. 3, 2013, p. 604.
48 Id., "Economic Growth and Subjective Well-Being: Reassessing the Easterlin Paradox". *Brookings Papers on Economic Activity*, v. 39, n. 1, 2008, p. 2.
49 Ibid.

crescimento econômico afeta pouco o bem-estar social, então não deve ser um objetivo das políticas governamentais".[50]

[...] essa hipótese sugere que as pessoas (e as políticas públicas) são impotentes quanto à obtenção de ganhos duradouros de felicidade, já que a felicidade individual retorna inexoravelmente ao valor de referência de cada um. Nossas descobertas desmentem claramente essa forma forte de adaptação: descobrimos que aqueles que se valem de circunstâncias materiais melhores também apresentam um maior bem-estar subjetivo e que melhoras constantes de padrão de vida resultaram em maior bem-estar subjetivo.[51]

Do mesmo modo, se o que os psicólogos positivos dizem for verdadeiro e as circunstâncias não causarem efeitos significativos na felicidade, por que culpar as estruturas sociais, as instituições ou as más condições de vida pelos sentimentos de depressão, angústia ou ansiedade das pessoas frente ao futuro? Para que reconhecer que as condições de vida privilegiada ajudam a explicar por que alguns se saem e se sentem melhor do que outros? Haveria outra maneira de justificar o pressuposto meritocrático de que, no final, todos recebem aquilo que merecem? Afinal de contas, com as variáveis não individuais completamente excluídas da equação, o que mais, além do mérito, do esforço e da perseverança dos indivíduos poderia ser responsável pela felicidade ou pela falta dela? De fato, essa posição tem sido criticada de modo recorrente e com severidade por sua visão limitada e por suas consequências sociais e morais disruptivas. Autores como

50 Ibid., p. 1.
51 Ibid., p. 29.

Dana Becker e Jeanne Marecek sintetizaram bem o desconforto comum causado pelas afirmações dos psicólogos positivos:

> A vida boa não está imediata e igualmente disponível para todos. As disparidades de status e de poder resultantes de classe social, gênero, cor da pele, raça, nacionalidade e casta influenciam de modo marcante o bem-estar. Essas diferenças estruturais afetam drasticamente o acesso individual às oportunidades sanitárias, educacionais e econômicas, ao tratamento justo perante o sistema criminal, a condições de saúde seguras e livres de perigo, a um futuro promissor para os filhos e até mesmo à mortalidade. Que tipo de realização pessoal é possível na ausência dessas condições básicas? Sugerir que, na ausência de transformação social, exercícios de autoajuda possam ser suficientes não é só o resultado de uma visão limitada, mas também é moralmente repugnante.[52]

O próprio Kahneman externou um ceticismo tardio quanto ao tratamento que a psicologia positiva confere às circunstâncias e afirmou ter "a impressão de que [...] estão tentando convencer as pessoas a serem felizes sem que façam mudanças em suas situações externas [...]. Isso é algo bastante interessante para o conservadorismo político".[53] Porém, mesmo diante de todas essas críticas, os psicólogos positivos se mantiveram firmes em suas trincheiras, seja por ignorar a questão – na verdade, é difícil encontrar na literatura especializada alguma análise

---

[52] D. Becker e J. Marecek, "Dreaming the American Dream: Individualism and Positive Psychology". *Social and Personality Psychology Compass*, v. 2, n. 5, 2008, p. 1771.
[53] Amir Mandel, "Why Nobel Prize Winner Daniel Kahneman Gave Up on Happiness". *Haaretz*, 3 out. 2018.

significativa sobre o papel que fatores como relações de poder, autoridade, disparidades de status, migração, justiça ou coerção podem exercer sobre a felicidade –, seja por minimizar a importância desses fatores em favorecimento de aspectos psicológicos. Eles ainda enfatizam que, embora possa parecer uma "descoberta contraintuitiva"[54] que as circunstâncias particulares mal cheguem a 10% da felicidade das pessoas, seus estudos seriam consistentes em não encontrar elos significativos entre condições estruturais, políticas e econômicas (no que se incluiriam taxas de desigualdade, educação pública, pressão da população e gastos sociais – além do bem-estar pessoal).[55]

O lado bom de tudo isso, diriam Lyubomirsky e outros colegas, é que a solução dos 40% ainda deixa uma bela margem para que qualquer um possa burilar o próprio bem-estar. Então, a despeito de quão difíceis forem nossas condições de vida ou a época em que vivemos, as chaves para a felicidade a o aprimoramento pessoal estarão sobretudo dentro de nós mesmos. Enquanto a tentativa de mudar nossas circunstâncias imutáveis leva somente a frustrações desnecessárias, segundo Seligman,[56] a mudança daquilo que somos acarretaria resultados sólidos e duradouros sobre nosso bem-estar. Essa mensagem, ainda que bastante questionável, tem ressoado de modo profundo nos últimos anos, sobretudo porque, em tempos de incerteza, impotência e agitação política e social, a promessa de que podemos encontrar o bem-estar simplesmente ao olhar para dentro de

---

54 S. Lyubomirsky, *The How of Happiness*, op. cit., p. 21.
55 Carmelo Vázquez, "El Bienestar de Las Naciones", in C. Vázquez e G. Hervás (orgs.), *La ciencia del bienestar: fundamentos de una psicología positiva*. Madrid: Alianza Editorial, 2009, p. 131.
56 M. E. P. Seligman, *Felicidade autêntica*, op. cit.

nós pode ser empoderadora para alguns e uma válvula de escape para as ansiedades de outros. Mas será que essa concepção individualista não estaria causando mais males do que benefícios ao contribuir para a sustentação e a criação de algumas das insatisfações que promete solucionar?

A RETIRADA PARA A FORTALEZA INTERIOR

Após a crise financeira de 2008, passou a ser corriqueiro consultar serviços de *coaches* e outros profissionais do aperfeiçoamento pessoal. Meios de comunicação, páginas da internet e blogs ofereciam dicas para lidar com nossos sentimentos em tempos difíceis, incluindo alertas sobre as consequências danosas de não cuidar de si mesmo. "How to care for yourself in times of crisis" [Como cuidar de si em tempos de crise], publicado no *Huffington Post* em 2009 – e republicado em 2011 – é um dos exemplos mais óbvios de centenas de textos similares que brotaram depois do colapso financeiro global. Nesse artigo, um *coach* de carreiras e líder de recrutamento executivo escreveu:

> Seria um desserviço ignorar que muitos de nós estão no meio do que parece ser um caos, uma incerteza e um medo profundos. Ouvimos diariamente sobre o estado de nosso ambiente econômico e o desemprego [...]. Permitir que o estresse sequestre sua capacidade de cuidar de si produz ramificações negativas para a saúde, o que inibe a capacidade de administrar com sucesso circunstâncias desafiadoras [...]. Com isso em mente, eu gostaria de oferecer algumas dicas fundamentais de cuidado pessoal. Manter a autoestima [...]. Rir e sorrir [...]. Fazer pequenas tarefas [...] [e] estar presente [...]. Ainda que possa ser fácil deixar que demis-

sões em massa e inquietações financeiras causem uma diminuição da autoestima e levem até mesmo ao desleixo, é mais importante do que nunca permanecer consciente no engajamento em atividades muito simples e que podem ajudá-lo a cuidar de si e atravessar graciosamente o caos global que pode se manifestar em desafios pessoais. Com isso em mente, pergunte-se: o que você faz para cuidar de si?[57]

A crise financeira de 2008 levou a uma deterioração espetacular da situação econômica ao redor do mundo e inaugurou um momento marcado pela diminuição de oportunidades, por altos níveis de pobreza e desigualdade, aumento do trabalho precarizado, uma grande instabilidade institucional e a desconfiança com a política. Uma década mais tarde, as consequências dessa crise ainda eram sentidas e, desde então, muitas delas parecem ter se tornado institucionais e crônicas, disparando um debate sério: estaríamos vivendo em um período de grande regressão social, política e econômica?[58] Além disso, ainda que a crise tenha causado maior conscientização sobre a instabilidade e a precarização, as forças estruturais que moldam a vida das pessoas permanecem bastante invisíveis e incompreensíveis para muitos. Consequentemente, sentimentos de incerteza, insegurança, impotência e ansiedade sobre o futuro criaram raízes, e discursos clamando por um recuo para dentro de nós mesmos encontraram solo fértil para se enraizar e proliferar, em especial entre aqueles que sofrem as consequências mais graves.

---

[57] Jason Mannino, "How to Care for Yourself in Times of Crisis". *The Huffington Post*, 17 nov. 2011.
[58] Heinrich Geiselberger (org.), *The Great Regression*. Cambridge: Polity, 2017.

Décadas atrás, Christopher Lasch argumentou que em tempos de dificuldade o cotidiano se torna um exercício de "sobrevivência psíquica" em que as pessoas, confrontadas com um ambiente instável, arriscado e imprevisível, recorrem a um tipo de recuo emocional diante de qualquer compromisso que não seja o autoaperfeiçoamento psíquico e o bem-estar pessoal.[59] Do mesmo modo, Isaiah Berlin já observara que a retirada à nossa "fortaleza interior", uma doutrina individualista que nos predispõe a escapar para a fortificação de nosso eu verdadeiro, "parece surgir quando o mundo exterior se provou excepcionalmente árido, cruel ou injusto".[60] Jack Barbalet fez observações similares e ressaltou que, quando "as oportunidades significativas para influenciar os processos econômicos, políticos e outros estão em baixa, as pessoas ficam mais propensas a tomar a si próprias como centros de emoção".[61] Desse modo, ainda que não completamente novo ou específico dos tempos atuais, o clamor por uma retirada em direção a nós mesmos parece ter reacendido nos últimos anos, em especial no rescaldo das mudanças econômicas e sociais desencadeadas em 2008.[62] Como a socióloga Michèle

---

[59] Christopher Lasch, *The Minimal Self: Psychic Survival in Troubled Times*. London: W. W. Norton, 1984, p. 174.

[60] Isaiah Berlin, *Four Essays on Liberty*. Oxford: Oxford University Press, 1968, p. 139.

[61] Jack M. Barbalet, *Emotion, Social Theory, and Social Structure: A Macrosociological Approach*. Cambridge: Cambridge University Press, 2004, p. 174.

[62] Desde 2008 a crescente presença do – e o interesse no – sobrevivencialismo ao redor do globo é outro exemplo extremo, ainda que sintomático, disso. O sobrevivencialismo se vale de uma mentalidade altamente individualista de prontidão constante, autossuficiência completa e de uma preocupação excessiva com a própria segurança em um mundo em que a sociedade é percebida como em desmoronamento

Lamont afirmou recentemente, os indivíduos das sociedades neoliberais pós-crise se voltaram à crença "de que precisam olhar para dentro em busca da força de vontade necessária para se salvarem e para resistirem à maré de declínio econômico".[63] Essa crença tem consequências sociais graves: na medida em que

> e em que se espera que o pior esteja virando a esquina, de forma que todos devem tomar conta de si mesmos se quiserem sobreviver. Ainda que o sobrevivencialismo não seja uma novidade, essa tendência social passou na última década de um hobby local – especialmente dos Estados Unidos – para todo um estilo de vida abastecido por uma indústria sobrevivencialista em rápida expansão (Neil Howe, "How Millennials Are Reshaping the Survivalism Industry". *Financial Sense*, 12 dez. 2016). O consumo de programas de sobrevivência na televisão, filmes hollywoodianos e livros de autoajuda também cresceu no mundo todo e de forma exponencial desde 2008 – programas como *Born Survivor*, por exemplo, que alcançou uma audiência estimada de 1,2 bilhão de telespectadores no mundo todo e se tornou uma das séries de TV mais vistas no planeta, além do fato de que o número de filmes de zumbi / sobrevivência lançados nos anos 2010 quadriplicou em comparação com aqueles lançados nos anos 1990 (Zachary Crockett e Javier Zarracina, "How the Zombie Represents America's Deepest Fears". *Vox*, 31 out. 2016). Daniel Nehring e seus colegas, por exemplo, analisaram de forma detalhada em que medida o sobrevivencialismo se tornou um tópico central da literatura de autoajuda nos últimos anos. De acordo com esses autores, por trás de noções de sobrevivencialismo, de aventura e de conselhos, o gênero de autoajuda sobrevivencialista oferece uma visão individualista que combina a insistência na realização pessoal, a introspecção e a importância da busca dos próprios sonhos com o fornecimento de "estratégias fáceis para simplesmente passar ao largo, sobreviver ou se distanciar de uma vez por todas das pressões da sociedade" (Daniel Nehring et al., *Transnational Popular Psychology and the Global Self-Help Industry: The Politics of Contemporary Social Change*. New York: Palgrave Macmillan, 2016, p. 4).

[63] Michèle Lamont, "Trump's Triumph and Social Science Adrift... What Is to Be Done?". *American Sociological Association*, 2016, p. 8.

convence as pessoas de que a saída é sobretudo uma questão de esforço e resiliência, traz a reboque o perigo do esvaziamento dos conteúdos comunitários e políticos do eu por meio de sua substituição por uma preocupação individual narcísica,[64] bem como o risco de que as possibilidades para a construção coletiva da mudança sociopolítica permaneçam limitadas.

Mindfulness Ltda.

A oferta e a demanda por terapias, serviços e produtos da felicidade nos últimos anos deveria ser interpretada como sintoma e também como causa de uma tendência cultural crescente de olhar para dentro de nós em busca das chaves psicológicas e da força de vontade necessárias para lidar com incertezas e sentimentos de impotência e encontrar soluções para situações de insegurança. O *mindfulness* é um bom exemplo. Essa técnica transmite a mensagem de que voltar nossas prioridades para dentro não representaria derrota ou desesperança, mas seria a melhor forma de nos desenvolvermos e de nos empoderarmos em meio a uma realidade frenética e tumultuosa. Esteja ele envolvido por uma aura espiritual ou uma linguagem mais científica e secular, o *mindfulness* nos encoraja a crer que tudo dará certo se acreditarmos em nós mesmos, formos pacientes, não julgarmos demais e aprendermos a nos desapegar. Os treinadores de *mindfulness* instruem os clientes a se concentrar em suas paisagens interiores e autênticas, aceitar o momento presente e os sentimentos autênticos, aproveitar as pequenas coisas da vida, definir prioridades para seus interesses e ter atitudes

---

64 E. Illouz, *Saving the Modern Soul*, op. cit., p. 2.

positivas, despreocupadas e resilientes, independentemente do mundo exterior. Uma edição especial de 2016 da revista *Time* intitulada *The Science of Happiness: New Discoveries for a More Joyful Life* [A ciência da felicidade: novas descobertas para uma vida mais alegre], dedicada de maneira extensiva a questões relativas ao *mindfulness*, à espiritualidade e à neurociência, recomendava que as pessoas deveriam "viver no presente" como forma de serem "mais produtivas e felizes",[65] resguardar um tempo para si mesmas "contra pessoas que precisam do seu tempo, como sua família",[66] e "descobrir o prazer" mesmo nas atividades mais triviais, como "cortar os vegetais em pedaços iguais, por exemplo".[67] O artigo "The Art of Being Present" [A arte de estar presente] conta a história de Tim Ryan, um congressista democrata de Ohio que ficou tão fascinado com sua experiência de *mindfulness* que decidiu defender o uso de recursos federais para pesquisas na área:

> Estressado e exausto, Ryan participou de um retiro de *mindfulness* conduzido por Kabat-Zinn em 2008, logo depois da eleição. Ele entregou seus dois celulares e concluiu a experiência depois de um período de 36 horas de silêncio. "Minha mente ficou muito quieta, e senti a experiência de ter a mente e o corpo sincronizados de verdade", disse Ryan. "Fui até Jon e disse: 'Puxa

---

[65] Emma Seppälä, "Secrets of a Happier Life", in *The Science of Happiness: New Discoveries for a More Joyful Life*. New York: Time, 2016, p. 13.
[66] Ellen Seidman, "Fourteen Ways to Jump for Joy", in *The Science of Happiness*, op. cit., p. 37.
[67] E. Seppälä, "Secrets of a Happier Life", op. cit., p. 16.

vida, precisamos estudar isso – levar para nossas escolas, para nosso sistema de saúde'."[68]

De fato, nos últimos anos o *mindfulness* se estabeleceu como o principal assunto das políticas públicas, nas escolas, nas instituições sanitárias, nas prisões e nas Forças Armadas – e chegou a programas psicológicos voltados a tratamentos eficientes e de baixo custo para pessoas pobres com depressão (que contemplam desde mulheres afro-americanas socialmente excluídas em Chicago[69] até pessoas sem-teto nos albergues de Madri).[70] Também passou a frequentar discussões acadêmicas. Introduzido no final dos anos 1980 e popularizado pelos psicólogos positivos no início da década de 2000, o interesse pelo conceito disparou depois de 2008. Enquanto pesquisas no buscador PubMed de 2000 a 2008 retornavam cerca de trezentas publicações com *"mindfulness"* em seu título ou em seus resumos, as mesmas pesquisas, realizadas entre 2008 e 2017, apresentavam mais de 3 mil artigos, que agora incluíam as áreas de economia, administração de empresas e neurociência.[71] Nesse mesmo intervalo de tempo, o *mindfulness* se tornou uma indústria global lucrativa que arrecada mais de 1 bilhão de dólares por ano. Inúmeros produtos que recebem o rótulo *mindfulness*, como cursos, encontros on-line, retiros em grupo e até aplicativos de celular estão em expansão exponen-

---

[68] Kate Pickert, "The Art of Being Present", in *The Science of Happiness*, op. cit., p. 77.
[69] Traci Pedersen, "Mindfulness May Ease Depression, Stress in Poor Black Women". *PsychCentral*, 2016.
[70] Olga R. Sanmartín, "'Mindfulness en el albergue: un consuelo para los 'sintecho'". *El Mundo*, 7 jan. 2016.
[71] E. Cabanas, "Positive Psychology and the Legitimation of Individualism", op. cit.

cial e colhem lucros significativos. O *Headspace*, por exemplo, o principal dentre mais de mil aplicativos do gênero disponíveis no mercado, já foi baixado mais de 6 milhões de vezes e, sozinho, faturou mais de 30 milhões de dólares em 2015.[72] Na esfera do trabalho, cada vez mais corporações multinacionais, como General Mills, Intel, Ford, American Express e Google – que recentemente inaugurou o programa Procure Dentro de Você (*Search Inside Yourself*) –, também estão implementando técnicas de *mindfulness* a fim de ensinar seus empregados a lidar melhor com o estresse e a insegurança, e a transformar a gestão emocional num comportamento mais produtivo e flexível. O *mindfulness* atingiu até mesmo a bem-estabelecida indústria do *coaching*, que hoje oferece o *coaching* de *mindfulness*.

O *mindfulness* é valorizado por todos os especialistas da felicidade que contaminam o espectro social, com os psicólogos positivos na dianteira. Ele sem dúvida se harmoniza bem com uma ciência e uma prática profissional que reificam a interioridade, interiorizam a responsabilidade e transformam a atenção obsessiva por nosso eu, nosso corpo e nosso autoaperfeiçoamento psíquico em imperativos morais, necessidades pessoais e vantagens econômicas. Também está em sintonia com os pressupostos individualistas e a noção limitada de social típicos desses acadêmicos e profissionais, assim como com a visão neoliberal do mundo. Como muitos outros conceitos e técnicas apoiados pelos cientistas e especialistas da felicidade, o *mindfulness* prospera na promessa de atuar como uma panaceia contra muitos dos problemas endêmicos que afligem as sociedades neoliberais. Ele também floresce na crença de que a origem desses proble-

---

[72] Jen Wieczner, "Meditation Has Become a Billion-Dollar Business". *Fortune*, 12 mar. 2016.

mas pode estar no próprio indivíduo, não na realidade socioeconômica. Não seria a sociedade que deveria ser alterada, mas os indivíduos é que teriam que se adaptar, mudar e melhorar. Como muitos de seus equivalentes semânticos, o *mindfulness* além disso fornece às pessoas uma sensação de paz, normalidade e oportunidade em uma economia de mercado oscilante. O que seus seguidores encontram, contudo, não passa de técnicas que fazem com que suas atenções se voltem para si mesmos, em vez de para o mundo ao redor – e nem sempre com os efeitos benéficos esperados e prometidos. Como Miguel Farias e Catherine Wikholm indicam em seu livro *The Buddha Pill* [A pílula Buda], é frequente que o *mindfulness* intensifique sentimentos de depressão e ansiedade, além de criar uma sensação de afastamento da realidade em decorrência de seu autocentrismo excessivo.[73]

E as mesmas mensagens de preocupação consigo mesmo e autocrítica obsessivas se aplicam à felicidade em todas as suas não-tão-diferentes variáveis, sejam elas provenientes da insistência irritante dos livros de autoajuda; dos ensinamentos dos gurus de *mindfulness* em cursos de 800 dólares; dos exercícios de automonitoramento dos aplicativos de celular; ou dos corredores sagrados do templo do conhecimento científico objetivo: o que os defensores da felicidade prometem como solução para os problemas da humanidade é pouco mais do que uma "fuga para dentro". Na verdade, o que o *mindfulness* compartilha com a gama de conceitos e técnicas relativos à felicidade que os especialistas e a indústria nos oferecem é um individualismo profundo e uma compreensão limitada do social.

---

[73] Miguel Farias e Catherine Wikholm, *The Buddha Pill: Can Meditation Change You?*. London: Watkins, 2015.

Felicidade: o retorno vingativo do individualismo

Devemos então perguntar se as intervenções da psicologia positiva e sua concepção individualista da felicidade não contribuem para manter e criar o descontentamento que prometem remediar. Se mais individualismo equivale a mais felicidade e vice-versa, então o aumento do bem-estar de alguém graças aos conselhos e intervenções psicológicos positivos poderia muito bem trazer consigo as mesmas consequências sociológicas e psicológicas danosas que em geral são associadas ao individualismo.[74]

Psicólogos positivos e outros cientistas da felicidade nos garantem que "vivemos vidas mais longas e mais felizes do que em qualquer outro momento da história humana".[75] Essa declaração se fundamenta na suposição de que as sociedades modernas e individualistas oferecem às pessoas um maior autoconhecimento, mais liberdade, mais oportunidades de escolha, um ambiente naturalmente adaptado para a realização pessoal, e mais oportunidades para a busca de seus objetivos e o aperfeiçoamento pessoal.[76] Apesar disso, afirmações como essa contrastam com a frequência com que milhões de pessoas recorrem ano após ano a terapias, serviços e produtos como *coaching*, cursos de *mindfulness* e aconselhamento em psicologia positiva, medicações para controle de humor, aplicativos de celular para aperfeiçoamento pes-

---

74 E. Cabanas, "Positive Psychology and the Legitimation of Individualism", op. cit.
75 Ad Bergsma e Ruut Veenhoven, "The Happiness of People with a Mental Disorder in Modern Society". *Psychology of Well-Being: Theory, Research and Practice*, v. 1, n. 2, 2011, p. 2.
76 M. E. P. Seligman, *Florescer*, op. cit.; R. Veenhoven, "Life Is Getting Better", op. cit.; id., "Quality-of-Life in Individualistic Society", op. cit.; E. Diener e M. E. P. Seligman, "Very Happy People", op. cit.

soal ou livros de autoajuda, e isso aparentemente porque não se sentem felizes, ou pelo menos não felizes o suficiente.

Essas afirmações também contrastam com trabalhos e estudos importantes que relacionam taxas impressionantes de depressão, ansiedade, doença mental, transtornos comportamentais, uso de medicamentos e deslocamento social à "cultura narcísica", à "cultura do eu", à "geração do eu me amo" e a muitos outros rótulos aplicados ao individualismo egocêntrico e possessivo que predomina nas sociedades capitalistas modernas[77] e que enfraqueceu os tecidos coletivos de cuidado mútuo.[78] Como exemplo recente, no começo de 2018 a primeira-ministra do Reino Unido Theresa May declarou que a solidão era uma matéria de interesse público[79] depois que o relatório da Jo Cox Commission on Loneliness jogou luz sobre a "crise chocante" e o "impacto devastador" da solidão sobre a vida das pessoas como

---

[77] Brandon H. Hidaka, "Depression as a Disease of Modernity: Explanations for Increasing Prevalence". *Journal of Affective Disorders*, v. 140, n. 3, 2012, pp. 205-14; Ethan Watters, *Crazy Like Us: The Globalization of the American Psyche*. New York: Free Press, 2010; Richard Eckersley, "Is Modern Western Culture a Health Hazard?". *International Journal of Epidemiology*, v. 35, n. 2, 2005, pp. 252-58; Allan Horwitz e Jerome C. Wakefield, "The Age of Depression". *Public Interest*, n. 158, 2005, pp. 39-58; Robert Whitaker, *Anatomy of an Epidemic: Magic Bullets, Psychiatric Drugs, and the Astonishing Rise of Mental Illness in America*. New York: Crown, 2010; C. Lasch, *Minimal Self*, op. cit.; James L. Nolan Jr., *The Therapeutic State: Justifying Government at Century's End*. New York: New York University Press, 1998; Ann Cvetkovich, *Depression: A Public Feeling*. Durham: Duke University Press, 2012.

[78] Robert D. Putnam, *Bowling Alone: The Collapse and Revival of American Community*. New York: Simon and Schuster, 2000.

[79] Peter Walker, "May Appoints Minister to Tackle Loneliness Issues Raised by Jo Cox". *The Guardian*, 16 jan. 2018.

resultado do crescente isolamento social.[80] Na linha de Schiller e de Weber, Charles Taylor também defendeu o elo entre o individualismo e a noção cada vez maior de "desencantamento com o mundo" que provém do achatamento e do estreitamento da vida dos indivíduos desses grupos sociais. Segundo Taylor, ao transformar o eu e a vida interior nos únicos horizontes capazes de oferecer sentido e direção, o individualismo progressivamente deslocou, dissipou e problematizou todas aquelas estruturas tradicionais que conectavam as vidas das pessoas a uma noção social maior de ordem e propósito. Como consequência, um vasto conjunto de fontes de sentido e de propósito foi gravemente reduzido, com a perda do poder e da legitimidade de qualquer coisa que, situada do lado de fora da esfera do eu (moralidade, sociedade, cultura, tradição etc.), pudesse guiar a vida das pessoas – e que também fosse responsável pelo charme, pelo mistério e pela "mágica" da existência.[81]

Além disso, as afirmações desses especialistas contrastam com os resultados de estudos sociológicos que correlacionam um aumento do individualismo com taxas mais altas de depressão e até mesmo suicídio em países desenvolvidos e também em desenvolvimento. Neste último aspecto, teóricos como Ashis Nandy analisam as deficiências relacionadas à rápida guinada rumo à felicidade pela qual a Índia passou na última década. De acordo com Nandy, uma "busca obstinada pela felicidade" e uma crença acentuada na "engenharia de si" logo se tornaram grandes atributos culturais no país e levaram muitos a acreditar pia-

---

[80] Anushka Asthana, "Loneliness Is a 'Giant Evil' of Our Time, Says Jo Cox Commission". *The Guardian*, 10 dez. 2017.
[81] Charles Taylor, *Sources of the Self: The Making of the Modern Identity*. Cambridge: Harvard University Press, 1989.

mente "que só depende deles, individualmente, tomar alguma atitude quanto à própria felicidade, que a felicidade não pode acontecer ou surgir, além de não poder ser dada: ela deve ser merecida e adquirida".[82] Nandy vê essa virada como um "subproduto do individualismo", uma "doença" cultural e um "regime de narcisismo" vindos do Ocidente e que se espalharam com a globalização. Um dos principais problemas seria que a felicidade e o individualismo a ela subjacente provocam uma sensação profunda de solidão e desespero até então ausente e que poderia explicar em parte o aumento das taxas de suicídio na Índia.

Essa análise coincide com outros estudos relevantes que entendem a ciência da felicidade como um dos muitos veículos do mantra individualista da responsabilização pessoal.[83] Tais estudos enfatizam que a felicidade não deve ser vista como o oposto do sofrimento, e sublinham que ela não só reproduz muitos dos riscos em geral associados ao individualismo – distanciamento, egoísmo, narcisismo e egocentrismo, por exemplo –, mas também cria suas próprias formas de sofrimento[84] (como veremos nos capítulos 4 e 5). Quanto aos riscos, autores como Mauss e seus colegas ressaltaram que, uma vez que a felicidade seja definida em termos de sentimentos positivos e ganhos individuais, a luta por ela pode danificar as conexões pessoais e

---

[82] Ashis Nandy, *Regimes of Narcissism, Regimes of Despair*. New Delhi: Oxford University Press, 2013, p. 176.

[83] C. Cederström e A. Spicer, *The Wellness Syndrome*, op. cit.; Ashley Frawley, *Semiotics of Happiness. Rhetorical Beginnings of a Public Problem*. London: Bloomsbury, 2015; B. S. Held, "The 'Virtues' of Positive Psychology". *Journal of Theoretical and Philosophical Psychology*, v. 25, n. 1, 2005, pp. 1-34; Alenka Zupančič, *The Odd One In*. Cambridge: MIT Press, 2008.

[84] E. Illouz, *Saving the Modern Soul*, op. cit.

aumentar tanto a sensação de solidão como de distanciamento dos outros.[85] De modo similar, muitos outros autores relataram que ela se correlaciona de forma positiva com o narcisismo, que está no âmago da mania de grandeza, do egoísmo, do egocentrismo, do orgulho "hubrístico" e da autoabsorção,[86] todos aspectos subjacentes a um conjunto amplo de transtornos mentais.[87]

Além disso, a felicidade também está intimamente associada à autorrecriminação na medida em que promove uma responsabilização excessiva no sujeito, de origens difusas. Assim, os especialistas na felicidade evocam uma retórica da vulnerabilidade na qual o desamparado sofre de um mal cuja responsabilidade é incerta, o que permite uma condenação sem crime.[88] Como os próprios indivíduos são responsabilizados de modo

---

[85] Iris B. Mauss, Maya Tamir, Craig L. Anderson e Nicole S. Savino, "Can Seeking Happiness Make People Unhappy? Paradoxical Effects of Valuing Happiness". *Emotion*, v. 11, n. 4, 2011, pp. 807-15.

[86] Paul Rose e Keith W. Campbell, "Greatness Feels Good: A Telic Model of Narcissism and Subjective Well-Being". *Advances in Psychology Research*, v. 31, 2004, pp. 3-26; Hillary C. Devlin et al., "Not As Good as You Think? Trait Positive Emotion Is Associated with Increased Self-Reported Empathy but Decreased Empathic Performance", in Marco Iacoboni (org.), PLOS *One*, v. 9, n. 10, 2014; Joseph P. Forgas, "Don't Worry, Be Sad! On the Cognitive, Motivational, and Interpersonal Benefits of Negative Mood". *Current Directions in Psychological Science*, v. 22, n. 3, 2013, pp. 225-32; Jessica L. Tracy e Richard W. Robins, "The Psychological Structure of Pride: A Tale of Two Facets". *Journal of Personality and Social Psychology*, v. 92, n. 3, 2007, pp. 506-25.

[87] M. Pérez-Álvarez, "Reflexividad, Escritura y Génesis del Sujeto Moderno". *Revista de Historia de la Psicología*, v. 36, n. 1, 2015, pp. 53-90.

[88] A. Frawley, *Semiotics of Happiness*, op. cit.; Frank Furedi, "From the Narrative of the Blitz to the Rhetoric of Vulnerability". *Cultural Sociology*, v. 1, n. 2, 2007, pp. 235-54; id., *Therapy Culture: Cultivating Vulnerability in an Uncertain Age*. London: Routledge, 2004.

integral por suas ações ao longo da vida e pelas ideias que fazem de propósito pessoal e bem-estar, não se sentir bem, assim como não conseguir se sentir melhor ou mais feliz, é uma situação experimentada cada vez mais como fonte de descontentamento pessoal, sinal de uma força de vontade enfraquecida e uma psique disfuncional – e até mesmo como marca de uma biografia fracassada. Como Lipovetsky aponta, a declaração de que não somos felizes ou de que não estamos felizes o suficiente com o estado de nossas vidas é hoje vivida com vergonha e culpa, indício de uma vida desperdiçada e uma ofensa ao valor do indivíduo, de modo que as pessoas preferem se enxergar e se apresentar como felizes ou moderadamente felizes, e não como infelizes, mesmo diante de circunstâncias desfavoráveis.[89] Essa culpa excessiva dos indivíduos por seus fracassos em levar vidas mais felizes explicaria em parte por que indivíduos ou sociedades individualistas tendem a se avaliar em questionários como acima de 7 em uma escala de 0 a 10 pontos. De acordo com alguns estudos, um viés cognitivo positivo explicaria a tendência pronunciada e sistemática entre os indivíduos dessas sociedades a proteger sua autoestima por meio da inibição de avaliações negativas de suas vidas.[90]

Alguns desses psicólogos reconhecem que sociedades individualistas podem ser em parte responsáveis por mais estresse,

---

[89] G. Lipovetsky, *La felicidad paradójica*. Barcelona: Editorial Anagrama, 2007.
[90] Robert A. Cummins e Helen Nistico, "Maintaining Life Satisfaction: The Role of Positive Cognitive Bias". *Journal of Happiness Studies*, v. 3, n. 1, 2002, pp. 37-69; Adrian J. Tomyn e R. A. Cummins, "Subjective Wellbeing and Homeostatically Protected Mood: Theory Validation with Adolescents". *Journal of Happiness Studies*, v. 12, n. 5, 2011, pp. 897-914.

ansiedade, depressão, um senso de vazio maior, mais narcisismo, desesperança e pelos inúmeros transtornos mentais e físicos que as caracterizam.[91] Apesar disso, a maioria desses acadêmicos afirma que atributos pessoais explicariam de modo mais satisfatório todas essas afecções e insiste em refutar a ideia de que condições culturais, sociais e estruturais tenham um efeito significativo sobre elas. Tais acadêmicos reafirmam que mais felicidade seria o antídoto para essas aflições.[92] Como se viu, no entanto, há dúvidas fundadas quanto a isso, e em especial quando há tantos argumentos que sustentam que a felicidade pode causar os mesmos riscos associados ao individualismo, além de se fazer acompanhar de seus próprios perigos. Desse modo, olhar para dentro de si em busca de remédios para muitas das doenças sociais de hoje – no que se incluem a instabilidade, a incerteza, a ansiedade, a depressão, a desesperança, a solidão, a frustração e por vezes até mesmo a falta de sentido e o desencantamento – pode muito bem ser mais parte do problema do que da solução.

Seja como for, os psicólogos positivos e muitos especialistas da felicidade foram capazes de convencer a muitos que todos os problemas sociais e individuais e as conquistas podem ser atribuídos, respectivamente, a um excedente ou a uma falta de felicidade. E, ainda que antiga, essa ideia calou fundo e se espraiou por nossas instituições mais importantes. A área da educação e das empresas, como veremos, são dois dos exemplos mais impressionantes disso.

---

91 A. Bergsma e R. Veenhoven, "Happiness of People with a Mental Disorder", op. cit.; R. Veenhoven, "Life Is Getting Better", op. cit.
92 C. Vázquez, "El Bienestar de las Naciones", op. cit.; M. E. P. Seligman, *Florescer*, op. cit.; id., *Felicidade autêntica*, op. cit.

EDUCANDO PARA A FELICIDADE

Em 2008, Seligman e Layard tiveram a seguinte conversa sobre a psicologia positiva aplicada à educação. O diálogo foi aparentemente tão revelador para Seligman que ele, em seu *pathos* habitual, o classificou como uma "experiência de conversão".

> Richard e eu caminhávamos por uma área modesta de Glasgow, num intervalo entre as sessões do evento inaugural do Centro Escocês de Confiança e Bem-Estar, uma instituição paragovernamental que pretende se contrapor à atitude de "não consigo" que se diz ser endêmica na educação e no comércio escoceses. Éramos os principais palestrantes.
> — Marty — disse Richard em sua suave pronúncia etoniana —, eu li seu trabalho sobre educação positiva e quero levá-lo para as escolas do Reino Unido.
> — Obrigado, Richard — respondi, agradecido porque nosso trabalho estava sendo considerado nos altos círculos do Partido Trabalhista (sic). — Acho que estou pronto para tentar um estudo-piloto na escola de Liverpool.
> — Você não entende, não é, Marty? — disse Richard, com um tom ligeiramente sarcástico na voz. — Você, como a maioria dos tipos acadêmicos, tem uma superstição sobre a relação da política pública com as evidências. Você provavelmente acha que o Parlamento adota um programa quando as evidências científicas se acumulam aos montes, a ponto de serem persuasivas e irresistíveis. Em toda a minha vida política, nunca vi um caso assim. A ciência torna-se uma política pública quando as evidências são suficientes e há vontade política. Estou lhe dizendo que as evidências de sua educação positiva são suficientes (suficientemente satisfatórias, como nós, economistas, dizemos), e

a vontade política já existe em Whitehall. Portanto, vou levar a educação positiva para as escolas do Reino Unido.[93]

Deixando de lado a irresponsabilidade de implementar programas de educação positiva em escolas quando as evidências favoráveis são apenas "satisfatórias", e não sólidas e convincentes, vale notar que, no momento em que Seligman e Layard estão tendo essa conversa, nenhum dos dois está dizendo nada de novo. Desde a criação de ambos os campos, e valendo-se de tendências terapêuticas e intervenções anteriores no domínio educacional, psicólogos positivos e economistas da felicidade vêm aconselhando os sistemas nacionais de educação de diferentes países a introduzir a felicidade em seus currículos, sob o argumento principal de que ela explicaria e permitiria prever o processo de aprendizado, o desempenho dos estudantes, as conquistas escolares, o sucesso futuro e menores taxas de depressão na idade adulta de maneira mais eficiente do que qualquer outra variável.

Nesse aspecto, a conversa de Seligman e Layard revela duas questões dignas de nota. Primeiro, ela mostra a influência determinante desses acadêmicos sobre os assuntos políticos e educacionais. As escolas são os principais lugares em que os valores, as aspirações e os modelos de individualidade são inoculados nos jovens, de modo que a presença crescente desses estudiosos no âmbito da educação diz muito da incidência da felicidade nas sociedades atuais, e em especial entre as gerações mais novas. Segundo, como veremos, a conversa antecipa em que medida uma educação positiva – construída sobre a crença consolidada de que os fatores emocionais e individuais são facilitadores ou obstrutores mais fundamentais para o aprendizado do que

---

93 M. E. P. Seligman, *Florescer*, op. cit., p. 182.

fatores sociológicos – passaria a exercer um controle muito mais intenso sobre a cultura educacional dos anos que se seguiriam. Mesmo hoje o próprio Seligman parece se surpreender com isso: como afirmou recentemente, e talvez com um pouco de ironia, "não podemos deixar de ficar impressionados com o rápido crescimento e a disseminação generalizada da educação positiva ao redor do mundo".[94]

A ascensão dos estudantes felizes

Amplamente disseminada e generosamente financiada em países como os Estados Unidos, o Reino Unido e o Canadá, a educação positiva se estabeleceu entre 2008 e 2017 com um amplo leque de programas dirigidos a escolas primárias e secundárias, faculdades e universidades. Todos esses programas foram muitíssimo bem-vindos numa cultura neoliberal em que o desenvolvimento do letramento emocional, o aprendizado de habilidades gerenciais e de empreendedorismo e a busca da felicidade ganharam cada vez mais proeminência como atributos dos estudantes em detrimento do pensamento crítico, da aquisição de habilidades ligadas ao raciocínio e de habilidades manuais, ou da busca do conhecimento.[95] Já em 2008, o ministro da Educação da Colúmbia Britânica, no Canadá, afirmava em alto e bom som que os estudantes ideais são aqueles que possuem "habilidades de administração e organizacionais, mos-

---

[94] The Global Happiness Council, *Global Happiness Policy Report 2018*. New York: GHC, 2018, p. 69.
[95] Jack Martin e Anne-Marie McLellan, *The Education of Selves: How Psychology Transformed Students*. New York: Oxford University Press, 2013.

tram iniciativa, responsabilidade, flexibilidade e adaptabilidade, autoestima e confiança, acreditam que ações e escolhas afetam o que acontece na vida, fazem esforços para alcançar seus potenciais particulares ao perseguirem aquilo que gostam de fazer e que divulgam suas habilidades e capacidades da mesma forma que divulgariam um negócio".[96] Como resultado, a última década viu o surgimento de um número cada vez maior de associações privadas e públicas, *think tanks*, consultores, conselheiros de políticas públicas e redes globais que buscam "aproximar professores, estudantes, pais, universidades, associações de caridade, empresas e governos a fim de promover a educação positiva [e] persuadir os encarregados de deliberações a mudar as estruturas de suas políticas de modo que os profissionais sejam encorajados a educar em prol do caráter e do bem-estar".[97] São essas algumas das metas da Rede Internacional de Educação Positiva (*International Positive Education Network*), que, criada em 2014, logo firmou parcerias com fundações privadas para acelerar a disseminação e a implementação da educação positiva ao redor do mundo. De fato, não demorou até que a psicologia positiva alcançasse milhares de escolas, faculdades e universidades em mais de dezessete países, incluindo a China, os Emirados Árabes Unidos e a Índia.[98]

Organizações públicas ou privadas dedicadas à disseminação da educação positiva trabalharam na última década de mãos dadas com psicólogos positivos e economistas da felicidade para

---

[96] British Columbia Ministry of Education, 2008, *Career Planning* apud J. Sugarman, "Neoliberalism and Psychological Ethics", op. cit., p. 112.
[97] Cf. ipositive-education.net/movement.
[98] The Global Happiness Council, *Global Happiness Policy Report 2018*, op. cit.

apoiar ativamente e legitimar tais iniciativas, que ecoam e reivindicam o suporte dos trabalhos científicos que esses estudiosos oferecem. Layard, por exemplo, defendeu que esses programas possibilitam uma mudança enorme e necessária no modo como os estudantes devem ser educados. Uma formação focada na felicidade se mostra não só uma boa forma de educação como também é benéfica para a economia. Nesse aspecto, Layard afirma que direcionar as escolas e universidades para a educação positiva, modificando as atitudes de professores, estudantes e pais, resultaria em mudanças mais baratas para reduzir a prevalência de doenças mentais em crianças, cujas consequências na vida adulta custam mais de 5% do PIB em países desenvolvidos.[99] Seligman e seus colegas, por sua vez, também afirmam que a felicidade deve ser ensinada em instituições educacionais "como um antídoto para a depressão", assim como "um veículo para o aumento da satisfação com a vida e uma ferramenta para um melhor aprendizado e um pensamento mais criativo".[100] Apesar disso, nem Seligman, nem Layard, nem qualquer dos muitos grupos de pressão e organizações de lobistas que advogam por mais felicidade nos ambientes educacionais parecem considerar seriamente a ideia de que os sistemas educacionais de hoje precisam abordar muitas questões urgentes e fundamentais para além daquelas de origem psicológicas. Mais uma vez, não são considerados desafios urgentes aspectos estruturais

---

[99] R. Layard e Ann Hagell, "Healthy Young Minds: Transforming the Mental Health of Children", in J. Helliwell, R. Layard e J. Sachs (orgs.), *World Happiness Report*. New York: Sustainable Development Solutions Network, 2015, pp. 106-30.
[100] M. E. P. Seligman et al., "Positive Education: Positive Psychology and Classroom Interventions". *Oxford Review of Education*, v. 35, n. 3, 2009, p. 295.

e sociais como a exclusão multicultural e social nas escolas, o abismo educacional cada vez maior entre ricos e pobres, as crescentes dificuldades econômicas das populações em obter acesso à educação superior, o declínio dos investimentos em bolsas de estudo e em escolas, faculdades e universidades públicas de qualidade, e o ambiente universitário cada vez mais competitivo e precarizado, para citar apenas alguns deles. Presumivelmente, e na linha de raciocínio de Layard, isso ocorre porque enfrentar as raízes desses problemas faria com que a educação deixasse de ser benéfica para a economia.

Uma ideologia entrincheirada

Sob as asas da educação positiva, os cientistas da felicidade desenvolveram e implementaram um grande número de programas e iniciativas. O programa Aspectos Sociais e Emocionais do Aprendizado (*Social and Emotional Aspects of Learning* – Seal), por exemplo, recebeu um financiamento de mais de 41,3 milhões de libras e foi introduzido em 90% das escolas primárias britânicas e em 70% das secundárias. Esse programa visa ensinar aos professores como "administrar suas emoções", "se sentir otimistas em relação a si e a sua capacidade de ensinar", "refletir sobre objetivos de longo prazo" e "aprender a se sentir bem consigo", e defende que essas e outras técnicas deveriam ser incorporadas ao currículo escolar.[101] De outro lado, o Programa Penn de Resiliência (*Penn Resiliency Program* – PRP)

---

[101] Mark T. Greenberg et al., "Enhancing School-Based Prevention and Youth Development through Coordinated Social, Emotional, and Academic Learning". *American Psychologist*, v. 58, n. 6-7, 2003, pp. 466-74.

se destina a estudantes que estão terminando o ensino fundamental ou que cursam o ensino médio, e tem como objetivo ensinar ferramentas com as quais esses jovens poderão "detectar pensamentos inadequados", "contestar crenças negativas com o uso de interpretações alternativas" e "lidar com situações e emoções difíceis", e prega que a aplicação do programa não deveria se limitar a escolas, mas se estender à esfera doméstica.[102] Já o programa Emoção, Engajamento, Relacionamento, Sentido e Conquista Positivos (*Positive Emotion, Engagement, Relationship, Meaning and Achievement* – Perma), aplicado tanto no Exército dos Estados Unidos como em escolas, em vez de – à semelhança de outros programas – buscar o bem-estar suprimindo ou reduzindo fatores negativos (como o antibullying e os programas para parar de fumar ou para o combate da depressão), se volta para o cultivo de emoções, comportamentos e cognições positivas.[103] Há, ainda, o Programa Pináculo (*Pinnacle Program*) e os *Grit Studies*, que se destinam a estudantes universitários e buscam avaliar diferenças individuais em termos de talento, domínio emocional e capacidade de automotivação a fim de incentivar gênios, ensinar perseverança diante de metas ambiciosas e evitar o desencorajamento.[104] Pode-se citar também o programa moodgym, que procura aumentar a resiliência e reduzir a

---

[102] Karen Reivich et al., "From Helplessness to Optimism: The Role of Resilience in Treating and Preventing Depression in Youth", in S. Goldstein e R. B. Brooks (orgs.), *Handbook of Resilience in Children*. New York: Kluwer Academic/Plenum, 2005, pp. 223-37.
[103] L. E. Waters, "A Review of School-Based Positive Psychology Interventions". *The Australian Educational and Developmental Psychologist*, v. 28, n. 2, 2011, pp. 75-90; M. E. P. Seligman, *Florescer*, op. cit.
[104] Como exemplo, Kathryn Ecclestone e Dennis Hayes, *The Dangerous Rise of Therapeutic Education*. London: Routledge, 2009.

depressão entre adolescentes,[105] e o Respire (*Breathe*),[106] destinado à instrução de estudantes quanto às vantagens da meditação, do relaxamento e da regulação emocional.[107]

Se esses e outros programas similares receberam elogios dos cientistas da felicidade, um número cada vez maior de oponentes – que também são especialistas em educação – vem realizando críticas de algumas de suas consequências mais perniciosas e testando sua suposta eficiência. No que se refere a tais consequências, é digna de nota a obra de Kathryn Ecclestone e Dennis Hayes sobre "a virada terapêutica para a educação".[108] Não bastassem os vieses individualista e neoliberal da educação positiva, os autores apontam que esses programas e intervenções educacionais vendem uma falsa retórica de empoderamento. Uma retórica que esconde a promoção perigosa de um "eu diminuído", vulnerável e frágil que infantiliza os estudantes, privilegia uma preocupação com o próprio estado emocional em detrimento do pensamento intelectual, e torna o aprendizado completamente dependente dos especialistas terapêuticos e das avaliações psicológicas. Os autores enfatizam que essas técnicas inoculam nos estudantes uma preocupação obsessiva com a vida emocional que enfraquece a autonomia e arrasta muitos deles

[105] Alison L. Calear et al., "The YouthMood Project: A Cluster Randomized Controlled Trial of an Online Cognitive Behavioral Program with Adolescents". *Journal of Consulting and Clinical Psychology*, v. 77, n. 6, 2009, pp. 1021-32.
[106] Patricia C. Broderick e Stacie Metz, "Learning to BREATHE: A Pilot Trial of a Mindfulness Curriculum for Adolescents". *Advances in School Mental Health Promotion*, v. 2, n. 1, 2009, pp. 35-46.
[107] E. Cabanas, "'Psytizens', or the Construction of Happy Individuals in Neoliberal Societies", op. cit.
[108] K. Ecclestone e D. Hayes, *The Dangerous Rise of Therapeutic Education*, op. cit.

para um círculo vicioso de ansiedade e dependência terapêutica: "A maioria das crianças e jovens é sadia, mas o treinamento fará com que adoeçam. Não é por acaso que o número sem precedentes de crianças que relatam sofrer de ansiedade tenha experimentado [esse tipo de] intervenção [...]: a educação terapêutica insere a vulnerabilidade e a ansiedade, as crianças as expressam e então recebem mais intervenções terapêuticas".[109]

No que se refere à eficiência, tampouco as intervenções da educação positiva se provaram tão eficazes quanto a literatura específica costuma declarar. Nesse aspecto, vale destacar que as promessas e esperanças dessas intervenções não são novas. Muito pelo contrário: elas sustentaram uma série de programas educacionais ambiciosos no curso da segunda metade do século passado, apesar de muitas frustrações – algumas delas graves. Uma das tentativas mais célebres (e fracassadas) vem do Movimento da Autoestima (*Self-Esteem Movement*) dos anos 1980 e 1990, quando uma aparente epidemia de baixa autoestima fez com que o termo entrasse no jargão popular. Esse movimento afirmava que em tese todos os problemas sociais e individuais podiam ser atribuídos à falta de autoestima: "Muitos, quando não a maior parte dos maiores problemas que afligem a sociedade, têm suas raízes na baixa autoestima de várias das pessoas que constituem a sociedade".[110] Nathaniel Branden, uma das figuras que lideraram o movimento, afirmou não haver "um único problema psicológico – da ansiedade à depressão, do medo da intimidade ao medo do sucesso, da violência doméstica

---

[109] Ibid., p. 164.
[110] Neil J. Smelser, "Self-Esteem and Social Problems: An Introduction", in A. M. Mecca, N. J. Smelser e J. Vasconcellos, *The Social Importance of Self-Esteem*. Berkeley: University of California Press, 1989, p. 1.

ao abuso sexual de crianças – que não possa ser atribuído a um problema de baixa autoestima"; estava além de qualquer dúvida, portanto, que "a autoestima produz consequências profundas em todos os aspectos da nossa existência".[111] Em 1986, o governador da Califórnia alocou fundos para a Força-Tarefa para a Autoestima e para a Responsabilidade Pessoal e Social (*Task Force on Self-Esteem and Personal and Social Responsibility*), com um orçamento anual de 245 mil dólares, a fim de resolver problemas como crime, gravidez na adolescência, abuso de drogas e baixo desempenho escolar. Ainda que esta e tentativas similares tenham mais tarde se mostrado malsucedidas, nos anos 1990 a Associação Nacional para a Autoestima (*National Association for Self-Esteem* – Nase) assumiu essas iniciativas e lançou um novo programa, dessa vez com com o apoio de acadêmicos e também de escritores estadunidenses de autoajuda, como Jack Canfield e Anthony Robbins. Os resultados não se mostraram melhores do que os anteriores, e vários problemas teóricos e metodológicos foram encontrados ao longo do caminho.

O Movimento da Autoestima, ao lado de outros aspectos e implicações teóricas e metodológicas da noção da autoestima na psicologia, foi analisado de forma extensiva por Roy Baumeister e seus colegas.[112] Esses autores concluíram não ter encontrado "evidências de que o aumento da autoestima (por meio de intervenções terapêuticas ou de programas escolares) traga benefícios", ao que adicionam de maneira espirituosa que "talvez os

---

111 Nathaniel Branden, "In Defense of Self". *Association for Humanistic Psychology*, 1984, p. 12.
112 Roy F. Baumeister et al., "Does High Self-Esteem Cause Better Performance, Interpersonal Success, Happiness, or Healthier Lifestyles?". *Psychological Science in the Public Interest*, v. 4, n. 1, 2003, p. 1.

psicólogos devessem reduzir um pouco sua própria autoestima e decidir humildemente que na próxima vez esperarão por uma base empírica mais completa e concreta antes de fazer recomendações de políticas a serem adotadas para o público dos Estados Unidos".[113] De fato, bastante evocativo de muitas das suposições e metas das atuais intervenções dos psicólogos positivos na esfera educacional, o Movimento da Autoestima é um bom exemplo de como artefatos culturais e ideológicos muitas vezes desempenham um papel de destaque não só para a sustentação de certas premissas psicológicas e intervenções sociais apesar das fortes evidências científicas em sentido contrário mas também para o estímulo, em primeiro lugar, de certos tipos de pesquisas e intervenções psicológicas. Na verdade, os relatórios iniciais a respeito de alguns dos programas mais populares e promissores não foram exatamente lisonjeiros, como já mencionado. Por exemplo, um relatório de 2010 sobre a eficácia do programa Seal declarou fracassada sua tentativa de produzir impacto positivo em cada uma das metas que haviam sido estabelecidas: "nossa análise dos resultados obtidos no estágio dos pupilos indicaram que o Seal (tal como implementado nas escolas de nossa amostra) fracassou em impactar de modo significativo os alunos com relação a suas capacidades sociais e emocionais, dificuldades gerais de saúde mental, comportamento pró-social ou problemas comportamentais".[114] Outros relatórios observaram que não parecia haver um programa de intervenção voltado a fatores individuais específicos como resiliência, autoeficácia,

---

113 Ibid., p. 3.
114 Neil Humphrey, Ann Lendrum e Michael Wigelsworth, *Social and Emotional Aspects of Learning (Seal) Programme in Secondary School: National Evaluation*. London: Department for Education, 2010, p. 2.

autocontrole ou perseverança que apresentasse efeitos sobre conquistas acadêmicas; que fosse transferível para outras esferas; ou que permitisse a previsão de comportamentos futuros em jovens – por exemplo, "quando há evidências esmagadoras de uma relação positiva entre autoconceito e resultados correlatos, há pouca evidência empírica de uma relação causal".[115] Na melhor das hipóteses, afirma Kathryn Ecclestone, os conceitos e a evidência que servem de base para essas intervenções são inconclusivos e fragmentados; "na pior, [são] vítimas da 'ciência lobista' ou, em [suas] piores manifestações, de um empreendedorismo rasteiro que compete por intervenções custeadas com recursos públicos".[116]

Alguns autores argumentaram que movimentos como a psicologia positiva ganhariam em cientificismo se de fato reconhecessem seus antecedentes históricos e culturais, assim como seus vieses e preferências ideológicas e individualistas.[117] Sim, é verdade, mas não achamos que isso possa ocorrer. Sobretudo porque a força da psicologia positiva está na negação desses antecedentes e vieses: é ao se apresentar como apolítica que ela se mostra eficaz como ferramenta ideológica. Como Sugarman aponta:

---

[115] Leslie M. Gutman e Ingrid Schoon, *The Impact of Non-Cognitive Skills on Outcomes for Young People: Literature Review*. London: Institute of Education, University of London, 2013, p. 10.

[116] Kathryn Ecclestone, "From Emotional and Psychological Well-Being to Character Education: Challenging Policy Discourses of Behavioural Science and 'Vulnerability'". *Research Papers in Education*, v. 27, n. 4, 2012, p. 476.

[117] K. Kristjánsson, *Virtues and Vices in Positive Psychology: A Philosophical Critique*. New York: Cambridge University Press, 2013.

> Os psicólogos têm estado pouco dispostos a admitir que são cúmplices de configurações sociopolíticas específicas, pois isso enfraqueceria uma credibilidade forjada no valor de uma neutralidade que se presume garantida pela objetividade científica e a indiferença moral quanto a seu objeto de estudo. Como consequência, e como os registros históricos demonstram, em sua maior parte, os psicólogos têm servido sobretudo como "arquitetos da acomodação" ao preservar o *status quo*, e não como agentes de mudança sociopolítica.[118]

Tal constatação serve tanto aos psicólogos positivos como aos economistas da felicidade; o poder cultural, a autoridade científica e a influência social desses especialistas são em grande parte extraídos do apoio e da prática daquilo que, apresentado como válido e universal, representa uma visão de mundo individualista, utilitária e terapêutica já presumida pelo neoliberalismo como verdadeira e desejável tanto para indivíduos como para sociedades.

---

[118] J. Sugarman, "Neoliberalism and Psychological Ethics", op. cit., p. 115.

3
POSITIVIDADE NO TRABALHO

> *Comecei a me sentir irresponsável, como se a única forma de continuar fosse esquecer de todas as pessoas que minhas platitudes abstratas não conseguiram ajudar. Mas com a coachologia vêm grandes responsabilidades [...]. A responsabilidade de se distanciar da arte da conversa fiada. A responsabilidade de não tentar resolver problemas alheios para os quais você não está equipado para enfrentar. Aconselhar os outros sobre como conduzir suas vidas profissionais e seus meios de vida era um trabalho que eu não queria mais para mim. Não era só uma crise de capacidade ou de fluxo de dinheiro; era uma crise de consciência.*
> MICHELLE GOODMAN, *Confessions of a Failed Self-Help Guru*

O filme *Amor sem escalas* é ambientado logo na sequência da crise econômica global de 2008, um dos piores momentos já registrados na história para muitas empresas estadunidenses, que despediram milhares de empregados – o que, por sua vez, produziu efeitos devastadores sobre a vida e a família desses trabalhadores. Mas essa é a conjuntura ideal para pessoas como o protagonista, um especialista em redução de custos contratado por uma empresa terceirizada de recursos humanos que passa a maior parte do tempo voando pelo país e demitindo pessoas. Ryan adora seu trabalho e sua vida solitária; adora aeroportos, relacionamentos sem compromisso e, em especial, o sentimento de independência e de ausência de responsabilidade garantido por seu estilo de vida. Ele também faz discursos motivacionais para outros executivos, nos quais usa a metáfora da mochila vazia para transmitir a própria filosofia de vida: sucesso é viajar com pouca bagagem, livre dos pesos do passado e de qualquer compromisso com outras pessoas. "Quanto mais devagar nos movimentarmos, mais rápido morreremos", diz Ryan. "Não somos cisnes que vivem em simbiose uns com os outros. Somos tubarões." Um aspecto importante do filme é como o protagonista trabalha. Demitir pessoas não se resume a comunicar aos trabalhadores de certa companhia que seus serviços "já não são necessários". A tarefa de Ryan é mais importante: substituir a raiva e a falta de esperança aí implicadas por uma falsa noção de oportunidade e de otimismo. E, de fato, o personagem tem uma fala recorrente sobre isso: "Todos aqueles que construíram impérios ou mudaram o mundo já estiveram onde você está sentado agora. E é porque eles se sentaram aí que foram capazes de fazê-lo". Ryan é charmoso e cínico; sabe que faz um trabalho sujo, mas adora o que faz e é muito bom nisso. Seu emprego corre risco, no entanto, quando Natalie, uma jovem e promissora psicóloga recém-contratada pela mesma empresa, desenvolve um sistema mais barato para a demissão on-line – e que tornará dispensáveis pessoas caras como Ryan. Espera-se que ela vá substituir Ryan, que é então forçado a ensiná-la a arte da redução de custos.

Ryan vê seu trabalho como um tipo de *techné* que contrasta com o rígido repertório psicológico de Natalie, a principiante. Como Ryan conta para sua nova colega durante uma conversa num avião, por ocasião da primeira tarefa conjunta de ambos:

Ryan: O que você acha que estamos fazemos aqui?

Natalie: Preparamos os recém-desempregados para as dificuldades emocionais e físicas da procura por emprego e reduzimos a chance de retaliação jurídica.

R: Isso é o que nós vendemos. Não o que fazemos.

N: Certo... E o que é que nós fazemos?

R: Estamos aqui para que o limbo seja tolerável, para fazer com que almas feridas cruzem um rio de terror até o ponto em que a esperança seja quase visível. E aí paramos o barco, empurramos os passageiros para dentro da água e os fazemos nadar.

Ryan sabe que para manipular os sentimentos das pessoas é preciso dispor de certa destreza ou inteligência emocional. A sensação de frustração, a ansiedade e a depressão que acompanham a demissão só pode ser neutralizada se substituída por motivação, otimismo e um senso de esperança e de propósito diante do futuro, não importa quão enganoso ou condescendente isso possa ser. O talento de Ryan na arte da manipulação emocional fica claro quando Natalie, em sua primeira incumbência, encontra dificuldades para demitir Bob, um trabalhador que resiste à notícia de que será injustamente dispensado de uma empresa à qual se manteve leal durante décadas.

Natalie: Talvez você esteja subestimando o efeito positivo que a sua transição profissional poderá exercer sobre seus filhos.

Bob: Efeito positivo? Hoje, eu ganho uns 90 mil dólares por ano. O seguro-desemprego é quanto, 250 por semana? Esse é um dos seus efeitos positivos? [...] E, sem meus benefícios, vou conseguir segurar a barra da minha filha enquanto ela... tipo, tem um ataque de asma e eu não vou ter condições de comprar o remédio dela.

N: Bom, pesquisas mostraram que crianças que passam por traumas moderados apresentam uma tendência a se dedicar aos estudos. É uma forma de lidar com os problemas.

B: ... Vá se foder... É isso que meus filhos vão pensar.

Diante do fracasso de Natalie em neutralizar Bob, Ryan toma as rédeas:

Ryan: A admiração de seus filhos é importante para você?

Bob: Sim. É, sim.

R: Bem, eu duvido que algum dia eles já tenham te admirado, Bob.

B: Você não devia estar me consolando, seu cretino?

R: Isso aqui não é terapia, Bob. Eu sou o seu despertador tocando. Você sabe por que crianças adoram atletas? Porque eles transam com modelos de lingerie? Não! Nós é que amamos os atletas por isso. As crianças amam atletas porque atletas seguem os próprios sonhos.

B: ...Bom, eu não sei jogar basquete.

R: Não, mas você sabe cozinhar [...]. Seu currículo diz que você fez matérias optativas em culinária francesa [...]. E ainda assim você decidiu não seguir o seu sonho e passou a trabalhar aqui. Quanto te pagaram para você abrir mão dos seus sonhos, Bob?

B: ... 27 mil por ano.

R: E quando você pretendia parar e voltar a fazer o que te deixa feliz?

B: Boa pergunta...

R: Essa é a sua oportunidade, Bob. O seu renascimento.

A intervenção de Ryan ilustra bem até que ponto as técnicas da psicologia positiva se tornaram úteis no mundo corporativo contemporâneo, ao transferir o ônus da responsabilidade sobre a empresa para os assalariados e administrar estes em termos de sua felicidade pessoal. Ryan mexe com o orgulho de Bob, que só poderá superar a raiva e o ressentimento caso tome a responsabilidade por eles, aceitando-os como fruto de sua livre escolha. Nem gerentes, nem empresa, nem situação econômica – coisas que Ryan toma o cuidado de nunca mencionar – são culpados. A saída para essa situação só depende da mudança de atitude de Bob, e é apresentada de modo a favorecer seus próprios interesses. A redução de custos tem agora um sentido inteiramente diverso e positivo: a perda do emprego passa a ser uma oportunidade maravilhosa para a transformação pessoal de Bob, ou seja, uma forma de "renascimento" em que se revelam novas oportunidades para alcançar a felicidade. Agora só depende dele.

Amor sem escalas é um retrato trivial, mas acertado, de um dos modos como a felicidade opera hoje no mundo corporativo. Como explicou Barbara Ehrenreich, a felicidade se tornou uma ferramenta ideológica eficaz não só para justificar alguns dos aspectos mais cruéis da economia de mercado, como para desculpar seus excessos e mascarar suas loucuras.[1] Ela também permitiu a introdução de novos repertórios e técnicas que remodelam profundamente as noções de trabalho e trabalhador assalariado, fazendo-as coincidir com as novas necessidades e demandas do ambiente corporativo, como se verá. Se a felicidade e seus asseclas não tivessem se mostrado tão úteis, certamente eles não teriam tamanha influência sobre as empresas hoje.

---

[1] Barbara Ehrenreich, *Sorria: como a promoção incansável do pensamento positivo enfraqueceu a América* [2009], trad. Maria Lúcia de Oliveira, São Paulo: Record, 2013.

A ANTESSALA DAS CORPORAÇÕES FELIZES

A partir do século XX, mas em especial a partir dos anos 1950, poucos contribuíram tanto para institucionalizar certas ideias a respeito do comportamento humano quanto os economistas e os psicólogos. A economia e a psicologia começaram a cooperar uma com a outra pouco antes da década de 1930 – desde a época da Experiência de Hawthorne,[2] coordenada por Elton Mayo –, uma colaboração que se intensificou ao longo da segunda metade do século XX com o crescente surgimento de disciplinas e movimentos híbridos como a psicologia econômica, a administração de recursos humanos, as pesquisas dos hábitos do consumidor, o marketing e o *coaching*, para citar apenas alguns. Conceitos essenciais que definem o comportamento econômico ficaram cada vez mais impregnados da retórica da psicologia, ao mesmo tempo que transformações na economia de mercado passaram a ter grande influência sobre as ideias mais convencionais a respeito do comportamento humano. Felicidade e necessidades pessoais estão entre os exemplos mais representativos

---

2 Projetada pelo psicólogo australiano Elton Mayo (1880-1949), essa experiência tinha como objetivo aferir se alterações na luminosidade do ambiente de trabalho impactariam a produtividade dos empregados. Ao término dos estudos, contudo, constatou-se que qualquer tipo de mudança implementada (inclusive na iluminação) aumentava a taxa de produção. A conclusão foi interpretada de mais de uma forma: para alguns, a mudança provocaria nos trabalhadores a sensação de estarem sendo vigiados por seus superiores; já para outros, os trabalhadores sentiriam que a administração estava preocupada com o bem-estar deles. O enfoque do segundo tipo consagrou Mayo como fundador da chamada "administração humanizada". [N.E.]

dos conceitos compartilhados com que economistas e psicólogos têm lidado ao longo dos últimos cinquenta anos.³

A teorização desses conceitos foi a marca distintiva da psicologia humanista, decisiva para a conexão entre a esfera da economia e a da psicologia no meio industrial. Como Roger Smith e Kurt Danziger argumentaram, a psicologia humanista compartilha de grande parte da responsabilidade não só porque as sociedades ocidentais do pós-guerra se tornaram "sociedades psicológicas"⁴ (nas palavras do próprio Abraham Maslow: "precisamos psicologizar a natureza humana")⁵ mas também porque os repertórios e as técnicas psicológicas sobre as necessidades humanas e a felicidade vêm modelando as necessidades organizacionais desde então. A teoria de Maslow da motivação e sua famosa pirâmide, ou "hierarquia de necessidades", foram marcantes nesses aspectos. Sem dúvida, a terceira força da psicologia humanista promovida por Carl Rogers, Rollo May, Gardner Murphy, James Bugental, René Dubos, Charlotte Buhler etc. não foi tão bem-sucedida no ambiente acadêmico como ocorreu no mundo da cultura em geral e na esfera industrial em particular.⁶

No setor industrial, as contribuições teóricas dessa disciplina se mostraram essenciais na transição de um período gerencial

---

3   Edgar Cabanas e José Carlos Sánchez-González, "Inverting the Pyramid of Needs: Positive Psychology's New Order for Labor Success". *Psicothema*, v. 28, n. 2, 2016.
4   Kurt Danziger, *Naming the Mind: How Psychology Found Its Language*. London: Sage, 1997; Roger Smith, *The Norton History of the Human Sciences*. New York: W. W. Norton, 1997.
5   Abraham H. Maslow, *Motivation and Personality*. New York: Harper & Row, 1970, p. 7.
6   E. Cabanas e J. C. Sánchez-González, "Inverting the Pyramid of Needs.", op. cit.

"pautado por empregos" e voltado sobretudo para a otimização de trabalhadores diante das especificações e exigências de um serviço – o que era característico da era taylorista – para um período administrativo "pautado por pessoas" e centrado na ideia de que o trabalho deveria satisfazer e se adequar a certas necessidades motivacionais, emocionais, afetivas e sociais dos indivíduos, aumentando com mais eficiência a produtividade e o desempenho de atividades.[7] Desde as pesquisas de Elton Mayo, Henri Fayol, Gordon Allport, Henry Murray, Douglas McGregor e David McClelland até os dias de hoje, passando por aquilo que William Scott chamou "humanismo industrial"[8] – um movimento de longo alcance consolidado nos anos 1960, integrado por inúmeras escolas de administração de empresas, cientistas comportamentais intelectuais e escritores de autoajuda –, o estudo das necessidades e da felicidade humanas, assim como suas relações com o desempenho no trabalho e a produtividade, tem sido uma das maiores preocupações das teorias da administração. O conceito de motivação humana de Maslow ofereceu um pano de fundo sugestivo e apologético para essa abordagem. Ao elevar as necessidades humanas e a felicidade ao status de constructos psicológicos de primeira ordem, ele não só ajudou a consolidar a ideia pós-taylorista de que o gerenciamento dos fatores emocionais e motivacionais dos assalariados era vantajosa para os empregadores, mas também sustentou afirmações de que a empresa era um dos ambientes mais privilegiados para os indivíduos alcançarem o que veio a ser a mais importante de todas as necessidades: a realização pessoal.

7 Daniel Wren, *The Evolution of Management Thought*. Hoboken: John Wiley & Sons, 1994.
8 William G. Scott, *Organizational Theory: A Behavioral Analysis for Management*. Willowbrook: Richard D. Irwin, 1967.

O sucesso da teoria de Maslow se relacionava intimamente a sua capacidade de proporcionar um modelo de comportamento humano que legitimava um grande número de demandas empresariais características do capitalismo pós-guerra. Como Luc Boltanski e Eve Chiapello registraram, a segurança era parte essencial da definição implícita e distintiva do contrato de trabalho daquele período,[9] e a Pirâmide de Maslow conferia evidências psicológicas à crença disseminada de que a necessidade de segurança era da maior importância e, portanto, estava na base da pirâmide. De acordo com ele, algumas necessidades de segurança e de estabilidade (que iam do meramente fisiológico a manifestações mais emocionais e interpessoais) deveriam ser satisfeitas antes que o indivíduo pudesse considerar a concretização de objetivos mais pessoais, como a realização pessoal. Em outras palavras, supunha-se que o indivíduo precisava de uma base econômica segura a partir da qual poderia começar a "crescer como pessoa".[10] No contexto da esfera industrial do capitalismo do pós-guerra, o caminho postulado que ia da segurança econômica para a realização individual estava implícito na noção de "carreira", um itinerário de longo prazo que envolvia a promessa de um salário constante e de oportunidades de ascensão profissional, mas também a garantia de que, com o tempo, os trabalhadores valorosos e eficientes seriam contratados de forma permanente.

Apesar disso, a economia de mercado mudou de modo impressionante nos últimos cinquenta anos, e com ela também o ambiente corporativo e as noções de "trabalho" e "segurança". O neoliberalismo instaurou um cenário econômico altamente

---

[9] Luc Boltanski e Eve Chiapello, *O novo espírito do capitalismo* [2005], trad. Ivone C. Benedetti. São Paulo: Martins Fontes, 2009.
[10] A. H. Maslow, *Motivation and Personality*, op. cit.

fluido, arriscado, desregulamentado, individualizado e centrado no consumo,[11] no âmbito do qual emergiu um novo regime de "capitalismo flexível", como Sennett o chama,[12] ou um "novo espírito do capitalismo", como dizem Boltanski e Chiapello.[13] Esse novo espírito acarretou uma nova ética de trabalho, fruto de uma mudança constante na natureza da organização e da dissolução progressiva, ao longo das últimas décadas, das ideias de segurança e estabilidade no trabalho. Assim, o contrato estabelecido entre empregados e empregadores desapareceu, e as antigas expectativas dominantes da força de trabalho deixaram de ser compatíveis com a vida econômica e corporativa.

As organizações devem hoje assimilar a nova realidade, tratando cada assalariado como uma empresa. Essa mudança impõe o abandono de certo número de suposições que dominaram a sociedade industrial, a primeira das quais é que o indivíduo está em busca de garantia de emprego, ideia nascida nos anos 1950 da célebre "pirâmide das necessidades" de Abraham Maslow, que apresentava como princípio que é preciso satisfazer as necessidades fundamentais antes de pensar em autorrealização. Ora, não só essa tese é discutível no plano teórico [...] como também a interpretação dada a ela no âmbito da gestão empresarial – a

---

[11] Zygmunt Bauman, *A sociedade individualizada: vidas contadas e histórias vividas* [2001], trad. José Gradel. Rio de Janeiro: J. Zahar, 2008; Ulrich Beck, *Sociedade de risco: rumo a uma outra modernidade* [2000], trad. Sebastião Nascimento. São Paulo: Editora 34, 2010.
[12] Richard Sennett, *A corrosão do caráter* [1998], trad. Marcos Santarrita. Rio de Janeiro: Record, 2015.
[13] L. Boltanski e E. Chiapello, *O novo espírito do capitalismo*, op. cit.

empresa deve oferecer primeiro garantias e só depois autorrealização – pouco se justifica.[14]

Uma das mudanças mais características que a nova ética do trabalho trouxe foi o destaque à responsabilidade pessoal. De fato, a transição progressiva do controle externo para o autocontrole pode ser vista como um dos atributos mais significativos da evolução das organizações e das teorias da administração de empresas nos últimos quarenta anos. Essa transição é bem exemplificada na substituição da ideia de "carreira" pela noção de uma sequência de "projetos" de trabalho.[15] Enquanto as carreiras eram definidas como percursos específicos em que os indivíduos deviam aprender um conjunto determinado de habilidades a fim de trabalhar de modo eficiente e ascender na escala organizacional, a definição de "projetos" é bem diferente. Eles são concebidos como um conjunto não estruturado de percursos, objetivos e empreendimento repletos de riscos e que exigem que os indivíduos "aprendam a aprender", isto é, sejam flexíveis, autônomos e criativos – demandas que se aplicam tanto para indivíduos como para empresas –, de modo que possam decidir por conta própria quais habilidades, meios e escolhas são os mais adequados para se adaptar a um mercado de alta incerteza, ser eficientes, crescer como trabalhadores e aumentar as chances de serem escalados para projetos mais promissores e desafiadores. A ascensão dos "projetos", que prometia substituir a "falsa autonomia" das car-

---

14 Bob Aubrey apud L. Boltanski e E. Chiapello, *O novo espírito do capitalismo*, op. cit., p. 125.
15 R. Sennett, *A cultura no novo capitalismo* [2006], trad. Clóvis Marques, Rio de Janeiro: Record, 2008; L. Boltanski e E. Chiapello, *O novo espírito do capitalismo*, op. cit.

reiras dos anos 1960 por uma "autonomia genuína" fundada no autoconhecimento, na escolha livre individual e no desenvolvimento pessoal, acabou por se mostrar útil para delegar aos trabalhadores muitas das contingências e contradições advindas do contexto do trabalho, e, assim, para deslocar boa parte do fardo da incerteza do mercado e da competição para os indivíduos. Como consequência dessa transformação, o até então esperado "percurso de carreira", que ia da segurança na empresa à realização pessoal, desapareceu, e o modelo da "hierarquia de necessidades" de Maslow – que nas décadas anteriores serviu às teorias da administração e a uma multidão de psicólogos clínicos, conselheiros, educadores etc. – se tornou progressivamente menos capaz de oferecer respostas satisfatórias às demandas e necessidades crescentes do ambiente econômico e corporativo. Além disso, um número cada vez maior de estudos que contestavam a validade científica da teoria de Maslow para a motivação, surgidos em especial nos anos 1990,[16] finalmente minou a utilidade da hierarquia de necessidades como modelo explicativo da subjetividade dos trabalhadores para a teoria da administração de empresas. Desse modo, novas abordagem gerenciais foram obrigadas a buscar outros modelos psicológicos que repensassem as noções de necessidades e felicidade humanas e suas relações com o cumprimento de tarefas, o comportamento organizacional e o compromisso com o trabalho. Movimentos profissionais e disciplinas acadêmicas até então alternativas entraram em cena em décadas mais recentes com a promessa de suprir essa lacuna.

16 Michael Daniels, "The Myth of Self-Actualization". *Journal of Humanistic Psychology*, v. 28, n. 1, 1988, pp. 7-38; Andrew Neher, "Maslow's Theory of Motivation: A Critique". *Journal of Humanistic Psychology*, v. 31, n. 3, 1991, pp. 89-112.

Nesse aspecto, a psicologia positiva era uma candidata ideal para o trabalho. Altamente influenciada por várias das ideias sobre o comportamento humano e econômico já presentes na psicologia humanista, na literatura de autoajuda e no *coaching*,[17] ela ainda oferecia um discurso renovado sobre as necessidades e a felicidade humanas que correspondia perfeitamente às demandas econômicas e organizacionais que surgiam e eram características do capitalismo neoliberal. Com efeito, seria possível dizer que, se a psicologia positiva não existisse, seria preciso que as corporações a inventassem.

A INVERSÃO DA "PIRÂMIDE DAS NECESSIDADES" OU COMO A FELICIDADE É AGORA UM PRÉ-REQUISITO PARA O SUCESSO

A onipresença da noção moderna de felicidade na esfera do trabalho deve ser vista como um passo adiante na gestão do comportamento dos trabalhadores em termos de psique.[18] A partir

---

[17] E. Cabanas e Juan Antonio Huertas, "Psicología positiva y psicología popular de la autoayuda: un romance histórico, psicológico y cultural". *Anales de Psicologia*, v. 30, n. 3, 2014, pp. 852-64; E. Cabanas e J. C. Sánchez-González, "The Roots of Positive Psychology". *Papeles del psicólogo*, v. 33, n. 3, 2012, pp. 172-82; Roberto García, E. Cabanas e José Carlos Loredo, "La cura mental de Phineas P. Quimby y el origen de la psicoterapia moderna". *Revista de Historia de La Psicología*, v. 36, n. 1, 2015.

[18] E. Cabanas e E. Illouz, "The Making of a 'Happy Worker': Positive Psychology in Neoliberal Organizations", in A. Pugh (org.), *Beyond the Cubicle: Insecurity Culture and the Flexible Self*. New York: Oxford University Press, 2017; E. Illouz, *Saving the Modern Soul: Therapy, Emotions, and the Culture of Self-Help*. Berkeley: University of California Press, 2008.

dos anos 1960, a linguagem psicológica das emoções, da criatividade, da flexibilidade cognitiva, do autocontrole etc. passou a funcionar progressivamente como um disfarce eficiente para os déficits estruturais no reconhecimento profissional e para os paradoxos e contradições inerentes característicos dos ambientes corporativos atuais. A psicologia deslegitimou aos poucos a avaliação do desempenho do trabalhador nos termos das categorias morais e passou a oferecer uma estrutura mais neutra e científica para ressignificar os fracassos ou sucessos dele nos termos de seu próprio eu "deficiente" ou "otimizado", além de ensinar as pessoas a lidar com o risco inerente a ambientes incertos e competitivos nos termos da autonomia e da flexibilidade pessoal. Em outras palavras, ela facilitou cada vez mais que as responsabilidades individuais pelos déficits estruturais do ambiente de trabalho fossem atribuídas aos empregados. A ideia moderna de felicidade leva essa tendência ainda mais longe ao reforçar a suposição de que, caso o indivíduo se dedique com afinco e se aperfeiçoe, ele vai superar problemas de desempenho e encontrar seu próprio caminho dentro do mundo do trabalho. Uma das contribuições mais singulares da psicologia positiva para essa questão tem sido não a refutação da "hierarquia de necessidades" de Maslow, mas sua inversão.[19]

Até agora, administradores, economistas e psicólogos criaram uma extensa literatura científica que relaciona o sucesso no ambiente de trabalho à satisfação pessoal, adotando a ideia amplamente aceita de que o trabalhador é mais feliz porque é bem-sucedido. Bons resultados produzem felicidade e satisfação, e a suposta forte correlação entre tais variáveis permitiu adotar

---

[19] E. Cabanas e J. C. Sánchez-González, "Inverting the Pyramid of Needs", op. cit.

os primeiros como critério confiável para a avaliação destas últimas. Tanto administradores como gestores de RH estavam preocupados sobretudo com o estudo das condições de trabalho – cooperação *versus* competição, padrões de comunicação, liderança e supervisão, sistemas de recompensa/punição, ampliação de funções, sistemas de participação e reconhecimento etc. – e com a identificação dos atributos individuais – extroversão *versus* introversão, QI elevado *versus* reduzido, motivação por conquistas ou por afiliação etc. – que estivessem relacionados ao aprimoramento do desempenho no trabalho e, como consequência, que oferecessem satisfação pessoal. Ainda que já nos anos 1990 os gestores e os psicólogos tenham começado a sugerir que a relação entre felicidade e desempenho profissional poderia ser bidirecional, na maioria das vezes os estudos ainda entendiam que a felicidade derivava de condições de trabalho otimizadas e/ou de um alto desempenho.[20] Ao longo da década de 2000, no entanto, os psicólogos positivos contestaram essa suposição e afirmaram que a relação entre felicidade e sucesso profissional poderia ser mais bem-compreendida no sentido contrário. Eles defendiam que "pesquisas anteriores", que "demonstraram uma relação entre felicidade e sucesso no ambiente de trabalho", falhavam em perceber a causalidade "correta" entre sucesso e felicidade, ou seja, "que a felicidade não apenas se correlaciona com o sucesso no ambiente de trabalho, mas que a felicidade [...] é um precursor importante e determinante para o sucesso profissional".[21]

Trabalhadores felizes teriam um melhor desempenho, diziam, e seriam mais produtivos. Demonstrariam um "com-

---

[20] Ibid.
[21] Julia K. Boehm e S. Lyubomirsky, "Does Happiness Promote Career Success?" *Journal of Career Assessment*, v. 16, n. 1, 2008, p. 101.

portamento de cidadania corporativa" mais elevado; também seriam mais comprometidos com o trabalho; lidariam melhor com as mudanças e exigências multitarefas; sofreriam menos burnout, exaustão emocional e afastamento do trabalho [*job withdrawal*], e seriam mais contratáveis.[22] Trabalhadores felizes apresentariam maior autonomia e flexibilidade; assumiriam comportamentos mais arriscados ao se verem em situações desconhecidas e ao buscar metas novas e mais desafiadoras; tomariam decisões mais criativas e eficientes; reconheceriam com facilidade oportunidades promissoras; e construiriam laços sociais mais ricos e amplos. Todos esses atributos seriam características pessoais valiosas e, ao que tudo indicaria, aumentariam as chances de obter empregos mais seguros e melhores e, no futuro, de receber rendimentos mais elevados.[23] Isso aconteceria porque a felicidade dispararia uma espécie de "efeito

---

[22] Olivier Herrbach, "A Matter of Feeling? The Affective Tone of Organizational Commitment and Identification". *Journal of Organizational Behavior*, v. 27, n. 5, 2006, pp. 629-43; Remus Ilies, Brent A. Scott e Timothy A. Judge, "The Interactive Effects of Personal Traits and Experienced States on Intraindividual Patterns of Citizenship Behavior". *Academy of Management Journal*, v. 49, n. 3, 2006, pp. 561-75; Carolyn M. Youssef e Fred Luthans, "Positive Organizational Behavior in the Workplace: The Impact of Hope, Optimism, and Resilience". *Journal of Management*, v. 33, n. 5, 2007, pp. 774-800.
[23] Robert A. Baron, "The Role of Affect in the Entrepreneurial Process". *Academy of Management Review*, v. 33, n. 2, 2008, pp. 328-40; R. J. Baum, M. Frese e R. A. Baron (orgs.), *The Psychology of Entrepreneurship*. New York: Taylor & Francis, 2007; E. Diener et al., "Dispositional Affect and Job Outcomes". *Social Indicators Research*, v. 59, n. 3, 2002, pp. 229-59; Katariina Salmela-Aro e Jari-Erik Nurmi, "Self-Esteem during University Studies Predicts Career Characteristics 10 Years Later". *Journal of Vocational Behavior*, v. 70, n. 3, 2007, pp. 463-77; Carol Graham, Andrew Eggers e Sandip Sukhtankar, "Does Happiness

Matthew" em que níveis mais elevados de felicidade levariam a uma série de conquistas e vantagens emocionais de curto prazo que pautariam os sucessos de longo prazo. De acordo com esses cientistas, por isso algumas pessoas acabam em melhor situação do que outras, tanto na vida em geral como em projetos de trabalho em particular.[24] Em sua mais recente revisão sobre estudos de felicidade e bem-estar, Ed Diener concluiu que todos "esses achados são convincentes porque refutam a causalidade reversa da boa performance para a satisfação com o trabalho".[25] E muitos outros autores, como Shaw Achor em seu livro *The Happiness Advantage* [A vantagem da felicidade], defenderam e disseminaram essa ideia.

> Mais de uma década de pesquisas revolucionárias nos campos da psicologia positiva e da neurociência provaram de forma categórica que a relação entre sucesso e felicidade funciona em sentido contrário. Graças a essa ciência de ponta, sabemos agora que a felicidade é anterior ao sucesso, e não apenas seu resultado. E, na verdade, a felicidade e o otimismo são o combustível para o desempenho e para as conquistas [...]. Esperar pela felicidade limita o potencial de nosso cérebro para o sucesso, enquanto o cultivo de um cérebro positivo nos torna mais motivados, eficientes, resilientes, criativos e produtivos, o que aumenta nosso

Pay? An Exploration Based on Panel Data from Russia". *Journal of Economic Behavior and Organization*, v. 55, n. 3, 2004, pp. 319-42.

24 Timothy A. Judge e Charlice Hurst, "How the Rich (and Happy) Get Richer (and Happier): Relationship of Core Self-Evaluations to Trajectories in Attaining Work Success". *Journal of Applied Psychology*, v. 93, n. 4, 2008, pp. 849-63.

25 E. Diener, "New Findings and Future Directions for Subjective Well-Being Research". *American Psychologist*, v. 67, n. 8, 2012, p. 593.

desempenho. Essa descoberta foi confirmada por milhares de estudos científicos [...] e dezenas de companhias do mundo todo listadas na *Forbes 500*.[26]

Sob essa premissa, os cientistas da felicidade articularam um discurso renovado para a construção de uma identidade do empregado intimamente ligada ao ambiente e à nova ética de trabalho do capitalismo, bem como à nova distribuição de poder na esfera do trabalho. Assim, a felicidade é tida como uma condição *sine qua non* para a adaptação a mudanças econômicas, à conquista da estabilidade no trabalho, à melhora do desempenho profissional e ao aumento das chances de sucesso em ambientes altamente competitivos e incertos. Na realidade, ela se torna não só um pré-requisito para o trabalho – mais e mais empregadores dizem selecionar assalariados de acordo com seus níveis de felicidade e positividade –, mas o conteúdo em si do próprio trabalho, e as emoções, atitudes e motivações positivas são alçadas a atributos psicológicos essenciais e até mesmo mais importantes ou fundamentais do que habilidades e qualificações técnicas.

O capital psicológico da felicidade

A ideia emergente de "capital psicológico positivo" é um bom exemplo desse discurso renovado. O conceito de "capital humano" – popularizado pelo economista Gary Becker nos anos 1960, tendo ganhado importância cada vez maior ao longo das

---

[26] Shaw Achor, *The Happiness Advantage*. New York: Random House, 2010, p. 4.

últimas décadas –²⁷ é posto para escanteio e as atenções agora se concentram nos aspectos relacionados à felicidade, como pontos fortes pessoais, autonomia, autoeficácia, otimismo, esperança e resiliência, a fim de aumentar as chances de sucesso no desempenho de tarefas desafiadoras, na obtenção de vantagens competitivas, na formulação de atribuições positivas quanto aos resultados profissionais obtidos, na perseverança e em "levantar e dar uma volta por cima ainda maior" diante de problemas e adversidades.²⁸ Em seu livro *Happiness at Work: Maximizing Your Psychological Capital for Success* [Felicidade no trabalho: maximizando seu capital psicológico para o sucesso], Jessica Pryce-Jones afirma que "o motivo fundamental para ser feliz no trabalho é fazer com que você seja capaz de atingir todo o seu potencial, tirar o máximo dos altos e administrar os baixos que surgirão ao longo do caminho".²⁹ O livro é completamente voltado para o indivíduo, mal levando em conta as condições estruturais ou questionando metas e valores das empresas. Ao contrário, trabalhadores que questionam são tidos como problemáticos e negativos – alguns gurus como o multibilionário Tony Hsieh, por exemplo, aconselham a contratar empregados com base na felicidade e em dispensar os menos entusiasmados e mais cínicos quanto à construção de uma cultura corporativa

---

27 Michel Feher, "Self-Appreciation; or, The Aspirations of Human Capital". *Public Culture*, v. 21, n. 1, 2009, pp. 21-41.
28 Fred Luthans, Carolyn M. Youssef e Bruce J. Avolio, *Psychological Capital: Developing the Human Competitive Edge*. New York: Oxford University Press, 2007; Alexander Newman et al., "Psychological Capital: A Review and Synthesis". *Journal of Organizational Behavior*, v. 35, n. S1, 2014, pp. S120-S138.
29 Jessica Pryce-Jones, *Happiness at Work: Maximizing Your Psychological Capital for Success*. Chichester: John Wiley & Sons, 2010, p. IX.

de atitudes positivas.[30] Aparentemente, não seriam as condições de trabalho que trariam felicidade e produtividade aos trabalhadores, mas a felicidade é que faria as empresas produtivas e construiria ambientes de trabalho positivos e produtivos:

> Empregados no grupo de maior felicidade têm 180% mais energia do que os mais infelizes no trabalho. Todos querem estar perto de pessoas com energia, de convívio mais revigorante e motivador [...]. Os trabalhadores mais felizes relatam que são 108% mais engajados do que seus colegas menos felizes [...] sentem que atingiram seu potencial 40% mais do que empregados infelizes. Provavelmente é porque os empregados felizes aceitam metas 30% mais vezes e também são 27% mais dispostos em termos de desafios [...]. Seu ambiente de trabalho não contribuiu para a felicidade que você sente no seu emprego. Escritórios novinhos, belos carpetes e equipamentos modernos, assim como aumentos de salário, causam um incremento temporário na felicidade, e depois disso as pessoas voltam a seus níveis normais.[31]

Sentir interesse pelo trabalho, comprometer-se com os valores corporativos, administrar emoções com eficiência e, acima de tudo, usar a força de vontade para alcançar todo o seu potencial seriam os ingredientes essenciais para desenvolver um alto capital psicológico positivo. Trabalhadores com esse capital não só produziriam mais, se sentiriam mais energizados e pensariam de modo mais criativo, mas também se revelariam menos cínicos diante de mudanças nos locais de trabalho, mais

---

30 Tim Smedley, "Can Happiness Be a Good Business Strategy?". *The Guardian*, 20 jun. 2012.
31 J. Pryce-Jones, *Happiness at Work*, op. cit., pp. 28-29.

resistentes ao estresse e à ansiedade e mais comprometidos com a cultura corporativa.[32] Assim, os psicólogos positivos projetaram intervenções para que os trabalhadores "se entreguem prontamente ao ritmo da mudança, do tempo limitado e da escassez de recursos financeiros que caracteriza o ambiente de trabalho de hoje".[33] Essas intervenções prometem aumentar os capitais psicológicos dos empregados, ao mesmo tempo que garantem à corporação que tais capitais serão transformados em ativos altamente rentáveis.

Fazer "empregados felizes" – e não apenas fazer com que os empregados fiquem felizes – se tornou uma preocupação de primeira ordem, tanto que muitas empresas recorrem a especialistas para animar seus empregados, restaurar o entusiasmo com o trabalho, ajudá-los a lidar emocionalmente com demissões e sobretudo instruí-los a serem mais autônomos psicologicamente e mais flexíveis cognitiva e emocionalmente.[34] Nesse aspecto, há particular interesse na figura em ascensão do "diretor de felicidade" (*Chief Happiness Officer* – CHO) que tem brotado em um número cada vez maior de organizações dos Estados Unidos e da Europa (incluindo Zappos, Google, Lego e Ikea), descrito como um administrador de RH com uma qualificação especial: ele

---

32 James B. Avey et al., "Meta-Analysis of the Impact of Positive Psychological Capital on Employee Attitudes, Behaviors, and Performance". *Human Resource Development Quarterly*, v. 22., n. 2, 2011, pp. 127-52.
33 Carolyn M. Youssef e Fred Luthans, "Positive Organizational Behavior in the Workplace", op. cit.
34 E. Cabanas e E. Illouz, "The Making of a Happy Worker'", op. cit.; id., "Fit furs Gluck: Positive Psychologie und ihr Einfluss auf die Identität von Arbeitskräften in Neoliberalen Organisationen". *Verhaltenstherapie & Psychosoziale Praxis*, v. 47, n. 3, 2015.

acredita que empregados felizes são melhores empregados, e por isso sua principal função é promover iniciativas que aumentem a felicidade dos assalariados a fim de garantir que eles trabalharão ao máximo, continuarão motivados, sentirão prazer pelo que fazem e aumentarão a produtividade. Esses especialistas, por sua vez, afirmam empregar técnicas fundadas na ciência a fim de equipar todos com habilidades de autorregulação, técnicas para aprender-a-aprender e estratégias de resiliência que os capacitariam a tomar suas próprias decisões, administrar relações de trabalho, lidar com a incerteza, adaptar-se a mudanças e olhar a adversidade sob ângulos positivos e produtivos. De fato, a autonomia e a flexibilidade estão entre as habilidades mais valiosas de que os indivíduos devem se valer para poder prosperar na lógica instável, líquida e competitiva das corporações neoliberais.

A autonomia e a flexibilidade são características paradoxais, no entanto. A psicologia positiva promete a realização pessoal no trabalho e a emancipação do controle corporativo, porém produz o resultado oposto. Com efeito, um olhar mais atento mostra que, longe de cumprir suas promessas, as técnicas utilizadas se mostraram bastante úteis para que as organizações forçassem os trabalhadores a internalizar o controle corporativo, colocassem em segundo plano as condições objetivas de trabalho quando se trata de satisfação com o emprego e tornassem as contradições e a exploração mais toleráveis e mesmo aceitáveis aos olhos dos empregados.

Comportamento organizacional positivo

A passagem cada vez mais intensa do controle externo para o autocontrole tem sido efetuada sobretudo graças à noção de "cultura corporativa", segundo a qual a relação entre o trabalhador e a empresa não seria mais mediada por um contrato, mas por um laço moral de confiança e comprometimento mútuos. Esse novo contrato apresenta os interesses da corporação e de seus empregados não como complementares, mas como idênticos. Desse modo, a confiança e o compromisso se tornam a outra face do autocontrole. Ainda que as corporações neoliberais não exerçam o controle por meio de mecanismos explícitos e externos ou de promessas de segurança no trabalho e de progresso profissional, esses mecanismos não desapareceram da esfera organizacional. Em vez disso, as empresas optaram por formas internas de fazer com que os trabalhadores se identifiquem com elas. No lugar de um controle vindo de cima, elas procuram moldar os empregados como unidades ativas para a internalização, exemplificação e reprodução da cultura corporativa – isto é, os princípios, valores e metas gerais da empresa.

A cultura corporativa assume a forma de um ambiente semidemocrático que ajuda os trabalhadores a criar um laço afetivo e moral de compromisso e confiança com a corporação em si e com os colegas. De um lado, a cultura corporativa intensifica a noção de pertencimento do trabalhador à empresa ao tornar o ambiente mais "familiar", o que borra as distinções entre as esferas pública e privada do empregado.[35] De outro, a cultura corporativa procura inspirar os trabalhadores a desenvolver projetos profissionais, a se compenetrar em suas tarefas, a fazer mais do que o esperado e a persistir diante das dificuldades graças a uma atenção aos aspectos positivos que transformariam o trabalho em uma situação benéfica tanto para a empresa como

[35] Eeva Sointu, "The Rise of an Ideal: Tracing Changing Discourses of Wellbeing". *The Sociological Review*, c. 53, n. 2, 2005, pp. 255-74.

para os empregados. Nesse contexto, os psicólogos positivos desenvolveram os campos do "comportamento organizacional positivo"[36] e da "administração de saúde integral"[37] para examinar o papel que desempenham estados positivos como autoeficácia, otimismo, esperança, compaixão e resiliência em engajamento e motivação para os empregados, e em investimento – maior produtividade e menores custos – para as empresas. Corporações como Google, Inc. são em geral tidas como exemplos paradigmáticos de cultura corporativa positiva:

> Empregados podem aparecer para trabalhar a hora que quiserem, podem levar seus cachorros, vestir pijamas, degustar pratos refinados de graça, fazer academia e ter um *personal trainer* sem pagar por isso, procurar um médico residente caso estejam doentes, lavar roupas e compartilhar um *espresso* em cada canto do "escritório". Esse ambiente tranquilo e divertido tem funcionado bem para a Google, Inc. porque oferece um benefício psicológico que encoraja os empregados a se comprometerem mais e a serem mais criativos e produtivos. O método de design de trabalho da Google, Inc. está se afastando da hierarquia monolítica que sufoca e repele ideias criativas. Quando pessoas altamente motivadas e capacitadas têm uma visão comum, não precisam ser controladas nos mínimos detalhes [...]. A Google, Inc. pros-

---

[36] Arnold B. Bakker e Wilmar B. Schaufeli, "Positive Organizational Behavior: Engaged Employees in Flourishing Organizations". *Journal of Organizational Behavior*, v. 29, n. 2, 2008, pp. 147-54; Thomas A. Wright, "Positive Organizational Behavior: An Idea Whose Time Has Truly Come". *Journal of Organizational Behavior*, v. 24, n. 4, 2003, pp. 437-42.

[37] Gerard Zwetsloot e Frank Pot, "The Business Value of Health Management". *Journal of Business Ethics*, v. 55, n. 2, 2004, pp. 115-24.

pera em uma cultura de "acho que posso", e não em uma burocracia tradicional de "não, você não pode".[38]

A cultura corporativa encoraja os empregados a considerar o ambiente de trabalho como um lugar privilegiado em que podem "levar uma vida plena", e os repertórios e as técnicas da psicologia positiva são úteis para moldar as subjetividades nessa direção. Assim, a noção de capital psicológico enfatiza que os trabalhadores devem ver o emprego não como uma necessidade ou um dever, mas uma oportunidade. Em seu livro *Positive Psychology Coaching: Putting the Science of Happiness to Work for your Clients* [*Coaching* de psicologia positiva: colocando a ciência da felicidade para trabalhar para os seus clientes], Biswas-Diener e Dean dizem que "nosso trabalho é tão importante para nossa identidade que afirmamos com orgulho nossa ocupação como sinônimo daquilo que somos".[39] Os indivíduos são mais realizados, segundo os autores, quando demonstram uma "orientação de vocação", o que quer dizer que trabalham porque amam fazê-lo e porque é isso que os faz florescer, e não porque "precisam":

> Em geral, pessoas com vocação amam e valorizam aquilo que fazem. Talvez sejam bem-pagos por seu trabalho, mas em geral adotam a ideia de que "fariam tudo isso de graça". [...] Essas pessoas gostam de pensar no emprego mesmo fora do expediente e é bem provável que levarão trabalho para as férias. É impor-

---

[38] Joshua Cook, "How Google Motivates Their Employees with Rewards and Perks", 2012.

[39] R. Biswas-Diener e Ben Dean, *Positive Psychology Coaching: Putting the Science of Happiness to Work for Your Clients*. Hoboken: John Wiley & Sons, 2007, p. 190.

tante notar que elas não são simples *workaholics* (ainda que algumas possam ser) que estão absorvidas exclusivamente no trabalho, mas são pessoas que acreditam estar criando um mundo melhor [...]. Eis o que pode parecer chocante: não importa se as pessoas entregam pizzas para viver ou se são cirurgiões altamente especializados, a única coisa que importa é como o trabalho é percebido.[40]

De forma conveniente, os autores conduzem as classes trabalhadora e média-baixa à força para o ideal da classe média-alta, mas deixam de abordar a questão de como exatamente seria possível desenvolver uma vocação para entregador de pizzas, caixa do McDonald's ou faxineiro de escritório.

Como critica Micki McGee, essa ideia de vocação – evocativa do protestantismo, disseminada na literatura de autoajuda e secularizada como busca e realização do eu verdadeiro – é agora amplamente oferecida como um antídoto para as incertezas ansiogênicas da nova ordem econômico-social.[41] Mas também é proposta como uma oportunidade para que indivíduos cresçam como pessoas e desenvolvam ao máximo seus potenciais como trabalhadores. Valendo-se da classificação de Peterson e Seligman de virtudes e pontos fortes positivos, os psicólogos positivos defendem a ideia de que os indivíduos que desenvolvem suas capacidades e talentos autênticos alcançam os níveis mais elevados de desempenho e os melhores resultados na vida, assim como obtêm um senso extraordinário de motivação, empolgação e realização como resultado de fazer aquilo que

---

40 Ibid., pp. 195-96.
41 Micki McGee, *Self-Help, Inc.: Makeover Culture in American Life*. New York: Oxford University Press, 2005.

estão mais bem-equipados para fazer.[42] O ambiente de trabalho, afirmam, proporcionará às pessoas um dos cenários mais privilegiados para que essas capacidades autênticas sejam exercidas, testadas e aprimoradas.

Flexibilidade permanente

Junto com o comprometimento, outro atributo importante que define a organização neoliberal é, paradoxalmente, a "flexibilidade permanente". Descrita como "a capacidade da organização de atender a uma variedade crescente de expectativas dos consumidores enquanto mantém custos, atrasos, problemas internos e perdas de desempenho no zero ou próximos do zero",[43] a flexibilidade depende mais dos trabalhadores do que de qualquer outro fator técnico. Nesse sentido, a capacidade individual de realizar tarefas de forma flexível se torna a principal fonte de produtividade corporativa, e técnicas psicológicas que procurem aprimorar essa habilidade são bastante valorizadas e desejadas.

A flexibilidade se aplica tanto a corporações (às estruturas organizacionais) quanto a indivíduos (às estruturas cognitivas e

---

[42] P. Alex Linley e George W. Burns, "Strengthspotting: Finding and Developing Client Resources in the Management of Intense Anger", in G. W. Burns (org.), *Happiness, Healing, Enhancement: Your Casebook Collection for Applying Positive Psychology in Therapy*. Hoboken: John Wiley & Sons, 2010, pp. 3-14; Christopher Peterson e M. E. P. Seligman, *Character Strengths and Virtues: A Handbook and Classification*. New York: Oxford University Press, 2004.

[43] Angel Martínez Sánchez et al., "Teleworking and Workplace Flexibility: A Study of Impact on Firm Performance". *Personnel Review*, v. 36, n. 1, 2007, p. 44.

emocionais). A flexibilização do ambiente organizacional produziu efeitos tangíveis e de baixo custo para as empresas,[44] mas os riscos e as inseguranças associados ao emprego e à produção cresceram de forma exponencial. Um novo regime de trabalho fundado em empregos menos estáveis, em tarefas mais fragmentadas e variadas e em condições mais precárias se estabeleceu. A quantidade de empregados eventuais, com jornada móvel e variável, de meio período e autônomos aumentou vertiginosamente nos últimos anos, e a proteção jurídica das empresas nunca foi tão grande para gerir a quantidade de empregados por meio de contratações e demissões; mudar as jornadas de trabalho com a introdução de turnos flexíveis e com a alocação das horas trabalhadas durante os períodos de maior produtividade; aumentar a rotação de trabalhadores; exigir o acúmulo de funções sem aumentos salariais; e assim por diante.[45] Como Uchitelle e Kleinfield já apontaram, "o que as companhias fazem para garantir a própria segurança é exatamente o que faz com que os trabalhadores se sintam inseguros".[46]

Nessa linha, Crespo e Serrano-Pascual analisaram o discurso da flexibilidade nas políticas sociais promovidas pela União Europeia. De acordo com os autores, sob a premissa de que maior flexibilidade nas condições de trabalho reverteria em mais segurança para o mercado de trabalho – cuja rigidez é vista como causa da instabilidade econômica, da perda de produtivi-

---

[44] Gabe Mythen, "Employment, Individualization and Insecurity: Rethinking the Risk Society Perspective". *The Sociological Review*, v. 53, n. 1, 2005, pp. 129-49.
[45] E. Cabanas e E. Illouz, "The Making of a 'Happy Worker'"; id., "Fit fürs Gluck", op. cit.
[46] Louis Uchitelle e N. R. Kleinfield, "On the Battlefields of Business, Millions of Casualties". *The New York Times*, 3 mar. 1996.

dade e de uma taxa mais alta de desemprego –, essas políticas enfatizaram a desregulamentação de garantias contratuais e a necessidade de flexibilidade de modo a promover a adaptação industrial e facilitar as dinâmicas da criação de trabalho.[47] Como a segurança no emprego já não pode ser garantida pelo mercado, a flexibilidade passa assim a ser a única forma pela qual as organizações e os trabalhadores podem enfrentar mudanças econômicas rápidas e imprevisíveis:

> De um lado, a flexibilidade tem a ver com movimentos bem-sucedidos ("transições") durante o curso da vida de alguém [...]. Tem a ver com a progressão dos trabalhadores para trabalhos melhores, com a "mobilidade horizontal" e o desenvolvimento otimizado dos talentos. Ela também tem a ver com organizações flexíveis de trabalho, capazes de dominar de forma rápida e eficiente novas necessidades e técnicas de produção, e tem a ver com facilitar a combinação de responsabilidades profissionais e particulares. A segurança, por outro lado, é mais do que a garantia de que um dado trabalho será mantido: tem a ver com equipar pessoas com habilidades que as tornem capazes de progredir no trabalho.[48]

Crespo e Serrano-Pascual defendem que essas políticas representam uma nova cultura cujo pilar de sustentação é o enfraquecimento da regulamentação estatal sobre o mercado de trabalho e

---

[47] E. Crespo e María Amparo Serrano-Pascual, "La psicologización del trabajo: La desregulación del trabajo y el gobierno de las voluntades". *Teoría y Crítica de La Psicología*, n. 2, 2012, pp. 33–48.
[48] Comissão Europeia, *Towards Common Principles of Flexicurity: More and Better Jobs through Flexibility and Security*. COM2007, 359. Brussels: EC, 2007, p. 5.

a normalização de um modelo de emprego que promove a responsabilidade dos indivíduos em relação à vida no mundo do trabalho – no que se incluem sucesso, desemprego e adaptação – em detrimento da responsabilidade coletiva e da solidariedade. A fragilidade política e econômica é, portanto, transformada em vulnerabilidade pessoal, e a esfera do trabalho passa a ser um domínio despolitizado e psicologizado em que os trabalhadores, e não as empresas, tornam-se o principal objeto de intervenção gerencial.

A flexibilidade legitima a transferência da incerteza corporativa para os trabalhadores,[49] e as técnicas da psicologia positiva desempenham um papel importante em ajudar os indivíduos a desenvolver suas capacidades de adaptação emocional e cognitiva. Nos termos da psicologia positiva, flexibilidade e resiliência são sinônimos. Trabalhadores resilientes não se deixariam abater por problemas e adversidades, mas perseverariam em seus esforços e os administrariam a fim de alcançar o sucesso graças à transformação de contratempos em oportunidades para autoaperfeiçoamento e desenvolvimento pessoal. De acordo com essa linha de raciocínio, tais indivíduos seriam muito mais flexíveis comportamental e cognitivamente; lidariam melhor com exigências multitarefa, com a reestruturação de papéis e a reorganização de atribuições; seriam melhores em improvisar em momentos de mudança; e se mostrariam mais capazes de usar experiências adversas a seu favor de modo a aumentar seu desempenho em tarefas subsequentes.[50] Trabalhadores resilientes também seriam menos propensos a sofrer de proble-

---

49 R. Sennett, *A corrosão do caráter*, op. cit.
50 Fred Luthans, Gretchen R. Vogelgesang e Paul B. Lester, "Developing the Psychological Capital of Resiliency". *Human Resource Development Review*, v. 5, n. 1, 2006, pp. 25-44.

mas psicológicos como depressão, estresse, burnout ou exaustão emocional. Por ser uma profissão que envolve ambientes estressantes, dificuldades interpessoais, sentimentos negativos, o testemunho de tragédias, cargas horárias excessivas e empregos de baixa remuneração, a enfermagem é apontada como um exemplo nítido de quão essencial a resiliência seria para o trabalho – policiais, bombeiros e soldados também são recorrentes na literatura positiva. Enfermeiros resilientes são usados para ilustrar como, apesar das circunstâncias adversas, qualquer um seria capaz de se adaptar, lidar e até mesmo amadurecer com experiências de vida negativas e condições hostis de trabalho.[51] Com a resiliência em primeiro plano, entretanto, parece que questões como maior alocação de recursos financeiros, aumentos salariais, oferecimento de mais férias, confrontos por maior reconhecimento no trabalho ou outras preocupações éticas se tornam problemas menos essenciais no que se refere à felicidade e à produtividade.

Não surpreende que as organizações estejam tão interessadas em promover a resiliência e a produção de empregados resilientes: invulneráveis, autorresponsáveis e adaptáveis, eles são a tampa perfeita para essa panela. A resiliência se mostrou um conceito útil para manter hierarquias implícitas, legitimar ideologias e demandas e levar os empregados a lidar com os custos psicológicos de situações instáveis e precárias. Hoje o assalariado médio transita por vários empregos ao longo da vida, mantém alguns contratos de duração limitada, trabalha

---

[51] Debra Jackson, Angela Firtko e Michel Edenborough, "Personal Resilience as a Strategy for Surviving and Thriving in the Face of Workplace Adversity: A Literature Review". *Journal of Advanced Nursing*, v. 60, n. 1, 2007, pp. 1-9.

em mais de um lugar ao mesmo tempo e dedica mais tempo e energia na transição de um trabalho para outro – uma tendência constatada tanto nos Estados Unidos como na Europa, de acordo com o Escritório Estadunidense de Estatísticas Laborais (US *Bureau of Labor Statistics*)[52] e a Eurostat.[53] Segundo um estudo recente realizado pelo LinkedIn, uma nova classe de pessoas que pulam de emprego em emprego [*job-hoppers*] acumula quase três vezes mais ocupações ao longo da vida do que indivíduos das décadas anteriores.[54] O trabalhador médio também gasta consideravelmente mais tempo e recursos pessoais com *networking* e para se ajustar às tendências sempre em transformação do mercado,[55] e uma parte cada vez maior da população economicamente ativa se esforça para conseguir fechar as contas no final do mês mesmo com dois ou mais empregos simultâneos – uma tendência que afeta tanto trabalhadores braçais como de colarinho-branco. Tudo isso acontece ao mesmo tempo que os empregados se veem diante de demandas pelo máximo desempenho possível e para que se desdobrem para reconciliar os empregos com a vida pessoal e outras responsabilidades, como a família – algo especialmente difícil para mulheres, que sofrem com salários ainda mais baixos e níveis ainda maiores de precarização e desemprego.

Ainda assim, em vez de a "resiliência" ser identificada como um eufemismo psicológico para a exigência de que os

---

52 Cf. bls.gov.
53 Cf. ec.europa.eu/eurostat/statistics-explained/index.php/Employment_statistics.
54 Cf. blog.linkedin.com/2016/04/12/will-this-year_s-college-grads-job-hop-more-than-previous-grads.
55 Alison Doyle, "How Often Do People Change Jobs?". *The Balance*, 1 maio 2017.

indivíduos tirem leite de pedra diante das condições difíceis do ambiente de trabalho, o conceito é apresentado como uma habilidade fantástica de que os empregados deveriam se valer para desenvolver seu eu no mercado de trabalho contemporâneo.[56] Dentre muitos outros exemplos, essa ideia é bem-representada no livro *Resilience at Work: How to Succeed No Matter What Life Throws at You* [Resiliência no trabalho: como ser bem-sucedido, não importa o que a vida coloque no seu caminho]. Nele, os autores afirmam que a resiliência é a capacidade psicológica mais valiosa para que os empregados se beneficiem das supostas oportunidades que acompanham os desafios do trabalho e tirem vantagem de qualquer contexto estressante a fim de florescer e continuar a crescer como indivíduos.

> Como pessoas, gostamos de acreditar que podemos aprender, mudar e ser eficientes diante de qualquer coisa que apareça na nossa frente. A habilidade de "nos safar por nossos próprios meios" tem sido uma das características mais apreciadas no ambiente de trabalho. Temos buscado nos reinventar de forma contínua nos níveis organizacional e empregatício, o que dá testemunho de nossa capacidade duradoura de adaptação diante de mudanças estressantes [...]. Pressões sociais e econômicas contemporâneas aplicadas em uma escala excepcionalmente gigantesca dificultam a adaptação profunda que esperamos alcançar. Mesmo que ainda queiramos crer em nossa capacidade para aprender, mudar e agir com eficiência diante de situações estressantes, o tumulto das mudanças de hoje pode acabar nos aba-

---

56 Romain Felli, "The World Bank's Neoliberal Language of Resilience", in S. Soederberg (org.), *Risking Capitalism*. Bingley: Emerald Group, 2016, pp. 267-95.

lando caso não tenhamos as habilidades que levam à resiliência. A resiliência sob estresse é mais importante do que nunca. Este livro trata de como ser resiliente, como ser bem-sucedido, não importa o que a vida coloque no seu caminho.[57]

O conceito de resiliência também produz um impacto enorme na assim chamada "cultura empreendedora", com o estabelecimento do empreendedorismo como uma área importante de estudo em muitas universidades, institutos de pesquisas de negócios e empresas ao longo da última década. Concebidos como pessoas resilientes, persistentes, autônomas, otimistas e automotivadas, os empreendedores são apresentados como motores da mudança social e do progresso econômico, indivíduos inovadores que aplicam ideias criativas para gerar atividade econômica graças à concretização de seus objetivos, sonhos e projetos de vida por sua própria conta e risco. Os empreendedores supostamente estão entre aqueles que mais prosperam porque têm um propósito claro na vida, estão determinados a alcançar as metas que fixam para si mesmos e se adaptam a situações adversas com otimismo. Eles também sabem como tirar vantagem das oportunidades que se apresentam, aprendem com seus erros e capitalizam sobre os fracassos em benefício próprio.

Além disso, qualquer um pode ser um empreendedor. Rico ou pobre, velho ou novo, homem ou mulher, qualquer um que se dedicar ao empreendedorismo será recompensado com uma melhora em seu bem-estar, em sua autoconfiança, em sua auto-

---

[57] Salvatore R. Maddi e Deborah M. Khoshaba, *Resilience at Work: How to Succeed No Matter What Life Throws at You*. New York: American Management Association, 2005, p. 1.

nomia, ou no senso de direção de sua vida. É isso o que Peter Greer e Chris Horst, economistas e diretores da associação cristã e pró-capitalista internacional Hope, dizem no livro *Entrepreneurship for Human Flourishing* [Empreendedorismo para o florescer humano];[58] também é a mensagem que muitos escritores de autoajuda, *coaches*, líderes motivacionais e consultores disseminam e garantem ser verdade. Todos esses profissionais compartilham de uma mesma convicção ideológica imanente de que o público deveria ter mais consciência de que o empreendedorismo é, antes de mais nada, uma jornada de autoformação que vale a pena ser iniciada.

O que eles não mencionam com tanta frequência, porém, é que, ao contrário dessa premissa compartilhada, os dados sociológicos mostram que enquanto o discurso do empreendedorismo tem sua origem em países ricos e desenvolvidos, sua disseminação e penetração são maiores em nações em que os *níveis de desemprego são altos e a economia é fraca*. Assim, os indivíduos se veem forçados a encontrar seus próprios caminhos em meio ao escasso mercado de trabalho. De acordo com a empresa Approved Index,[59] países como Uganda, Tailândia, Brasil, Camarões e Vietnã lideram o ranking dos países mais empreendedores do mundo.

---

[58] Peter Greer e Chris Horst, *Entrepreneurship for Human Flourishing*. Washington: American Enterprise Institute for Public Policy Research, 2014.

[59] Cf. blog.approvedindex.co.uk/2015/06/25/map-entrepreneurship-around-the-world.

Autonomia, outro paradoxo

Junto com o compromisso e a resiliência, a autonomia é outro resultado-chave que o comportamento positivo busca estudar e aprimorar. Ela é altamente valorizada nas organizações neoliberais porque a responsabilidade já não é mais distribuída de modo vertical, mas se dissemina e se difunde de modo horizontal: os indivíduos devem assumir uma grande fatia das contingências do trabalho, ser totalmente responsáveis pelo próprio desempenho e administrar de forma autônoma habilidades pessoais, meios materiais e o tempo necessário para atingir cada meta.[60] A autonomia acompanha as expectativas de que os trabalhadores adotem um papel ativo e criativo, auto-organizado e autônomo no desempenho de tarefas. Agentes de vendas são um bom exemplo: precisam desenvolver seus portfólios de clientes, garantir as lealdades deles, mantê-los satisfeitos e bolar ideias inovadoras que aumentem a própria produtividade ou que tornem seu próprio serviço mais eficiente. A suposição é a de que os resultados a serem obtidos – sejam eles bem-sucedidos ou não – dependem exclusivamente do próprio esforço do agente.

A autonomia, que engloba conceitos psicologicamente associados como autocontrole, autorregulação e autoeficácia, é alvo de muitas das técnicas psicológicas positivas, que vão desde aquelas que consistem em mudar estilos emocionais (definidos como o modo como os indivíduos racionalizam as causas de seus sucessos e fracassos) até aquelas que se concentram em autodeclarações positivas recorrentes, no treinamento da esperança (definida como o pensamento orientado para cer-

---

[60] E. Cabanas e E. Illouz, "The Making of a 'Happy Worker'", op. cit.; id., "Fit fürs Gluck", op. cit.

tos objetivos graças ao qual as pessoas se percebem capazes de estabelecer itinerários para as metas desejadas), na prática da gratidão e do perdão e no cultivo do otimismo.[61] De acordo com os cientistas da felicidade, o desenvolvimento e o exercício da autonomia não só são benéficos para a organização (por exemplo, com a internalização da responsabilidade e menores gastos em controle externo e vigilância), como são fundamentais para o florescer, a produtividade e o sucesso profissional dos indivíduos.[62] Assim, ao eleger a autonomia como uma das principais variáveis que explicam a felicidade pessoal e o bem-estar, os psicólogos positivos, bem como uma multidão de escritores de autoajuda, conselheiros, palestrantes motivacionais e *coaches*, oferecem uma pletora de técnicas baseadas na felicidade para a autorregulação emocional e cognitiva. Todas elas prometem aos trabalhadores que eles vão expandir suas habilidades de autocontrole de modo que possam melhorar seus desempenhos, construir relacionamentos positivos e lucrativos, administrar a raiva, desenvolver hábitos saudáveis, lidar com riscos e incer-

---

[61] Charles S. Carver, Michael F. Scheier e Suzanne C. Segerstrom, "Optimism". *Clinical Psychology Review*, v. 30, n. 7, 2010, pp. 879-89; Robert Weis, "You Want Me to Fix It? Using Evidence-Based Interventions to Instil Hope in Parents and Children", in G. W. Burns (org.), *Happiness, Healing, Enhancement*, op. cit., pp. 64-75; Shane J. Lopez, C. R. Snyder e Jennifer Teramoto Pedrotti, "Hope: Many Definitions, Many Measures", in S. J. Lopez e C. R. Snyder (orgs.), *Positive Psychological Assessment: A Handbook of Models and Measures*. Washington: American Psychological Association, 2003, pp. 91-106; K. Reivich e Jane Gillham, "Learned Optimism: The Measurement of Explanatory Style", in *Positive Psychological Assessment*, op. cit., pp. 57-74.

[62] C. Peterson e Martin E. P. Seligman, *Character Strengths and Virtues*, op. cit.

tezas, racionalizar fracassos do dia a dia de maneira positiva e produtiva, e assim por diante.

O conceito de autonomia, tal como é louvado por empresas e por cientistas da felicidade, no entanto, está crivado de sombras e de paradoxos. É uma noção que oferece com uma mão o que nega com a outra. De um lado, as corporações querem que seus empregados se autodirijam, mas também que se adaptem à cultura corporativa – o que não implica total independência, mas submissão a princípios, valores e objetivos da empresa. Elas também enfatizam a independência e a iniciativa, é verdade, mas o fazem em um contexto em que a maioria dos trabalhadores está privada de um controle real sobre suas próprias decisões, suas tarefas e seus propósitos. O tempo também é algo que está fora do controle dos empregados, que são avaliados por sua disponibilidade a qualquer momento, e a tecnologia e a internet arrastam as esferas privada e pública para ainda mais perto uma da outra. Além disso, as empresas demandam autocontrole, mas cada vez mais os empregados são submetidos a processos seletivos e a programas de incentivo sofisticados que com frequência são obscuros e difíceis de compreender. Assim, a autonomia parece não ser mais do que retórica voltada a fazer com que os assalariados façam aquilo que de outro modo não fariam caso não fossem obrigados, ou seja, se seus empregos não dependessem disso. É claro que não há nada de errado quando as corporações exigem que os empregados sejam produtivos, mas o problema é manipular e distorcer a linguagem para fazer com que eles acreditem que tudo o que a empresa faz é para o bem deles, e não para o lucro dos empregadores. Também é duvidoso levar os trabalhadores a acreditar que seus interesses são idênticos aos da empresa, já que a maioria deles não tem influência real sobre as decisões significativas dos empregadores.

De outro lado, apresentar a autonomia como intimamente relacionada à felicidade e ao desenvolvimento pessoal oculta com mais frequência do que seria desejado seu objetivo real: a internalização da responsabilidade pelos fracassos da empresa. O ônus do risco ligado às adaptações das empresas a mudanças e flutuações do mercado migrou cada vez mais para os empregados, agora integralmente responsabilizados não apenas por seus fracassos pessoais, mas também pelos fracassos das empresas. Isso gera uma pressão que para muitos é desafiadora demais para ser suportada, dados os elevados níveis de competição, de acúmulo de funções, demandas estressantes e ameaças constantes de redução de pessoal que caracterizam as organizações neoliberais em geral. Michela Marzano comenta o caso de um técnico francês na Renault que se suicidou em 2006. O relatório sobre sua morte registrou que os funcionários da empresa eram vítimas de um regime feroz de gerenciamento que os culpava pelos sucessos e fracassos da companhia; e enfatizou que, enquanto a média nacional da população em risco de suicídio é de 10%, a média entre os empregados do centro tecnológico da Renault em Guyancourt, Yvelines, chegava a mais de 30%.[63] Marzano argumenta que esse não foi de forma alguma um caso isolado: nenhuma corporação está isenta de promover uma cultura que destrói cada vez mais o tecido social constituído de solidariedade e apoio mútuo. Uma cultura corporativa que enfatiza a individualidade, a independência e a responsabilidade pessoal. Foi exatamente essa a conclusão de uma reunião de 2016 do Conselho Nacional de Relações Laborais (*National Labor Relations Board*) dos Estados Unidos, que proferiu uma

---

[63] Michela Marzano, *Programados para triunfar: nuevo capitalismo, gestión empresarial, y vida privada*. Barcelona: Tusquets, 2012.

decisão contra a T-Mobile por incluir uma cláusula obrigatória em seu manual de procedimentos que exigia que os trabalhadores mantivessem um ambiente de trabalho positivo. De acordo com a agência governamental, a noção de "ambiente de trabalho positivo" era "ambígua e vaga" e tolhia a liberdade de expressão e de organização – a decisão foi o clímax de uma série de denúncias apresentadas contra a empresa em resposta à promoção de políticas que dificultavam a organização sindical.[64]

Nesse sentido, a autonomia e a independência no trabalho podem não ser tão úteis para o aprimoramento da felicidade dos assalariados como ocorre na construção de um ambiente positivo que só é benéfico para aqueles que o impõem – assim como para aqueles que afirmam saber como construí-lo em moldes científicos. Desse modo, não importa quão fictícia a autonomia efetivamente possa ser, ela serve para o exercício de um controle real sobre os empregados e parece bastante concreta para muitos daqueles que terminam por acreditar, por convicção ou necessidade, que sua felicidade e seu valor como trabalhadores e indivíduos dependem quase por completo de seu próprio desempenho profissional.

[64] Maria Konnikova, "What Makes People Feel Upbeat at Work". *The New Yorker*, 30 jul. 2016.

CONDIÇÃO *SINE QUA NON*

A causalidade reversa entre o sucesso profissional e a felicidade traz a reboque uma transformação significativa no âmbito do trabalho. O que chamamos "inversão da hierarquia de necessidades" promove uma lógica completamente nova para a construção da identidade dos trabalhadores,[65] que não se limita à complementação de modelos já existentes de subjetividade na esfera do trabalho. Em vez disso, ela objetiva substituí-los pouco a pouco. Os psicólogos positivos canalizaram os processos culturais organizacionais pelos quais a felicidade tem sido progressivamente estabelecida como a condição *sine qua non* para o florescer no atual universo do trabalho. Ao dizer que a relação causal entre felicidade e sucesso profissional é uma das "descobertas" mais surpreendentes das últimas décadas, eles afirmam ter provado que a obtenção de altos níveis de felicidade se destaca como precondição não apenas para a melhora do desempenho e da satisfação no trabalho, mas também para aumentar as chances de que as pessoas realizem um vasto conjunto de necessidades pessoais e profissionais, como arrumar um emprego, garantir uma fonte de renda, prosperar em projetos de trabalho, estabelecer *networkings* lucrativos, manter relações de trabalho satisfatórias e lucrativas e lidar com o impacto psicológico de demandas e condições corporativas estressantes.

Ainda assim, a lógica da inversão não se circunscreve à esfera do trabalho. A afirmação de que a felicidade é precondição para a realização pessoal e o sucesso se aplica também a

---

[65] E. Cabanas e J. C. Sánchez-González, "Inverting the Pyramid of Needs", op. cit.; E. Cabanas e E. Illouz, "The Making of a 'Happy Worker'"; id., "Fit fürs Gluck", op. cit.

praticamente qualquer outra esfera da vida diária. No fim das contas, a ideia principal por trás dos repertórios e técnicas da felicidade é que pessoas felizes são não só trabalhadores mais produtivos e eficientes, mas, e o que é mais importante, também cidadãos melhores. No capitalismo do século XXI, uma poderosa indústria da felicidade veio à tona e se expandiu com a promessa simples, mas sedutora, de que, ao se transformar num eu mais feliz graças à miríade de produtos e serviços de felicidade disponíveis, o indivíduo será capaz de aumentar seu valor como sujeito social, político e econômico. O próximo capítulo desenvolve essa questão e examina os principais atributos psicológicos que sustentam a ideia do cidadão feliz.

4
EUS GRATIFICADOS À VENDA NOS MERCADOS

A publicidade se baseia em uma coisa, e apenas uma: a felicidade [...]. Mas o que é a felicidade? A felicidade é o momento que precede aquele em que você percebe que precisa de mais felicidade.
DON DRAPER, *Mad Men*

No site possibilitychange.com, milhares de pessoas postam histórias inspiradoras de transformação pessoal e triunfo diante de dificuldades, além de dicas de como assumir o controle da própria vida. Alguns *coaches*, conselheiros pessoais e escritores de autoajuda aproveitam para divulgar conhecimentos obtidos graças a seus esforços sob a forma de serviços que podem ser adquiridos a preços módicos por qualquer um que queira melhorar de vida e descobrir os segredos da felicidade. Amy Clover, hoje uma *coach* on-line profissional, é um bom exemplo. Ela compartilha suas experiências de como deixou de ser deprimida e obsessiva para se tornar alguém feliz graças à percepção de que tudo o que ela precisava fazer era dar um jeito na sua vida, assumir o controle de seus pensamentos e sentimentos e olhar para sua situação de forma mais positiva.

Sempre achei que pessoas felizes estivessem fingindo [...]. Estava tão acostumada a sofrer que não conseguia imaginar uma vida em que todos os dias fossem fáceis. Não podia conceber que a felicidade dos outros fosse real. Ou talvez não quisesse acreditar nisso [...]. Bebia em excesso e tomava remédios para emagrecer e ficar mais atraente, pois assim as pessoas passariam a se concentrar mais na minha aparência (Deus me livre se descobrissem tudo o que havia de errado comigo). Eu me sentia presa em minhas aflições, por todas as coisas que eu via como erradas em mim. Cheguei a um ponto em que tinha engolido tanto sapo que já não sabia se seria capaz de aguentar [...]. Foi ali e naquela hora que decidi mudar. Nos anos seguintes, trabalhei para superar minha depressão, por mais improvável que isso pudesse me parecer. Fracassei muitas vezes, mas, a cada vez que caía, levantava imediatamente depois. Sete anos mais tarde, sou uma *personal trainer* e uma *coach* on-line cheia de energia e determinada a fazer com que você se sinta empoderado para superar seus contratempos e descobrir a felicidade. Não importa em que etapa da vida você está: se você não está feliz, alguma coisa precisa mudar. A vida é curta demais para ser vivida em um nevoeiro de desesperança [...]. É verdade que há doenças, transtornos e situações sobre as quais você não terá controle, que não poderão ser mudadas. Mas você sempre pode escolher como reagir diante delas e o que fazer quando elas ameaçarem tomar as rédeas da sua vida [...]. Sou a maior defensora da terapia, que foi tão crucial para a minha jornada. Mesmo sem o diagnóstico de algum problema em particular, a terapia pode ajudar a organizar pensamentos e questões nebulosas que você possa estar carregando consigo e que talvez impeçam sua felicidade plena [...]. A COISA MAIS IMPORTANTE A FAZER É ESCOLHER BATALHAR PELA FELICIDADE. Por que a pessoa que está vivendo a vida dos seus sonhos não pode ser você? Por que a história de sucesso que você lê nas revistas não pode ser a sua? Por que não pode ser você a pessoa que vai mudar o mundo?[1]

Esse relato, como tantos outros, apresenta alguns dos principais aspectos que vamos desenvolver. Primeiro, ele revela o grau em que a felicidade passou a ser a medida para uma vida bem-vivida, moral ou psicologicamente. Obtê-la é hoje o ápice de uma história de aperfeiçoamento pessoal conquistado às custas de dificuldades e de autoajuda, em que contratempos são oportunidades para o crescimento. Essas histórias pressupõem que os esforços pessoais sempre compensam muito, que momentos felizes e positivos de triunfo pessoal são o lado da vida que se espera que as pessoas exibam para si mesmas e para os outros, enquanto os momentos de fraqueza, fracasso e sofrimento devem ser resolvidos na esfera privada e mantidos ocultos como se fossem sinais vexaminosos de uma psique mal domesticada. Vale mencionar que Amy está compartilhando seus problemas em público, mas isso não contradiz o que acabamos de dizer; de um lado, porque reforça ainda mais a ideia de felicidade como uma "luta", tanto consigo como com as circunstâncias ao redor; e, de outro, porque esses problemas são compartilhados apenas de forma retrospectiva, ou seja, somente depois que Amy sente estar no caminho certo que ela pode se usar como exemplo.

Em segundo lugar, essas histórias ressaltam como a felicidade é construída a partir de narrativas genéricas de autoaperfeiçoamento. O objetivo da felicidade é servir a potencialmente qualquer pessoa que esteja em qualquer situação por meio de um mesmo roteiro terapêutico que abranja todas as circunstâncias: reconhecer o problema; decidir controlar a própria vida; buscar

[1] Cf. possibilitychange.com/steps-to-change-my-life.

ajuda profissional, se necessário; e reenquadrar pensamentos e emoções sob um prisma mais positivo, como mostrado pelo autorretrato de Amy. Não se oferecem caminhos específicos para o aprimoramento. Cabe a cada um descobrir como esse roteiro universal pode se adequar à sua vida e a seus problemas (sejam eles o vício ou um relacionamento difícil). Enquanto os cientistas e os profissionais da felicidade declaram que a descoberta de sentido e de propósito na vida é essencial para uma existência mais feliz, eles nunca dizem o que exatamente faz com que alguém tenha um propósito: isso é da alçada de cada um. Uma narrativa genérica, sem substância, é extremamente plástica e dinâmica, isto é, adaptável a uma ampla gama de situações, compartilhável por muitos e capaz de se adequar às singularidades de cada pessoa. Com esses atributos a felicidade se torna facilmente mercantilizável e com potencial para acomodar qualquer um, ignorando as particularidades.

Em terceiro lugar, essas histórias partem do pressuposto de que praticamente todo mundo, não importa quão satisfeito ou chateado, sempre precisa de mais felicidade, aqui retratada como um aumento contínuo do positivo, e não mera ausência do negativo. Ela é antes de mais nada transformada em um *continuum*, isto é, não um estágio especial ou final da vida, mas um processo em curso e sem fim de aprimoramento em que os indivíduos devem sempre buscar níveis mais altos de felicidade, independentemente de como se sintam. Supõem-se que as pessoas sempre possam melhorar. Por isso a busca da felicidade leva os indivíduos a se engajar em um processo permanente de criação de si que se baseia em uma narrativa ambivalente na qual a promessa de uma versão melhor de si se combina com o pressuposto de uma incompletude fundamental do eu que põe os indivíduos numa posição em que algo sempre está em falta – mesmo que só porque a felicidade e o desenvolvimento pessoal completos sempre se revelem inalcançáveis, na medida em que são horizontes idealizados. Essa narrativa ambivalente permite que a felicidade se transforme no produto ideal para um mercado que associa intimamente a instabilidade da felicidade à constância do consumo – um elo que Don Draper, o famoso protagonista da série *Mad Men*, sintetiza com sagacidade na epígrafe deste capítulo.

Todos esses aspectos são cruciais para entender como a felicidade passou a ser tão essencial para o mercado e adquiriu uma aura distinta como mercadoria. Ela já não é mais um objetivo secundário ou um chamariz de que outros produtos se servem para atrair as pessoas com promessas vazias e estados efêmeros de prazer. Pelo contrário, passou a ser *ela mesma* um produto criado no âmago do dínamo econômico de um mercado que promete um aumento contínuo de bem-estar sob a premissa de que as expressões máximas de seus valores pessoais, econômicos e políticos equivalem à expressão máxima de seus aperfeiçoamentos pessoais – sendo a felicidade a régua suprema disso tudo.

De fato, o capitalismo do século XXI deu à luz uma enorme e poderosa economia da felicidade. E não no sentido figurado. A felicidade em si se tornou a mercadoria-fetiche da indústria global multibilionária que emergiu e continua a se expandir em torno da oferta e da demanda por uma miríade de *emodities* profiláticas – serviços, terapias e mercadorias produzidas e consumidas como técnicas científicas e formas de assistência psicológica voltadas a produzir algum tipo de transformação pessoal.[2] Esses produtos são vendidos e comprados com base na crença de

---

[2] Eva Illouz (org.), *Emotions as Commodities: Capitalism, Consumption and Authenticity*. London: Routledge, 2018.

que a felicidade é o investimento pessoal mais valioso do mundo, já que indivíduos mais felizes são mais saudáveis, adaptáveis, motivados e produtivos, além de cidadãos melhores.

É de grande importância sociológica a forte inserção da felicidade no mercado, o qual a transformou em uma de suas principais mercadorias – daí a intensificação e consolidação de sua onipresença e influência nas últimas décadas. E a recíproca é verdadeira: a conversão da felicidade em um conceito tão central para definir o valor pessoal, econômico e político de um indivíduo ofereceu ao capitalismo de consumo um conceito valioso e legítimo (aparentemente objetivo e mensurável) para ser mercantilizado.

Uma das muitas razões pelas quais a felicidade se tornou uma mercadoria tão essencial e eficiente no capitalismo de consumo é porque as *emodities* não se limitam a oferecer momentos efêmeros de prazer, fuga, esperança, consolo e assim por diante. Pelo contrário, elas redefinem, de modo mais ou menos explícito, a busca da felicidade como um estilo de vida, um hábito da mente e do espírito, enfim, um modelo de identidade que transforma os cidadãos das sociedades neoliberais em *psidadãos* [*psytizens*]. Podemos definir o *psidadão* como uma subjetividade individualista e consumista que faz com que os cidadãos de sociedades neoliberais sejam clientes para os quais a busca da felicidade se torna uma segunda natureza graças à convicção de que a funcionalidade e o valor pleno do indivíduo estão intimamente ligados à auto-otimização contínua por meios psicológicos. Como já argumentamos em outras ocasiões,[3] esse

---

[3] Edgar Cabanas, "Rekindling Individualism, Consuming Emotions: Constructing 'Psytizens' in the Age of Happiness". *Culture & Psychology*, v. 22, n. 3, 2016; id., "'Psytizens', or the Construction of Happy Individ-

modelo de identidade não apenas é consistente com os ditames econômicos da autogestão emocional, da autenticidade e do constante aprimoramento pessoal característicos da economia capitalista; por meio de um palavreado psicológico e emocional, ele também legitima essas demandas econômicas, reformulando-as e reproduzindo-as na forma de um tipo de personalidade. Desse modo, a felicidade, fortemente imbricada no mercado e moldada por ele, é entendida não como uma emoção, mas como um modelo de subjetividade específico e normativo.

Essa afirmação remete a certas críticas sociológicas da cultura terapêutica[4] e a estudos anteriores sobre a relação entre mercado e felicidade. Autores como Sam Bickley apontaram que o discurso psicológico contemporâneo sobre a felicidade

> converte com mais facilidade uma lógica de política econômica em uma prática pessoal, emocional e corporal. A vitalidade, o otimismo e as "emoções positivas" que a felicidade nos inspira não passam de manifestações do discurso neoliberal sobre empreendedorismo mobilizadas contra os vestígios do governo social que carregamos dentro de nós. A disposição para a busca

uals in Neoliberal Societies', in E. Illouz (org.), *Emotions as Commodities*, op. cit.

4   C. Lasch, *The Culture of Narcissism: American Life in an Age of Diminishing Expectations*. New York: W. W. Norton, 1979; Frank Furedi, *Therapy Culture. Cultivating Vulnerability in an Uncertain Age*. London. Routledge, 2004; James L. Nolan Jr., *The Therapeutic State: Justifying Government at Century's End*. New York: New York University Press, 1998; Sara Ahmed, *The Promise of Happiness*. Durham: Duke University Press, 2010.

oportunista de uma vida feliz é um reflexo da exaltação neoliberal de uma conduta autocentrada e competitiva.[5]

A seguir, discutiremos a conexão estreita entre a mercantilização da felicidade em suas muitas manifestações e os principais atributos psicológicos que essas mercadorias, intimamente associadas ao conhecimento científico e aos especialistas, pressupõem e visam. Tais atributos constituem a personalidade prototípica de cidadão feliz e funcionalmente otimizado (ou *psidadão*). Consideramos a *autogestão emocional*, a *autenticidade* e o *florescer* os três atributos psicológicos que mais bem definem essa personalidade em suas interações com a indústria da felicidade. Mesmo que os três estejam rigidamente interconectados, analisaremos um de cada vez.

ADMINISTRE SUAS EMOÇÕES!

A autogestão é um dos atributos-chave que definem o indivíduo feliz. Indivíduos felizes são, acima de tudo, aqueles que sabem administrar seus pensamentos de forma racional e estratégica a fim de se motivar, persistir na conquista de metas mesmo diante de adversidades e agir para maximizar as chances de sucesso. Escritores de autoajuda, *coaches*, psicólogos positivos e muitos outros especialistas da felicidade concordam que a aquisição e o desenvolvimento de habilidades de autoestima são da maior importância para obter resultados significativos e desejáveis

---

5 S. Binkley, *Happiness as Enterprise*, op. cit, p. 163.

em todas as esferas da vida diária[6] – como Peterson e Seligman escrevem em seu "manual de sanidades", por exemplo, "crianças, adolescentes e adultos que exercem de forma consistente o músculo do autocontrole são indivíduos mais felizes, mais produtivos e mais bem-sucedidos".[7]

Esse pressuposto tem sido um dos assuntos fundamentais para autores que, na linha de Foucault, argumentam que a insistência na autogestão contribui para a afirmação errônea, mas ideologicamente adequada, de que a vida pode ser controlada à vontade, o que torna a pessoa mais vulnerável à crença de que ela é responsável por tudo que lhe acontece.[8] Essa crença é ainda mais intensificada por um discurso positivista e científico que, ao transformar a autogestão em habilidade pessoal e carac-

---

[6] Wilhelm Hofmann et al., "Yes, But Are They Happy? Effects of Trait Self-Control on Affective Well-Being and Life Satisfaction". *Journal of Personality*, v. 82, n. 4, 2014, pp. 265-77; Derrick Wirtz, Juliann Stalls, Christie Napa Scollon e Karl L. Wuensch, "Is the Good Life Characterized by Self-Control? Perceived Regulatory Success and Judgments of Life Quality". *The Journal of Positive Psychology*, v. 11, n. 6, 2016, pp. 572-83, Denise T. D. de Ridder et al., "Taking Stock of Self-Control". *Personality and Social Psychology Review*, v. 16, n. 1, 2012, pp. 76-99.
[7] Christopher Peterson e M. E. P. Seligman, *Character Strengths and Virtues: A Handbook and Classification*. New York: Oxford University Press, 2004, p. 38.
[8] Heidi Marie Rimke, "Governing Citizens through Self-Help Literature". *Cultural Studies*, v. 14, n. 1, 2000, pp. 61-78; Fernando Ampudia de Haro, "Administrar el yo: literatura de autoayuda y gestión del comportamiento y los afectos". *Revista Española de Investigaciones Sociológicas (Reis)*, v. 113, n. 1, 2006, pp. 49-75; S. Binkley, "Happiness, Positive Psychology and the Program of Neoliberal Governmentality". *Subjectivity*, v. 4, n. 4, 2011, pp. 371-94; Nikolas Rose, *Inventing Our Selves. Psychology, Power and Personhood*. London: Cambridge University Press, 1998.

terística psicológica, converte uma exigência ideológica num atributo natural e universal. De fato, os cientistas da felicidade supõem que os indivíduos são equipados de um mecanismo psicológico ou de um músculo interior que permitiria que o eu fosse totalmente governado pelo eu, sobretudo quando exercitado e desenvolvido com as técnicas psicológicas certas.

Transforme a felicidade em um hábito

Aprimorar a saúde mental e física, prevenir doenças, ajudar a suportar o estresse, lidar com sentimentos de impotência e racionalizar fracassos de modo mais positivo e produtivo: são essas as promessas de um amplo leque de técnicas que, "baseadas na ciência", podem se adequar às necessidades ou circunstâncias de qualquer um. Algumas visam alterar estilos cognitivos e emocionais – ou seja, como racionalizar as causas de sucessos e fracassos –,[9] outras se concentram em repetir chavões de autoafirmação.[10] Há ainda técnicas voltadas para treinar a esperança – "pensamento orientado por objetivos em que as pessoas percebem que podem produzir itinerários para metas desejadas (*pathway thinking*) e a

---

9 Karen Reivich e Jane Gillham, "Learned Optimism: The Measurement of Explanatory Style", in C. R. Snyder e S. J. Lopez (orgs.), *Positive Psychological Assessment: A Handbook of Models and Measures*. Washington: American Psychological Association, 2003.
10 Robert Weis, "You Want Me to Fix It?: Using Evidence-Based Interventions to Instil Hope in Parents and Children", in G. W. Burns (org.), *Happiness, Healing, Enhancement: Your Casebook Collection for Applying Positive Psychology in Therapy*. New Jersey: John Wiley & Sons, 2012.

motivação necessária para segui-los (*agency thinking*)"[11] –, praticar a gratidão e o perdão ou cultivar o otimismo – "uma diferença individual variável que reflete em que medida as pessoas mantêm expectativas favoráveis sobre o futuro".[12] Todos esses métodos compartilham alguns atributos. De um lado, são feitos sob medida para um consumo rápido; nenhum visa a uma mudança profunda ou estrutural da psique, pelo contrário: são voltados para aspectos práticos e que podem ser facilmente compreendidos, controlados, administrados e alterados pelos próprios indivíduos. De outro, dizem proporcionar retornos rápidos e mensuráveis em troca de pouco investimento e esforço; em vez de conduzir a análises psicológicas detalhadas e complexas, eles se concentram em diretrizes fáceis, rápidas e baratas para resolver dilemas e transformar problemas diários em estímulos produtivos de forma efetiva.

A fim de serem mais vendáveis, essas técnicas obliteram logo de saída qualquer referência ao inconsciente – que por definição implica uma falta de agência ao supor que certos aspectos da psique estão fora do alcance dos indivíduos. Ele é substituído pela ideia de que a psique é em sua totalidade cognoscível, propensa ao escrutínio matemático e aberta à manipulação do próprio indivíduo. Em segundo lugar, tais técnicas se revestem de uma linguagem mais coloquial, menos técnica – otimismo, esperança, autoafirmação, gratidão, satisfação etc. –, e assim são de uso e compreensão mais fáceis. Isso é especial-

[11] Shane J. Lopez, C. R. Snyder e Jennifer Teramoto Pedrotti, "Hope: Many Definitions, Many Measures", in S. J. Lopez e C. R. Snyder (orgs.), *Positive Psychological Assessment: A Handbook of Models and Measures*. Washington: American Psychological Association, 2003, p. 94.
[12] Charles S. Carver, Michael F. Scheier e Suzanne C. Segerstrom, "Optimism". *Clinical Psychology Review*, v. 30, n. 7, 2010, p. 1.

mente relevante quando os indivíduos são retratados como "autoterapeutas", isto é, dotados da capacidade interior de se curar e detentores de conhecimento e compreensão mais detalhados sobre seus problemas, medos, necessidades, metas etc. Em terceiro lugar, retratam o autocontrole como um processo pelo qual os indivíduos devem evitar emoções, memórias ou autoavaliações negativas, concentrando-se em conquistas pessoais, pontos fortes, sentimentos e memórias positivos, sonhos, expectativas etc.

No fim, todas elas querem fazer da felicidade um hábito, um comportamento interiorizado e automatizado, parte integral das tarefas cotidianas das pessoas. Essa meta é um tema recorrente na psicologia positiva, no *coaching* e em todo um gênero de literatura de autoajuda que – de Samuel Smiles e Horatio Alger a Norman Vincent Peale, de Nicholas Hill até Daniel Carnegie ou Anthony Robbins – insiste que o modo mais eficaz de obter a felicidade consiste em transformar sua busca em hábito. A psicóloga positiva Sonja Lyubomirsky, por exemplo, foi contundente ao defender essa ideia.

> O objetivo de todos nós deveria ser transformar o pensamento e as estratégias comportamentais positivas em hábitos [...]. Deveríamos almejar o fomento do hábito de uma atividade da felicidade: perdoar, saborear, crescer como pessoa, olhar as coisas pelo lado bom e enumerar as bênçãos já recebidas. Procurar fazer isso de forma inconsciente e automática. Esse tipo de hábito ajuda a superar os obstáculos para implementar as atividades da felicidade [...]. A mensagem deste livro pode ser entendida como uma exortação ao estabelecimento de hábitos novos e saudáveis. Já que atividades como olhar para o lado bom das coisas, aproveitar o momento, praticar o perdão e batalhar por objetivos de vida

importantes fazem diferença para a sua felicidade, é sem dúvida uma boa ideia fazer de sua prática um hábito.[13]

Nessa linha de raciocínio, conceitos que combinam capacidade de autocontrole com administração eficiente da vida emocional, tal como "inteligência emocional", ganharam importância para caracterizar o indivíduo feliz. Definida como "a capacidade de perceber e expressar emoções com clareza e administrá-las para o crescimento emocional",[14] a inteligência emocional deixou de ser considerada um oximoro e passou a ser uma das competências mais importantes que o indivíduo deve ter para obter sucesso em quase todas as esferas da vida e sobressair no mundo do trabalho em particular e na economia de mercado em geral. Noções como inteligência emocional são expressões de uma demanda social muito mais ampla por racionalidade emocional, firmando as emoções na esfera privada da responsabilidade individual. Hoje as emoções estão no centro do *ethos* terapêutico de cuidado pessoal nas sociedades neoliberais: são vistas como uma das principais fontes de saúde mental e física e de adaptação social, mas também como a origem do sofrimento, do desajuste social e dos transtornos mentais e físicos – e, assim, exige-se que os indivíduos se esforcem para regulá-las e administrá-las de forma correta. A demanda pela autogestão emocional se projeta como um dos elementos-chave para o incentivo do consumo, na medida em que aquilo que move os consumi-

---

[13] Sonja Lyubomirsky, *The How of Happiness: A Scientific Approach to Getting the Life You Want*. New York: Penguin, 2007, pp. 280-81.
[14] Marc A. Brackett, John D. Mayer e Rebecca M. Warner, "Emotional Intelligence and Its Relation to Everyday Behaviour". *Personality and Individual Differences*, v. 36, n. 6, 2004, p. 1389.

dores não é tanto o desejo por mais status, mas pelo governo e o controle eficientes de sua vida emocional,[15] algo que tem sido ao mesmo tempo moldado e canalizado por uma indústria da felicidade que se expande nos mercados analógicos e virtuais.

Colocando o "app" em *happiness*

Consideremos o seguinte caso: com mais de 3 milhões de usuários em sua versão em inglês, o Happify é um dos aplicativos de smartphone mais populares de um mercado virtual de mercadorias da felicidade que se expande exponencialmente. Como tantos aplicativos similares vendidos sob os rótulos "Saúde e Boa Forma", "Bem-estar", "Autoajuda", "Desenvolvimento Pessoal" ou simplesmente "Felicidade" (como por exemplo Track Your Happiness, Happy Life, Happy Habits: Choose Happiness, Happier, The H(app)athon app), o Happify permite o monitoramento em tempo real das emoções do usuário a fim de oferecer exemplos de como trabalhar estados emocionais e pensamentos positivos e de modo a instruir o sujeito sobre como alcançar metas mais ambiciosas em diferentes esferas da vida ou a aumentar seu nível de felicidade. O acesso integral ao aplicativo custava 14,95 dólares por mês no final de 2018.

Para acessá-lo, o usuário primeiro precisa se cadastrar e especificar metas pessoais, avaliar o nível inicial de felicidade e preencher uma versão simplificada da pesquisa Valores em Ação (*Values in Action* – VIA) – o questionário que Seligman e Peterson

---

15 E. Illouz, *O amor nos tempos do capitalismo* [2007], trad. Vera Ribeiro. Rio de Janeiro: Zahar, 2011; Gilles Lipovetsky, *La felicidad paradójica*. Barcelona: Editorial Anagrama, 2007.

desenvolveram em 2004 para detectar os pontos fortes interiores e autênticos das pessoas. O aplicativo oferece vários percursos. "Lide melhor com o estresse", "sinta-se menos sobrecarregado por ter que trabalhar e cuidar de seus filhos", "motive-se a ser bem-sucedido", "encontre sua vocação" e "construa um casamento mais forte" são apenas alguns deles. O aplicativo também recomenda percursos "básicos", como "vença os pensamentos negativos". Esse percurso é apresentado como uma atividade baseada em estudos científicos criada pelo *coach* Derrick Carpenter, um psicólogo positivo que ostenta um mestrado em psicologia positiva aplicada pela Universidade da Pensilvânia e que "treina qualquer um em psicologia positiva e em resiliência emocional, desde executivos que figuram na lista dos mais ricos do mundo da *Forbes* até oficiais das Forças Armadas dos Estados Unidos e donas de casa". As primeiras duas atividades propostas nesse percurso são "mudança positiva" e "vitórias de hoje". Em ambas, os usuários são instruídos sobre o poder da positividade, encorajados a refletir sobre o que fazer e incentivados a se concentrar na mais recente conquista para si mesmos. A promessa, caso os usuários superem possíveis ceticismos e sigam à risca as instruções, é que suas pontuações de felicidade dobrarão dentro de poucos dias.

Quando o percurso é concluído, novos programas são apresentados. O aplicativo não para de oferecer pontos de felicidade como recompensa quando as tarefas são concluídas com eficiência; monitora os aprimoramentos emocionais ao longo do processo; e disponibiliza estatísticas diárias sobre a "boa forma emocional" dos usuários. Ele também inclui a possibilidade de cruzar essas estatísticas com informações fisiológicas como batimentos cardíacos, padrão de sono e outras atividades físicas monitoradas com o uso complementar de smartwatches ou dos acelerômetros que são incluídos em muitos aparelhos. Além disso, o aplicativo recomenda que os usuários compartilhem em tempo real seus dados emocionais e físicos com outros usuários e amigos por meio da seção "comunidade", que troquem dicas e conselhos e participem de desafios on-line para descobrir "quem é mais feliz". Além de pacotes para usuários comuns, o Happify oferece planos para usuários premium em categorias como "família e crianças", "amor e intimidade" e "trabalho e dinheiro", esta última uma modalidade especial voltada ao treinamento de empregados em emoções positivas que tem como objetivo torná-los mais produtivos, focados e engajados no ambiente de trabalho. Os planos prometem aos assalariados "um retorno substancial em troca de um pequeno investimento" graças a exercícios simples mas capazes de mudar mentalidades. Um depoimento de um usuário transcrito do site do aplicativo diz o seguinte:

> As habilidades que aprendi com o Happify me ajudaram a lidar de outra forma com minhas dificuldades. Também me sinto mais motivado e produtivo no trabalho – antes eu era um procrastinador, agora sou alguém que faz acontecer. Hoje não deixo o trabalho acumular e penso de forma mais positiva, o que aumentou minha felicidade e minha confiança diante da vida.[16]

Um dos aspectos mais atraentes desses aplicativos é que todos eles se orgulham de oferecer "soluções eficientes e fundadas em evidências científicas para uma melhor saúde emocional e o bem-estar no século XXI".[17] A ciência é aqui evocada para aumentar o valor agregado do aplicativo. Uma olhada rápida no site do Happify logo leva o usuário à seção "os experts por trás

---

16 Cf. my.happify.com.
17 Ibid.

do Happify", na qual psicólogos positivos renomados como Barbara Fredrickson ou Sonja Lyubomirsky encabeçam uma longa lista de colegas, *coaches* e cientistas sociais que recomendam o aplicativo. Nesse aspecto, o site anuncia que "os percursos do Happify foram criados em conjunto com alguns dos melhores e mais brilhantes cérebros – especialistas, pesquisadores e profissionais com prática no mercado – que acreditam no que estão fazendo e são apaixonados por melhorar a vida das pessoas". Na verdade, os benefícios são mútuos. Muitos pesquisadores veem esses tipos de aplicativos de smartphone como tecnologias altamente acessíveis, versáteis e baratas, capazes de moldar o futuro da pesquisa em felicidade e alçá-la a novos patamares.[18] Em 2016, a plataforma Happify Labs foi lançada com vistas a "colaborar com pesquisadores da felicidade de todo o mundo para acelerar a ciência da psicologia e a da neurociência positivas". A plataforma, que já em 2017 havia arrecadado 9 bilhões de dólares, tem acesso a dados em larga escala – que podem ser usados para pesquisas científicas – sobre padrões comportamentais, comentários, feedbacks e informações pessoais de usuários. Nesse sentido, um dos objetivos da iniciativa é

> permitir que a empresa se junte aos pesquisadores acadêmicos na condução de testes clínicos sobre intervenções de saúde comportamental que envolvam a psicologia e a neurociência positivas. Os pesquisadores ganhariam acesso aos dados dos usuários do Happify. A unidade opera com parceiros comerciais para

---

18 Annika Howells, Itai Ivtzan e Francisco Jose Eiroa-Orosa, "Putting the 'App' in Happiness: A Randomised Controlled Trial of a Smartphone-Based Mindfulness Intervention to Enhance Wellbeing". *Journal of Happiness Studies*, v. 17, n. 1, 2016, pp. 163-85.

aprimorar o acesso a soluções baratas e prontamente disponíveis para a saúde mental e o bem-estar. As ambições para uma nova unidade incluem abordagens sob demanda voltadas à resiliência, ao *mindfulness*, à depressão, à ansiedade, às dores crônicas e aos transtornos de humor.[19]

O sucesso do Happify e de *emodities* da felicidade similares se equilibra sobre uma relação íntima e recíproca entre a quantificação e a comercialização da felicidade. Independentemente da veracidade da afirmação de que a felicidade é algo bom em si mesmo (como defendem os economistas da felicidade), se ela houvesse permanecido apenas uma qualidade ou um valor abstrato, não poderia ter sido inscrita de modo tão profundo nem nos sistemas nacionais de contabilidade de políticas públicas, nem nos processos deliberativos em larga escala, nem na esfera do mercado. Para que certo domínio seja governável e vendável, são necessários não só conceitos e repertórios que falem e pensem sobre ele, mas também métodos de quantificação, avaliação, comensuração e cálculo de sua eficácia como valor.[20] A medição permite o cálculo do retorno específico que os indivíduos e as corporações vão auferir em dimensões diferentes da vida graças ao consumo e à aplicação da felicidade. Ela também adiciona uma aura de credibilidade e legitimidade à mercadoria. Nesse sentido, o Happify é vendido não como simples diversão ou entretenimento, mas com a promessa de que a eficácia que ofe-

---

19 Stephanie Baum, "Happify Health Raises $9m to Expand Behavioral Health Research Business (Updated)". *MedCity News*, 15 ago. 2017.
20 Wendy N. Espeland e Mitchell L. Stevens, "A Sociology of Quantification". *European Journal of Sociology*, v. 49, n. 3, 2008; N. Rose, "Governing by Numbers: Figuring out Democracy". *Accounting, Organizations and Society*, v. 16, n. 7, 1991, pp. 673-92.

rece tem bases científicas – o aplicativo sustenta, por exemplo, que 86% de seus usuários mostram um aumento significativo de felicidade depois de oito semanas de uso regular.

A suposta relação de custo-benefício entre investimento e resultados é outro forte atrativo com que a ciência e a indústria da felicidade introduziram e institucionalizaram com tanta potência a felicidade no interior das esferas da política, do consumo e das organizações. As mercadorias da felicidade são de modo geral oferecidas como recursos que custam pouco e trazem vantagens diretas quer para o consumidor quer para terceiros, seja na forma de estratégias preventivas ou de técnicas mais eficientes para lidar com problemas – logo, de economia de dinheiro para indivíduos em tratamento psicológico; seja no fortalecimento e no aumento da resistência da saúde mental e física – logo, em economia de dinheiro para instituições de saúde e para seguradoras; ou, ainda, na melhora do desempenho no trabalho, em ganhos de motivação, em maior engajamento com tarefas e em um menor absenteísmo – logo, em economia de dinheiro para corporações com problemas gerenciais e de recursos humanos.

E, o que é mais importante, o sucesso desses aplicativos de automonitoramento indica não apenas em que extensão se exige que indivíduos assumam a responsabilidade por sua saúde e seu bem-estar, mas também o quão dispostas as pessoas estão a aceitar (e a gostar de) se monitorar e se gerenciar todos os dias. Não surpreende que, por detrás da promessa do aumento da felicidade individual, esses aplicativos constituam instrumentos de uma vigilância em massa na qual emoções, pensamentos e sinais vitais são usados em escala massiva na forma de estatísticas a fim de gerar perfis e possibilitar a pesquisa, a previsão e o direcionamento do comportamento dos indivíduos. O que mais espanta aqui é a quantidade de pessoas que, para o lucro das grandes empresas, abraçaram esses processos de autovigilância. Isso é um indicativo de que os indivíduos das sociedades neoliberais, em especial as gerações mais novas, internalizaram de forma bastante profunda o mantra de que uma vida escrutinada e autogerida é a vida mais rica e valiosa que se pode viver. Esse mantra, também presente na ética neoliberal e no discurso científico e popular da felicidade, é ainda mais disseminado e transmitido por esse tipo de aplicativo, que toma essa demanda ideológica como ponto de partida (e toma como ponto de partida que também seus usuários a tomam como ponto de partida), além de transformar a autovigilância em um jogo supostamente inofensivo.

Ainda que possam passar a sensação de que são os usuários que estão no controle de sua vida física e emocional – ou seja, que estão fazendo o que supostamente seria o melhor para sua saúde e bem-estar –, esses aplicativos tendem a obscurecer algumas questões importantes. Eles camuflam, por exemplo, que encorajam o indivíduo a ficar extremamente absorto em sua vida interior e que o estimulam a uma preocupação constante em atingir níveis mais elevados de controle sobre seus pensamentos, emoções e corpo. Seu lado sombrio é o incentivo a novas modalidades de descontentamento motivadas por checagens, monitoramentos e correções diárias de nossos estados interiores. A promessa sedutora de autogestão total e instantânea se transforma em ameaça: o não engajamento na autovigilância constante traz a reboque o perigo de nos tornarmos seres infelizes e desregrados que não se importam muito consigo mesmos.

Além disso, esses aplicativos reificam a interioridade. Ao propor a captura e a quantificação da psique dos usuários com precisão cirúrgica, eles conferem uma aparência externa à interioridade e a retratam de forma objetiva com o auxílio de imagens, números, tabelas e gráficos coloridos. Mas, em vez de monitorar e gerenciar a si mesmo de forma precisa, o indivíduo exerce sua subjetividade e identidade por meio desses aplicativos. Nesse sentido, não estaria descobrindo e administrando quem ele é na verdade, mas moldando seu eu de acordo com certos pressupostos e demandas sobre como pensar, agir e sentir. E isso também se aplica ao segundo atributo a ser explorado aqui: a autenticidade.

SEJA VOCÊ MESMO!

A autenticidade é outro componente central para definir a personalidade feliz. Em seu célebre livro *Tornar-se pessoa*, o psicólogo humanista Carl Rogers definiu a autenticidade de forma um tanto quanto kierkegaardiana e existencialista: "ser o que realmente se é".[21] De acordo com Rogers, a autenticidade é não ter medo de expressar sentimentos e ideias próprios "ao invés de apresentar uma fachada externa de uma atitude, ao mesmo tempo em que mantenho uma outra atitude em um nível mais profundo ou inconsciente".[22] Assim, o processo de tornar-se pessoa implica dois aspectos principais. Primeiro, depende da percepção de que os problemas psicológicos se originam em nosso interior e são sobretudo uma questão de perspectiva pessoal: "o comportamento não é diretamente influenciado ou determinado por fatores orgânicos ou culturais, mas em primeiro (e talvez único) lugar, pela percepção que se tem desses elementos. Em outras palavras, o elemento crucial para determinar o comportamento é o campo de percep-

---

21 Carl Rogers, *Tornar-se pessoa* [1961], trad. Manuel José do Carmo Ferreira e Alvamar Lamparelli. São Paulo: WMF Martins Fontes, 2017, p. 185.
22 Ibid., pp. 37-38.

ções do indivíduo".[23] Além disso, o tornar-se pessoa dependeria da descoberta das competências e capacidades que aos indivíduos pareceriam autênticas. Em *Motivation and Personality* [Motivação e personalidade], Maslow declara que a realização pessoal resultaria da identificação e da prática daquilo que fosse mais adequado ao indivíduo: "um músico deve compor músicas, um artista deve pintar e um poeta deve escrever caso pretendam em algum momento estar em paz consigo mesmos".[24] Os indivíduos crescem como pessoas ao se dedicarem àquilo que fazem melhor; a prática de suas habilidades e interesses interiores os levaria a uma vida psicologicamente saudável e plena.

Os psicólogos positivos se valeram dessa abordagem para a autenticidade, que também teria a ver com "se portar de forma genuína e agir de modo sincero", "viver sem fingimentos" e "assumir a responsabilidade por seus próprios sentimentos e atitudes".[25] De modo similar, também afirmam que os indivíduos que agem com autenticidade obtêm resultados ótimos e positivos "como consequência de sua dedicação àquilo que fazem de melhor".[26] Ainda assim, e ao contrário da psicologia humanista e de outras abordagens culturais antes dela – como os movimentos românticos na segunda metade do século XIX[27]

23 Id., "Some Observations on the Organization of Personality". *American Psychologist*, v. 2, n. 9, 1947, p. 362.
24 Abraham H. Maslow, *Motivation and Personality*. New York: Harper & Row, 1970, p. 46.
25 C. Peterson e M. E. P. Seligman, *Character Strengths and Virtues*, op. cit., p. 29.
26 Timothy D. Hodges e Donald O. Clifton, "Strengths-Based Development in Practice", in P. A. Linley e S. Joseph (orgs.), *Positive Psychology in Practice*. Hoboken: John Wiley & Sons, 2004, p. 258.
27 Kenneth Gergen, *The Saturated Self*. New York: Basic Books, 1991.

e algumas abordagens liberais positivas quanto à liberdade e ao individualismo no final desse mesmo período,[28] além de muitos dos movimentos religiosos e *new age* ao longo do século XX, em especial nos Estados Unidos[29] –, os psicólogos positivos levam essa noção de autenticidade um passo adiante e a conceitualizam como uma característica psicológica da personalidade ao reenquadrá-la na moldura de uma perspectiva evolucionista e positivista, com o que a retratam como um traço individual estável, ancorado na biologia e passível de mensuração, classificação e descrição objetivas.

Autenticidade como característica

O famoso "manual de sanidades" de Peterson e Seligman é um bom exemplo de como a psicologia positiva aborda a autenticidade. Existiria um conjunto de seis "virtudes" universais e 24 "pontos fortes" que seriam universais e profundamente "fixados na biologia a partir de um processo evolutivo que selecionou esses aspectos de excelência como um meio de resolver problemas importantes e necessários para a sobrevivência da espécie".[30] Algumas das virtudes e dos pontos fortes incluem "criatividade", "persistência", "autocontrole", "inteligência emocional", "cidada-

---

[28] Isaiah Berlin, *Four Essays on Liberty*. Oxford: Oxford University Press, 1968.
[29] Eugene Taylor, *Shadow Culture: Psychology and Spirituality in America*. Washington: Counterpoint, 1999; Beril Satter, *Each Mind a Kingdom: American Women, Sexual Purity, and the New Thought Movement, 1875-1920*. London: University of California Press, 1999.
[30] C. Peterson e M. E. P. Seligman, *Character Strengths and Virtues*, op. cit., p. 13.

nia", "liderança", "esperança" e "espiritualidade". A combinação particular e quantitativa dessas qualidades delinearia os atributos psicológicos que vão definir o que constitui a autenticidade de cada indivíduo. Segundo os autores, todos esses pontos fortes e virtudes são caracterizados por ao menos três atributos. Primeiro, é preciso que tragam satisfação aos indivíduos, isto é, que ofereçam uma sensação de autenticidade, revigoramento e entusiasmo. Segundo, tais qualidades tendem a produzir resultados desejáveis para aqueles indivíduos que as põem em prática. Terceiro, e porque se trata de características psicológicas, elas permanecem estáveis em diferentes épocas e situações. Com base nesses atributos, os psicólogos positivos disseminaram a ideia de que os indivíduos são naturalmente equipados com certo conjunto de características psicológicas que levam a "um tipo particular de comportamento, pensamento ou sensação que é autêntico e energizante para o usuário".[31]

Desse ponto de vista, a autenticidade é uma característica fundamental a ser desenvolvida e exibida em todos os domínios públicos e privados da vida. Os psicólogos positivos pressupõem que quanto mais autêntico o indivíduo, mais felicidade ele obterá de seu ambiente, de suas relações, escolhas e de qualquer atividade que venha a realizar.[32] No âmbito pessoal, uma vida autêntica é sinônimo de uma vida mental saudável. A autenti-

---

[31] P. Alex Linley e George W. Burns, Strengthspotting: Finding and Developing Client Resources in the Management of Intense Anger", in G. W. Burns (org.), *Happiness, Healing, Enhancement: Your Casebook Collection for Applying Positive Psychology in Therapy*. Hoboken: John Wiley & Sons, 2010.

[32] M. E. P. Seligman, *Felicidade autêntica: usando a nova psicologia positiva para a realização permanente* [2002], trad. Neuza Capelo. São Paulo: Objetiva, 2021.

cidade ofereceria às pessoas um alto nível de aceitação de si mesmas na medida em que elas não agiriam contra sua natureza, além de ser fonte de muita autoestima e senso de autoeficácia, qualidades fundamentais que atuam como amortecedores psicológicos contra potenciais vulnerabilidades mentais e contratempos da vida. No âmbito social, a autenticidade equivale à autonomia e à independência. Ela é vista como uma característica de indivíduos confiantes e que não têm medo de expressar sua verdadeira identidade e seu estilo de vida. Indivíduos autênticos também seriam mais confiáveis porque mais "congruentes" e "espontâneos", já que não se escondem por detrás de uma fachada. No âmbito do trabalho, ela equivale a um alto desempenho e sucesso profissional, já que indivíduos autênticos tenderiam a escolher atividades para as quais são naturalmente propensos e preparados, e assim por diante.

O mais importante aqui é que a autenticidade passa a ser essencial em um domínio econômico no qual ela é sinônimo de utilidade, mostrando-se fundamental para um mercado que ao mesmo tempo pressupõe e dissemina a ideia de que o eu é moldado de acordo com gostos e preferências pessoais: as escolhas individuais sempre refletiriam quem as pessoas são de fato e o que elas de fato querem. Isso não significa que os consumidores prefiram mercadorias originais em detrimento de produtos falsificados ou de experiências não espontâneas,[33] mas quer dizer que em qualquer modalidade de consumo há uma propensão a expressar e ao mesmo tempo reafirmar uma escolha autêntica

---

33 James H. Gilmore e Joseph B. Pine, *Authenticity: What Consumers Really Want*. Boston: Harvard Business School Press, 2007.

que se conforma a uma autoimagem.[34] Há uma sobreposição clara entre mercado e ciência da felicidade, mas a diferença está na ênfase: enquanto o mercado define a autenticidade como uma escolha entre uma pluralidade de opções que parecem ser em maior ou menor grau adequadas para o indivíduo, os apóstolos da felicidade a conceitualizam como um impulso para fazer o que parece mais natural e prazeroso. "Se alguma coisa faz com que você se sinta bem, acolha-a" – essa é uma frase que se lê em publicações de administração de empresas mas também de psicologia positiva, de autoajuda ou em treinamentos oferecidos por *coaches*.

Comercialize sua autenticidade: pessoas como marcas

Se a autenticidade se destaca como demanda social de primeira ordem e conceito vital e científico para definir uma pessoa feliz, ela também é essencial para uma indústria que oferece conselhos para identificar e desenvolver o que é psicologicamente genuíno em cada um de nós. Esses conselhos vêm de diferentes frentes e assumem formas variadas. No campo acadêmico, por exemplo, os psicólogos positivos proporcionam um vasto leque de metodologias que permitem que os indivíduos identifiquem suas habilidades interiores e autênticas e os guiem ao longo do processo de pôr em prática suas capacidades. Para tanto, eles têm à disposição uma variedade de ferramentas, como os questionários Avaliação de Pontos Fortes Individuais (*Individual*

---

34 Guy Redden, "Makeover Morality and Consumer Culture", in D. Heller (org.), *Reading Makeover Television: Realities Remodelled*. London: I. B. Tauris, 2007, pp. 150-64.

Strengths Assessment – ISA) e VIA. De nosso ponto de vista, essas ferramentas são bons exemplos de serviços terapêuticos em que profissionais e clientes interagem numa relação de trocas e na qual a autenticidade deve ser entendida como algo negociado e produzido em conjunto, e não descoberto.

Como nas técnicas de autogestão, as de autenticidade não se detêm em problemas, traumas ou aspectos psicológicos profundos, mas oferecem um processo suave, indolor e rápido de autodescoberta que se concentra em experiências, memórias e perspectivas positivas. Por um lado, os psicólogos positivos Linley e Burns enfatizam que "as questões que compõem o ISA são projetadas para encorajar as pessoas a falar sobre suas melhores experiências, seus prazeres, seus sucessos mais notáveis, o âmago de seu ser e o momento em que estão mais dispostas",[35] já que clientes fixados em aspectos negativos tendem a estreitar o foco de suas atenções, parar de interagir e se afastar. Por outro lado, metodologias como o ISA prometem que, depois de poucas sessões terapêuticas e de acompanhamento, os clientes serão capazes de interiorizar os processos de autodescoberta e trabalhar neles por conta própria, o que fará desse tipo de autorreflexão um hábito saudável – "Ajude seus clientes a desenvolver o hábito de fazer coisas em que eles queiram focar e deixe que esse hábito crie um foco natural para eles".[36]

Em áreas profissionais e populares como o *coaching*, a literatura de autoajuda, a orientação profissional e a administração de empresas para leigos, os conselhos sobre a autenticidade em

---

[35] P. Alex Linley e G. W. Burns, "Strengthspotting", op. cit., p. 10.
[36] Bill O'Hanlon, "There Is a Fly in the Urinal: Developing Therapeutic Possibilities from Research Findings", in G. W. Burns (org.), *Happiness, Healing, Enhancement*, op. cit., p. 312.

geral se concentram em ensinar os indivíduos a transformar o valor simbólico de suas capacidades genuínas em poderosos ativos emocionais e econômicos. Nesse sentido, esses "especialistas no desenvolvimento profissional" se valem de repertórios e ferramentas desenvolvidos pelos psicólogos positivos, mas canalizam a autenticidade como uma forma eficaz de "criação de uma marca pessoal", uma noção que, sobretudo nos últimos anos, rendeu uma enxurrada de livros, revistas, páginas da internet e programas de treinamento. Autores como Lair, Sullivan e Cheney analisaram de forma detalhada e crítica a evolução histórica e as consequências sociais desse fenômeno: a criação de marcas pessoais deveria ser vista muito mais do que uma estratégia simples e necessária para que os indivíduos encontrem seus caminhos no contexto do turbilhão econômico e da competição no mercado de trabalho – seria um sintoma visível de um processo crescente de responsabilização pessoal, assim como um conceito útil para legitimar um mundo profissional altamente individualizado que ressoa em alto e bom som o *mythos* do sucesso-pelo-próprio-esforço que caracteriza a ideologia neoliberal.[37]

A marca pessoal é um exemplo *par excellence* da mercantilização da autenticidade, isto é, da automercantilização. Definida como a arte de investir em si mesmo para potencializar as chances de sucesso, a satisfação e a empregabilidade dos indivíduos, esse conceito funde os princípios do desenvolvimento de produtos e da publicidade com a ideia de autenticidade, com vistas à autopromoção dos indivíduos. As marcas pessoais retratam os indiví-

---

[37] Daniel J. Lair, Katie Sullivan e George Cheney, "Marketization and the Recasting of the Professional Self: The Rhetoric and Ethics of Personal Branding". *Management Communication Quarterly*, v. 18, n. 3, 2005, 307-43.

duos como produtos que devem definir o que os torna diferentes, autênticos e indispensáveis, quais pontos fortes e virtudes podem oferecer e que são distinguíveis e lucrativos, quais valores pessoais inspiram em outros indivíduos – autoaperfeiçoamento, ambição, coragem, habilidades sociais, criatividade etc. – e quais estratégias podem empregar a fim de comercializarem a si mesmos como marcas de um modo mais produtivo e, assim, melhorar suas oportunidades de trabalho e sucesso profissional. Uma vez definida sua singularidade, o indivíduo ainda precisa aprender as artes da autoexpressão e da persuasão, e adquirir habilidades sociais que possibilitem influenciar pessoas e administrar relacionamentos de forma eficiente. Para tanto, inúmeros *coaches*, consultores e orientadores pessoais divulgam seus serviços em centenas de revistas de negócios, sites de internet e plataformas virtuais para contribuir na construção de uma marca pessoal competitiva por meio do marketing e da exploração das capacidades autênticas de cada um, em especial nas mídias sociais.

Autenticidade 2.0

Em *The Happiness Effect: How Social Media Is Driving a Generation to Appear Perfect at Any Cost* [O efeito felicidade: como as mídias sociais estão levando uma geração a querer parecer perfeita a qualquer custo], Donna Freitas escrutina o impacto que a onipresença do discurso da felicidade produz nas redes sociais, e em especial nas gerações mais novas – em que medida os adolescentes interiorizaram a ideia de que devem sempre parecer felizes, custe o que custar? Essa ideia vai além das fronteiras culturais, sociais e raciais e permeia as novas gerações de modo indiscriminado:

As faculdades e universidades que visitei são incrivelmente diversas – em termos geográficos, étnicos, socioeconômicos, de afiliação religiosa (ou laicas) e de prestígio. Em todas, um tema comum e central surgiu como a questão mais urgente a respeito das mídias sociais: a importância de *parecer* feliz. E não apenas feliz, mas, como alguns estudantes me informaram, pleno, em êxtase, capaz até mesmo de inspirar os outros. Ouvi essas palavras em uma das instituições mais prestigiadas dos Estados Unidos e em uma escola cuja posição nos rankings de excelência é bem modesta. O imperativo transcende todas as categorias demográficas [...]. Os estudantes aprenderam que sinais de tristeza e vulnerabilidade são muitas vezes retribuídos com silêncio, rejeitados ou, pior, ridicularizados. Parecer feliz nas mídias sociais – o dever de parecer feliz – mesmo que você esteja deprimido e sozinho é tão fundamental que quase todos com quem falei a mencionaram em algum momento. E alguns praticamente não falavam de outra coisa.[38]

O imperativo da felicidade, documentado por autores como Barbara Ehrenreich mais de uma década atrás,[39] parece ter hoje encontrado nas mídias sociais maior alcance e disseminação, sobretudo entre os assim chamados nativos digitais. Uma demanda entranhada e opressiva é imposta às gerações mais jovens para que façam a curadoria da própria imagem e criem uma versão autêntica (mas exclusivamente positiva) de si para

---

38 Donna Freitas, *The Happiness Effect: How Social Media Is Driving a Generation to Appear Perfect at Any Cost*. New York: Oxford University Press, 2017, pp. 13-15.
39 Barbara Ehrenreich, *Sorria: como a promoção incansável do pensamento positivo enfraqueceu a América* [2009], trad. Maria Lúcia de Oliveira. São Paulo: Record, 2013.

se comunicar via mídias sociais. A incapacidade de se conformar a uma representação positiva de si diante do resto do mundo – não exibir nenhum traço de negatividade, derrota, fracasso ou mesmo inclinação política – é abertamente estigmatizada e punida pelos outros, além de questionar o senso de valor próprio e de adequação social dos mais jovens. As entrevistas conduzidas por Freitas revelam que, entre os jovens, a preocupação de demonstrar felicidade é "tão extrema que pode soar quase patológica".[40] Em outra pesquisa conduzida com uma amostra maior de 884 estudantes, 73% deles responderam afirmativamente ao enunciado "tento sempre parecer positivo/feliz diante de qualquer coisa ligada a meu nome". Além disso, de acordo com a autora, os mais jovens internalizaram profundamente a ideia de que uma curadoria autêntica de suas imagens pessoais, desde que positiva, é uma necessidade real, já que a imagem dos indivíduos é fortemente percebida como uma marca que pode ser mercantilizada. Nesse contexto, 79% dos estudantes responderam afirmativamente ao enunciado "estou ciente de que meu nome é uma marca e de que preciso cultivá-lo com cuidado". Em linha com esses resultados, um deles respondeu: "Acho que [as mídias sociais] são uma boa forma de comercialização. Acho que é possível se vender através delas [...]. Eu tento me mostrar sob uma luz positiva".[41]

Essa ideia se manifesta de forma mais nítida na ascensão dos youtubers e outros influenciadores, que se tornaram exemplos de destaque de como capitalizar a identificação, a fixação e a elaboração da própria identidade e de talentos particulares a fim de vender uma imagem e habilidades pessoais para milhões.

---

[40] Ibid., p. 71.
[41] Ibid., p. 77.

Não importa o tópico de que falam, desde suas vidas privadas a como usar batom ou jogar certos videogames, o que está à venda nesses vídeos de baixo orçamento gravados no quarto dos youtubers são marcas pessoais. Eles vendem quem são, sua voz, sua persona. É disto que trata o negócio dos influenciadores: retornos financeiros gigantescos provenientes de anúncios graças à exposição – e, assim, da comercialização – de sua vida diária. E isso é feito pelo cultivo de uma imagem autêntica, única e inspiradora. A cultura terapêutica positiva também é hoje parte desse negócio mundial. Um novo "movimento de curadoria de vlogs" está surgindo e se expandindo e atrai milhares de seguidores a cada dia. Cada vez mais influenciadores fazem vídeos em que compartilham experiências pessoais de superação, colocando-se como exemplos vivos e não profissionais de como é possível construir um ponto de vista mais autêntico e positivo mesmo diante de circunstâncias adversas. Assim, eles transformam seus problemas e distúrbios pessoais em um negócio bastante rentável.

Mesmo a ideia de inautenticidade pode gerar lucro como um sinal de autenticidade. O gamer sueco PewDiePie, por exemplo, pseudônimo de Felix Kjellberg tinha, em 2019, 29 anos, 50 milhões de seguidores, 9 bilhões de visualizações em todo o mundo e rendimentos anuais de 15 milhões de dólares. Hoje é dono de sua própria produtora. Uma de suas frases mais famosas, "não seja você mesmo. Seja uma pizza. Todo mundo gosta de pizza", zomba da demanda por autenticidade. A frase não só se tornou extremamente popular, como faz parte da coletânea de citações motivacionais e engraçadas *This Books Loves You* [Este livro te ama], publicação de Kjellberg, best-seller instantâneo descrito como "frases motivacionais ricamente ilustradas que deveriam nortear sua vida". Não há dúvida de que o que o gamer vende é sua personalidade e visão de mundo autênticas e únicas. Também está fora de questão que a autenticidade vende mais, mesmo que ser autêntico signifique zombar da autenticidade como forma de definição da própria marca pessoal.

Ainda assim, como afirmam pesquisadores e especialistas da felicidade – dentre os quais o próprio Seligman –, enquanto a autenticidade é crucial para definir um indivíduo feliz, talvez nenhum outro atributo se destaque tanto como uma característica definidora do eu feliz quanto o "florescer", intimamente associado ao "desenvolvimento pessoal".

E FLORESÇA!

Em 2005, Seligman teve outro momento "eureca". Dessa vez não foi no jardim, mas durante o programa de mestrado em psicologia positiva aplicada da Universidade da Pensilvânia, o quartel-general do movimento. Segundo conta, ele conversava com uma estudante brilhante quando subitamente percebeu que a teoria da felicidade humana que havia esboçado em seu famoso *Felicidade autêntica*, de 2002, não enfatizava um componente decisivo: o florescer pessoal. Essa ideia começou a ganhar força em 2003, quando ele escreveu o prefácio para *Flourishing: Positive Psychology and the Life Well-Lived* [Florescer: a psicologia positiva e a vida bem-vivida], o primeiro manual totalmente dedicado ao conceito, organizado por Corey Keyes e Jonathan Haidt, importantes nomes na área, para a APA.[42] Para Seligman,

---

42 Corey L. M. Keyes e Jonathan Haidt (orgs.), *Flourishing: Positive Psychology and the Life Well-Lived*. Washington: American Psychological Association, 2003.

o florescer é essencial por ser o conceito que mais bem capta a íntima relação entre felicidade e sucesso pessoal.[43] Alguns sucessos na vida podem trazer alegria e contentamento, mas a verdadeira felicidade somente será alcançada quando esse sucesso for merecido e atribuível exclusivamente ao desenvolvimento das capacidades autênticas do indivíduo – cujo resultado será, assim, uma sensação genuína de crescimento pessoal. De outra forma, ele diz, as pessoas poderiam facilmente confundir felicidade e prazer.[44]

O florescer, como conceito, ajudou os psicólogos positivos a diferenciar seu próprio nicho acadêmico daquele dos economistas da felicidade, em geral mais voltados a uma abordagem mais utilitária e hedonista. O termo também pretendia superar algumas críticas levantadas contra a definição ideológica e tautológica de felicidade como um bem em si mesmo. Assim, enquanto economistas da felicidade continuaram a sustentar não haver razão externa que justificasse por que a felicidade seria o objetivo mais legítimo e universal para os seres humanos – como Layard defendeu repetidas vezes –, a segunda iluminação de Seligman permitiu que os psicólogos positivos agora clamassem ter uma razão para chamar de sua: como a busca da felicidade ajuda os indivíduos a prosperar e desenvolver o potencial máximo e os níveis otimizados de funcionamento de seu eu, esse mesmo processo, por sua vez, explica por que algumas pessoas se tornam mais saudáveis e bem-sucedidas na vida

---

43 M. E. P. Seligman, *Florescer: uma nova compreensão sobre a natureza da felicidade e do bem-estar* [2011], trad. Cristina Paixão Lopes. São Paulo: Objetiva, 2021.

44 Ibid.

do que outras[45] – ainda que haja bons argumentos no sentido de que essa não é uma razão menos ideológica e tautológica do que aquela apresentada pelos economistas da felicidade. A felicidade seria boa porque não consistiria apenas em buscar o prazer, mas também em buscar o aprimoramento pessoal.

Fazendo coro a Seligman, seus colegas logo começaram a considerar o florescer o aspecto mais fundamental da definição da felicidade humana: "Hoje penso", disse Seligman, "que o tema da psicologia positiva é o bem-estar, que o principal critério para a mensuração do bem-estar é o florescimento, e que o objetivo da psicologia positiva é aumentar esse florescimento".[46] Todo um conjunto de novas evidências científicas parecia provar que esse era o motivo mais provável pelo qual algumas pessoas acabavam em melhor situação do que outras e que indivíduos em estado permanente de florescer demonstravam saúde mental e física melhores, mais produtividade, casamentos e amizades mais sólidos, formas mais eficazes de lidar com a adversidade e menos sintomas de depressão quando comparados com aqueles que não floresciam ou que definhavam.[47] O raciocínio

---

[45] Lahnna I. Catalino e Barbara L. Fredrickson, "A Tuesday in the Life of a Flourisher: The Role of Positive Emotional Reactivity in Optimal Mental Health". *Emotion*, v. 11, n. 4, 2011, pp. 938-50; B. L. Fredrickson, *Positividade: descubra a força das emoções positivas, supere a negatividade e viva plenamente*, trad. Pedro Libânio. Rio de Janeiro: Rocco, 2009; Timothy A. Judge e Charlice Hurst, "How the Rich (and Happy) Get Richer (and Happier): Relationship of Core Self-Evaluations to Trajectories in Attaining Work Success". *Journal of Applied Psychology*, v. 93, n. 4, 2008.

[46] M. E. P. Seligman, *Florescer*, op. cit., p. 23.

[47] S. Lyubomirsky, Laura King e E. Diener, "The Benefits of Frequent Positive Affect: Does Happiness Lead to Success?". *Psychological Bulletin*, v. 131, n. 6, 2005, pp. 803-55; B. L. Fredrickson, *Positividade*, op. cit.

subjacente é que as pessoas são mais felizes não porque se dão melhor na vida, mas são mais felizes e se dão melhor na vida porque florescem. O raciocínio não para por aí: quanto mais alguém floresce, melhor será seu desempenho e melhor se sentirá consigo mesmo. Assim, o florescer também explicaria por que certas sociedades são mais avançadas e desenvolvidas do que outras. Seligman ilustra essa ideia ao afirmar que, se a Dinamarca lidera o ranking dos países mais felizes do mundo, isso é porque 33% de seus cidadãos experimentam a felicidade na forma de crescimento pessoal, enquanto a Rússia estaria entre os países de pior colocação porque apenas 6% dos russos florescem.[48] Em outras palavras, as sociedades cresceriam conforme seus cidadãos florescessem, não o contrário.

O aspecto central aqui é a ideia de um "estado permanente de florescer". Os benefícios pessoais e sociais que traria são na verdade e sobretudo associados à ideia de continuidade: o florescer é um processo permanente, um fim a que se almeja, e não um estado final. É nesse sentido que se torna um conceito central (se não o mais central) para definir o indivíduo feliz: não apenas engloba e articula outros conceitos essenciais como autogestão (das emoções e pensamentos) e autenticidade (pontos fortes e virtudes), mas expressa melhor a felicidade como busca fundada no constante aprimoramento do eu. Tal ideia cai como uma luva para as demandas centrais por insaciabilidade e autoaperfeiçoamento constante, próprias das sociedades capitalistas avançadas.

48 M. E. P. Seligman, *Florescer*, op. cit., p. 39.

Uma nova linhagem de "happycondríacos": indivíduos autoconstruídos em constante autoconstrução

Como mencionado no início do capítulo, a busca da felicidade se desenvolve a partir de uma narrativa ambivalente do eu, construída sobre dois pilares principais que devem ser vistos como duas faces de uma mesma moeda. De um lado, há uma narrativa de projeção em que o eu se desdobra e se desenvolve conforme luta por alcançar a melhor versão de si; de outro, a ideia de uma incompletude de base ou um estado permanente de "irrealização pessoal" em que sempre falta algo, seja desenvolver habilidades mais eficazes de autogestão, seja obter um autoconhecimento mais profundo, mais significado, compromisso, resiliência e atitudes positivas na vida. As pessoas passam a ser indivíduos que conquistam o sucesso por seus próprios esforços, mas, como é sempre possível ser mais bem-sucedido ou melhor, o "eu" delas nunca "termina" totalmente de se fazer.

Esse fenômeno representa um paradoxo importante: a felicidade, vocação primeira daquilo que se afirma ser a construção de um eu mais pleno e altamente desenvolvido, deve gerar uma narrativa em que o eu é na verdade definido por ausência de plenitude e por insuficiência permanente. A incompletude incessante é um dos "nós" centrais da narrativa do florescer, isto é, o que o inicia e o motiva, ajuda em seu desenvolvimento e faz com que funcione. Não importa quão bem-sucedida seja a vida da pessoa, o eu feliz deve estar constantemente em construção, e por isso sempre receptivo aos conselhos de especialistas que ajudem os indivíduos a concretizar o projeto em andamento da busca da melhor parte de cada um.

Como vimos, esse paradoxo é fundamental para transformar a felicidade em uma mercadoria perfeita e muito valorosa, em particular para uma economia de mercado que vincula o ideal neoliberal de autoaperfeiçoamento ilimitado ao princípio do consumo ininterrupto.[49] Assim, não causa espanto que o florescimento e o desenvolvimento pessoal correspondam à maior parte de uma indústria da felicidade que depende da incompletude para vender suas mercadorias. De produtos e conselhos de beleza, moda, boa forma, nutrição, sexo, casamento, amizade, negócios ou relações profissionais a técnicas e métodos de autoavaliação para melhorar a assertividade e a capacidade de falar em público; o controle do estresse e da raiva; o relaxamento, a resiliência, a flexibilidade cognitiva e as habilidades emocionais, a ideia subjacente é a de que ninguém é atraente o bastante, atlético o bastante, íntimo o bastante, assertivo o bastante, saudável o bastante, bom o bastante ou feliz o bastante. Há sempre uma nova dieta a seguir, um vício a largar, um hábito saudável a adquirir, um tratamento a ser tentado, uma falha a corrigir, uma meta a alcançar, uma experiência a ser vivida, uma necessidade a ser atendida ou um tempo a ser otimizado. Como Carl Cederström e André Spicer ressaltam:

> A única explicação razoável para o contínuo e crescente autoaperfeiçoamento é que as pessoas não param de tentar seguir novos conselhos, não importa se suas tentativas anteriores funcionaram ou não [...]. Em uma sociedade de consumidores, não se espera que compremos um par de jeans e fiquemos satisfeitos. O mesmo vale para o autoaperfeiçoamento. Não se espera que melhoremos apenas uma área de nossa vida. Somos encorajados

[49] Ulrich Beck e Elisabeth Beck-Gernsheim, *Individualization: Institutionalized Individualism and Its Social and Political Consequences*. London: Sage, 2002.

a melhorar todos os aspectos da nossa existência de uma só vez. Precisamos estar em nossa melhor forma, ser mais felizes, saudáveis, ricos, inteligentes, tranquilos e produtivos – tudo de uma vez, todos os dias. E há uma pressão para que mostremos saber como levar uma vida perfeita.[50]

Ainda assim, e ainda que concordemos com a maior parte do argumento de Cederström e Spicer, defendemos que aquilo que o mercado busca induzir nos consumidores não é tanto a perfeição pessoal, mas a normatização das obsessões com o próprio autoaperfeiçoamento. Sem dúvida, a indústria da felicidade prospera ao produzir uma nova estirpe de "happycondríacos",[51] ao instilar nos consumidores a noção de que o modo mais comum e funcional de viver é marcado pela obsessão com o eu interior, pela preocupação contínua com a correção de falhas psicológicas e pela atenção permanente à transformação e ao aprimoramento pessoal.

Torne-se o seu melhor eu possível

O Melhor Eu Possível (*Best Possible Self* – BPS), desenvolvido em 2006 por Kennon Sheldon e Sonja Lyubomirsky, é um exercício popular presente em muitos livros de autoajuda, cursos de *coaching* e plataformas virtuais como o Happify. Também pode ser encontrado no Kit de ferramentas da psicologia positiva [*Posi-*

---

[50] C. Cederström e A. Spicer, *Desperately Seeking Self-Improvement: A Year Inside the Optimization Movement*. New York: OR Books, 2017, p. 10.
[51] John Schumaker, "The Happiness Conspiracy". *New Internationalist*, 2 jul. 2006.

tive Psychology Toolkit], uma compilação de roteiros, exercícios, atividades, intervenções, conselhos e "fichas de ações" com "sugestões detalhadas para construir hábitos positivos em sua vida",[52] destinada aos profissionais da felicidade, e que (no final de 2018) era vendida mediante uma assinatura mensal no valor de 24 dólares. O BPS consiste em uma série de sessões de quinze minutos em que os indivíduos são encorajados a imaginar como seria seu eu futuro e mais bem-desenvolvido – "pensar sobre o seu melhor eu possível' significa imaginar a si mesmo no futuro, depois que tudo correu tão bem quanto possível [...]. Pense nisso como uma forma de concretização de seus sonhos de vida e de seus melhores potenciais".[53] Segundo Sheldon e Lyubomirsky, o BPS leva a maiores níveis de felicidade porque "oferece uma oportunidade para aprender sobre si, esclarecer e reestruturar prioridades, e melhor identificar motivações e emoções".[54] Imaginar seu melhor eu possível ajudaria não só a se projetar no futuro, a aprimorar uma atitude voltada para resultados concretos, mas também a tomar consciência do que está em falta no presente, de modo a possibilitar ajustes pautados por suas imagens ideais. Referências ao passado devem ser evitadas a fim de que as pessoas não fiquem presas a autoavaliações e críticas negativas. Ao lado de dados experimentais usados para provar que o BPS consiste em uma "intervenção potente" para "colher benefícios emocionais de longo prazo",[55] Lyubomirsky acrescenta o depoi-

> 52 Cf. positivepsychologytoolkit.com.
> 53 Kennon M. Sheldon e S. Lyubomirsky, "How to Increase and Sustain Positive Emotion: The Effects of Expressing Gratitude and Visualizing Best Possible Selves". *The Journal of Positive Psychology*, v. 1, n. 2, 2006, pp. 73-82.
> 54 Ibid., pp. 76-77.
> 55 S. Lyubomirsky, *The How of Happiness*, op. cit. p. 104.

mento de uma mulher chamada Molly que, em conversa privada, compartilhou seu entusiasmo com o exercício, que a teria ajudado a "perceber" que ela "poderia estar se esforçando mais" para alcançar suas metas e que "com um pouco de esforço" e persistência seria capaz de "obter essa melhor vida possível" para ela mesma. De acordo com Lyubomirsky,

> Molly comprova vários dos benefícios da estratégia do BPF. Ela fez descobertas sobre suas metas e necessidades, reconheceu o que poderia fazê-la feliz e ganhou mais confiança quanto à sua capacidade de conseguir o que quer. Hoje é bem provável que ela se esforce mais para conquistar seus sonhos e, espero, ser uma pessoa mais feliz.[56]

O exercício realça alguns aspectos que merecem análise mais detalhada. O primeiro deles é o simplismo de sempre, característico deste e de outros exercícios de psicologia positiva. O enorme fosso entre a importância atribuída pelos psicólogos positivos à plenitude e ao autoaperfeiçoamento, de um lado, e os tipos de exercícios simples e quase ingênuos que são propostos, de outro, é surpreendente. Como poderia um exercício de escrita de quinze minutos produzir alguma melhora concreta na vida das pessoas? Com mais frequência do que seria desejável, esses exercícios passam a impressão de ser pouco mais do que uma formalização do senso comum, não técnicas científicas (é previsível que o ato de pensar sobre as próprias metas faça com que as pessoas reflitam sobre a melhor forma para alcançá-las, por exemplo). Sem dúvida, a simplicidade é central para fazer desses exercícios mercadorias ideais, com a promessa de

---

56 Ibid., p. 106.

retornos psicológicos e emocionais substanciais em troca de pouco ou nenhum investimento, tanto de fornecedores como de consumidores. Essa e outras técnicas similares podem ser compreendidas como "tecnologias de si"[57] ecléticas e descomplicadas que se valem de uma mistura de ensinamentos *new age*, programa de cura pela fala, estoicismo, e de um pano de fundo marcadamente humanista em que a própria mercadoria produzida não passa de um processo performativo de narração pelo qual os indivíduos reorganizam suas experiências conforme elas vão sendo relatadas.

A simplicidade do BPS e outros similares inevitavelmente levanta alguma suspeita sobre a eficácia desses métodos. Os psicólogos positivos sustentam que suas técnicas e seus exercícios produzem efeitos positivos comprovados, a despeito das críticas quanto à sua efetividade. Mongrain e Anselmo-Matthews, por exemplo, replicaram dois exercícios paradigmáticos da psicologia positiva. As autoras compararam a situação experimental (os exercícios originais) com um grupo de controle (sem exercícios) e um grupo "placebo positivo" (exercícios positivos de memória) criado "para avaliar se havia algo 'especial' nos exercícios de psicologia positiva além da análise de autorrepresentações positivas".[58] A conclusão foi que a situação experimental não produziu resultados diferentes significativos em comparação com a situação placebo. Uma explicação sugerida foi que, se alguns exercícios de psicologia positiva funcionam, isso se deve sobretudo porque as pessoas que em geral se envolvem com eles

---

[57] M. Foucault, *Technologies of the Self: A Seminar with Michel Foucault*. Amherst: University of Massachusetts Press, 1988.
[58] M. Mongrain e T. Anselmo-Matthews, "Do Positive Psychology Exercises Work?", op. cit., p. 383.

já estão familiarizadas com a lógica que os informa. Essas pessoas também tendem a estar altamente motivadas e interessadas em se tornar mais felizes. Nesse aspecto, as autoras sugerem que tais exercícios não funcionam para todos: funcionariam sobretudo para aqueles "caçadores da felicidade" que já acreditam nessas atividades.

Outra explicação possível seria que esses exercícios são notoriamente indutivos. Como essas atividades já partem do pressuposto de que os indivíduos nunca são tão bons como poderiam ser, aqueles que os realizam são levados a adotar essa mesma suposição como verdade, acreditem nela inicialmente ou não. De fato, as instruções para o exercício BPS apresentadas por Sheldon e Lyubomirsky são profundamente enviesadas a favor da hipótese de seus autores, induzindo os indivíduos a considerar que (assim como presumem os psicólogos positivos) não são tão desenvolvidos como poderiam ser e que o simples ato de imaginar ou de escrever sobre versões melhores de si mesmos já produziria grandes benefícios positivos.

> Você foi aleatoriamente escolhido para pensar sobre seu melhor eu possível hoje e durante as próximas semanas. "Pensar sobre seu melhor eu possível" significa se imaginar no futuro, *depois que tudo aconteceu da melhor forma possível*. Você trabalhou duro e foi bem-sucedido em alcançar todas as metas da sua vida. Pense nisso como a realização de seus sonhos e de seus melhores potenciais. Em todas essas situações você está identificando a melhor forma possível de como as coisas podem se desenrolar em sua vida, e isso pode ajudá-lo a guiar suas decisões de hoje. *Talvez você não tenha pensado sobre si mesmo dessa forma antes, mas pesquisas sugerem que isso pode ter um efeito positivo poderoso sobre seu humor e sua satisfação pessoal*. Por isso, gostaríamos de

pedir que você seguisse pensando assim pelas próximas semanas e continuasse com a escrita que está prestes a iniciar.⁵⁹

As consequências contraproducentes que essas suposições e crenças podem causar também são dignas de nota. O florescimento é um bom exemplo de como a felicidade gera suas próprias formas de sofrimento, como já analisamos em outras ocasiões.⁶⁰ De um lado, isso ocorre porque, enquanto o florescimento postula a meta do desenvolvimento pessoal no âmago da definição do eu saudável, normal e funcional, o que é produzido *de facto* é uma ampla variedade de eus permanentemente doentes, anormais e disfuncionais.⁶¹ O desenvolvimento pessoal é uma miragem no horizonte, um destino sem chegada à vista. Da mesma forma, a determinação da busca continuada por níveis mais altos de aprimoramento pessoal nutre um efeito paradoxal. Os indivíduos podem se sentir sobrecarregados por esse imperativo e passam a obsessivamente interpretar e a considerar valiosa cada coisa que fazem, pensam e sentem apenas na medida em que contribua para seu florescer pessoal. A busca da felicidade pode não ser um antídoto para o sofrimento, assim como o florescimento talvez não seja o oposto da irrealização pessoal, já que as mesmas narrativas que promovem a felicidade e o autoaperfeiçoamento engendram as narrativas de sofrimento e de incompletude permanente sobre as quais são construídas.

---

59 K. M. Sheldon e S. Lyubomirsky, "How to Increase and Sustain Positive Emotion", pp. 76-77 (grifo nosso).
60 E. Cabanas, "Rekindling Individualism, Consuming Emotions", op. cit.; id., "'Psytizens', or the Construction of Happy Individuals in Neoliberal Societies", op. cit.
61 E. Illouz, *Saving the Modern Soul*, op. cit.

Desse ponto de vista, portanto, parece que a transformação da busca da felicidade em um *modus vivendi* nem sempre traz os efeitos prometidos. Pelo contrário, o compromisso com uma jornada incessante rumo à melhoria e ao aprimoramento pessoal pode facilmente se transformar em algo exaustivo, obsessivo e, no final das contas, frustrante. Quantas gerações já não ouviram que a solução para seus problemas estava no desenvolvimento do eu verdadeiro, mas se esforçaram em vão para encontrá-lo?

5
SER FELIZ É O NOVO NORMAL

O método de desviar nossa atenção do mal e viver simplesmente em plena luz do bem é esplêndido enquanto funciona [...]. Mas ele se desarranja tanto que chega a melancolia; e, ainda que estejamos inteiramente livres da melancolia, não há dúvida de que o equilíbrio mental é inadequado como doutrina filosófica, porque os fatos maus, que ele se recusa positivamente a tomar em consideração, constituem uma porção genuína da realidade; e eles talvez sejam, afinal de contas, a melhor chave para o significado da vida e, possivelmente, as únicas coisas a abrir nossos olhos para os níveis mais profundos da verdade.

WILLIAM JAMES, *As variedades da experiência religiosa*

— Realmente não entendo isso — disse Jamie enquanto estava deitado no chão fazendo seus exercícios diários. — Você já é feliz, não é? Se fosse infeliz, isso faria mais sentido, mas não é o caso. — Ele fez uma pausa. — Você *não* é infeliz, certo?

— Eu *sou* feliz — garanti. - Na verdade — acrescentei, feliz pela oportunidade de mostrar meus novos conhecimentos —, a maioria das pessoas é feliz: em um estudo realizado em 2006, 85 por cento dos norte-americanos se classificaram como 'muito felizes' ou 'bastante felizes', e numa pesquisa feita em 44 países, as pessoas atribuíram média 7 a si mesmas, em uma escala de 1 a

10, e 75 de 1 a 100. Por exemplo, acabei de preencher o Questionário de Avaliação de Felicidade do site *Authentic Happiness* e obtive 3,92 pontos numa escala de 1 a 5.

— Então, se você é feliz, por que fazer um projeto para a felicidade?

— Eu *sou* feliz, mas não tanto quanto deveria. Tenho uma vida boa, quero ser capaz de valorizá-la mais e colocar isso em prática. — Era difícil explicar. — Eu reclamo muito, fico mais aborrecida do que gostaria. Eu deveria ser agradecida. Acho que me sentiria mais feliz se tivesse um comportamento melhor.

— Você acha mesmo que *isso* vai fazer alguma diferença? — perguntou ele, apontando para o papel contendo minha primeira Tabela de Resoluções, ainda em branco.

— Bom, vou descobrir.

— Arrã — desdenhou — Vai, sim.

Enfrentei mais ceticismo pouco tempo depois, num coquetel. A conversa casual e educada de praxe se transformou praticamente em uma defesa de tese de doutorado, quando um conhecido de longa data debochou abertamente de meu projeto para a felicidade.

— O projeto é para ver se você consegue ser mais feliz? E você nem está deprimida?

— Exatamente — respondi, tentando parecer inteligente enquanto equilibrava uma taça de vinho, um guardanapo e um salgadinho chique.

— Sem querer ofender, mas qual é o objetivo? Não acho interessante a ideia de examinar como uma pessoa comum pode se tornar mais feliz.

Eu não sabia como responder.

— Farei o melhor possível para evitar isso — respondi, e saí para procurar outra pessoa com quem conversar.

Por mais que ele tenha desestimulado meu trabalho, esse sujeito abordou uma de minhas principais preocupações sobre o projeto: seria extremamente egoísta empreender tanto esforço para conseguir minha própria felicidade? Pensei muito na pergunta e, no fim das contas, fiquei ao lado dos antigos filósofos e dos cientistas modernos. Eles argumentam que trabalhar para ser feliz é um objetivo válido.[1]

O trecho acima é parte do livro de Gretchen Rubin, *Projeto felicidade*. O livro, publicado em 2009, permaneceu na lista dos best-sellers do *New York Times* por 99 semanas após seu lançamento, e chegou a atingir a primeira posição várias vezes. O texto começa com a reconstituição de uma conversa entre Rubin e seu marido, Jamie, e depois passa a um diálogo com alguém que a autora encontra em um evento social – e nenhum dos interlocutores entende qual o sentido de tentar ser mais feliz quando já se é feliz o bastante.

As respostas de Rubin ilustram bem os pressupostos nucleares que subjazem ao discurso científico da felicidade. Dentre eles se incluem a representação da felicidade como um estado científico e mensurável; um empreendimento autocentrado, autodependente e individualista; um projeto em curso e permanente; uma meta digna de ser perseguida durante a vida; em suma, a régua com a qual devemos medir o valor de nossas biografias, o tamanho de nossos sucessos e fracassos e a magnitude de nosso desenvolvimento pessoal e emocional. A passagem é decerto interessante

---

[1] Gretchen Rubin, *Projeto felicidade: ou, como passei um ano tentando cantar de manhã, organizar meus armários, ter discussões mais amenas com meu marido, ler Aristóteles e me divertir mais* [2009], trad. Patricia Azevedo. São Paulo: BestSeller, 2010, pp. 25-26.

porque também ressalta em que medida tanto o discurso popular como o científico se organizam em torno desses mesmos pressupostos sobre a felicidade. Isso fica bastante explícito. Rubin não só justifica o "projeto felicidade" com base em um suposto conhecimento bem-informado e científico sobre o tema; ela também ecoa, linha por linha, o roteiro que é oferecido pelos cientistas da felicidade. O parágrafo a seguir, escrito pela psicóloga positiva Sonja Lyubomirsky – citada por Rubin em seu próprio livro, aliás –, poderia muito bem ser o desfecho de nossa citação de Rubin:

> Todos queremos ser felizes, mesmo sem admitir abertamente ou se preferimos dissimular nosso desejo com palavras diferentes. Sejam nossos sonhos sobre o sucesso profissional, o florescer espiritual, um senso de conexão, um propósito na vida, amor ou sexo, cobiçamos essas coisas porque, no fim das contas, acreditamos que elas nos farão mais felizes. Ainda assim, poucos de nós entendem de verdade até que ponto podemos aprimorar a felicidade ou como fazer isso acontecer. Dar um passo atrás e pensar em nossos pressupostos mais arraigados sobre como ser uma pessoa mais feliz e até mesmo se isso é algo possível para você – e espero que este livro o estimule nesse sentido – é entender que começar a ser feliz é algo factível, que está a seu alcance e que é uma das coisas mais essenciais e importantes a fazer para si mesmo e para aqueles ao seu redor.[2]

Aqui, interessam alguns dos pressupostos subjacentes que aparecem tanto no discurso científico sobre a felicidade como no popular, e que o livro de Rubin claramente apresenta. Primeiro,

[2] Sonja Lyubomirsky, *The How of Happiness: A Scientific Approach to Getting the Life You Want*. New York: Penguin, 2007, p. 1.

vale mencionar em que medida a autora relaciona felicidade e bondade. Ela justifica a busca individual pela felicidade sob o aspecto psicológico, isto é, no sentido de um maior desenvolvimento pessoal, mas também sob o aspecto moral: quanto mais feliz uma pessoa é, mais bondosa ela será. A equivalência entre felicidade e bondade não é de modo algum exclusiva de Rubin, e sim uma suposição bastante disseminada e que também se relaciona de modo íntimo com a noção contemporânea de felicidade. Como Alenka Zupančič argumenta, a máxima de que uma pessoa feliz é uma boa pessoa é característica de um discurso onipresente que dissemina um tipo perverso de moralidade que prega que "uma pessoa que se sinta bem (e feliz) é uma boa pessoa; uma pessoa que se sinta mal é uma má pessoa". Como Zupančič aponta com exatidão, "é esse curto-circuito entre os sentimentos/sensações imediatos e os valores morais que dá o tom específico da retórica ideológica contemporânea da felicidade".[3]

O livro de Rubin ilustra até que ponto a felicidade se emaranhou na trama do cotidiano. Mais do que fazer a apologia de como as pessoas devem organizar sua experiência diária e fazê-la gravitar em torno da busca da felicidade, o texto deve ser lido como um sintoma da predominância do *continuum* psicológico "felicidade--infelicidade" sobre o *continuum* "funcional-disfuncional" – e também sobre os *continuuns* "bom-mau", "normal-anormal". Como argumentaremos a seguir, há um novo *zeitgeist* segundo o qual a infelicidade virou sinônimo de disfuncionalidade, enquanto a felicidade passou a delinear o padrão psicológico das vidas saudáveis, normais e funcionais. Pode-se dizer que a linguagem da feli-

---

[3] Alenka Zupančič, *The Odd One In*. Cambridge: MIT Press, 2008, p. 216.

cidade sequestrou pouco a pouco a linguagem da funcionalidade: hoje, ser feliz se tornou o novo normal, e os psicólogos positivos, ao lado de economistas e outros especialistas da felicidade, profissionais e escritores populares, contribuíram enormemente para moldar, disseminar e legitimar essa ideia.

REVISITANDO A PESSOA MÉDIA

A expansão do alcance da psicologia pela adoção de um ponto de vista mais positivo diante da saúde e do potencial humano exigia não apenas novas noções científicas. A proposta formulada já em 2000 era muito mais ambiciosa: a psicologia positiva buscava transformar a felicidade em uma teoria positiva da personalidade com a qual seria possível problematizar o conceito de funcionalidade, ou seja, uma teoria que desafiaria a definição psicológica daquilo que significa funcionar, agir e sentir dentro dos padrões e expectativas da adequação emocional e social. Nas palavras contundentes lançadas pelos psicólogos positivos Sheldon e King em seu artigo de 2001 "Why Positive Psychology Is Necessary" [Por que a psicologia positiva é necessária], a nova ciência da felicidade pretendia "revisitar a pessoa média" ao se perguntar "qual é a natureza do ser humano que funciona de forma eficaz".[4] E sugeria que o valor de corte para definir o psicologicamente bom e adaptável bem como o socialmente funcional deveria ser mais alto.

Ainda que uma sugestão semelhante possa ser encontrada desde pelo menos os trabalhos de Marie Jahoda nos anos 1950 –

---

4   Kennon M. Sheldon e Laura King, "Why Positive Psychology Is Necessary". *American Psychologist*, v. 56, n. 3, 2001, pp. 216-17.

que defendeu a inadequação de se referir a sociedades doentes, já que a saúde mental positiva era uma questão exclusivamente individual e pessoal ou, mais precisamente, uma questão da mente humana –,[5] os psicólogos positivos assumiram um compromisso inabalável de levar essa ideia ainda mais adiante. Eles insistiam que as pessoas não deveriam se contentar em apenas viver e se sentir bem, mas que teriam de se perguntar o que poderiam fazer para viver e se sentir melhor ainda e de forma mais saudável. Caso contrário, elas feneceriam em vez de florescer. Não viver ou se sentir bem o bastante passou a ser visto como tão insuficiente e disfuncional quanto não viver nem se sentir nada bem. Páginas e mais páginas foram preenchidas com a ideia de que o bem-estar não era a mera ausência da depressão, já que a saúde não era a mera ausência da doença e a normalidade não era o mero equilíbrio entre o bom e o mau, o positivo e o negativo. Pelo contrário, a positividade, tanto do ponto de vista emocional como do cognitivo, deveria superar a negatividade rumo à conquista de um equilíbrio efetivo e de uma psique bem-ajustada.

A correspondência entre positividade e funcionalidade se explicita na forma como os psicólogos positivos abordam as emoções e as relacionam com questões de funcionamento eficaz e otimizado. Eles traçam uma divisão precisa entre emoções positivas e negativas – uma divisão que se estende à classificação de pensamentos, atitudes, hábitos e pontos fortes pessoais – e afirmam que há duas entidades psicológicas separadas que desempenham papéis antagônicos, levam a resultados diferentes na vida e determinam comportamentos funcionais ou

---

5 Marie Jahoda, *Current Concepts of Positive Mental Health*. New York: Basic Books, 1958.

disfuncionais, respectivamente. Assim, enquanto as emoções positivas são apontadas como indicativos de cidadãos melhores, trabalhadores produtivos, parceiros amorosos e resilientes, indivíduos saudáveis e que prosperam, emoções como inveja, ódio, angústia, raiva, tristeza, tédio e nostalgia são tidas como obstáculos para que os indivíduos construam psiques fortes, desenvolvam hábitos saudáveis e criem identidades e relações sociais fluentes, sólidas e duradouras. De acordo com esse ponto de vista, a funcionalidade não seria questão de equilíbrio psicológico e emocional, mas um assunto ligado a maior positividade em detrimento da negatividade. Vivenciar emoções positivas se revelaria a *causa* principal de algumas pessoas serem mais adaptadas psicológica e socialmente do que outras – por exemplo: lidam melhor com a incerteza, exibem comportamentos mais flexíveis, revelam menos problemas físicos e mentais, desenvolvem habilidades com mais eficácia, capitalizam melhor as oportunidades, vivem mais tempo, constroem relações sociais de melhor qualidade etc.[6]

---

6 Julia K. Boehm e S. Lyubomirsky, "Does Happiness Promote Career Success?". *Journal of Career Assessment*, v. 16, n. 1, 2008; Lahnna I. Catalino e Barbara L. Fredrickson, "A Tuesday in the Life of a Flourisher: The Role of Positive Emotional Reactivity in Optimal Mental Health". *Emotion*, v. 11, n. 4, 2011; E. Diener, "New Findings and Future Directions for Subjective Well-Being Research". *American Psychologist*, v. 67, n. 8, 2012; T. Timothy A. Judge e Charlice Hurst, "How the Rich (and Happy) Get Richer (and Happier): Relationship of Core Self-Evaluations to Trajectories in Attaining Work Success". *Journal of Applied Psychology*, v. 93, n. 4, 2008; S. Lyubomirsky, Laura King e E. Diener, "The Benefits of Frequent Positive Affect: Does Happiness Lead to Success?". *Psychological Bulletin*, v. 131, n. 6, 2005.

De fato, os psicólogos positivos foram bem-sucedidos em institucionalizar uma nova "hierarquia emocional" positiva,[7] isto é, um novo conjunto de coordenadas para a estruturação da psique e da sociedade, para relacioná-las, classificá-las e torná-las legíveis em termos emocionais. Se a psicologia clínica "tradicional" já havia criado uma hierarquia para distinguir entre saúde e doença mental, eles introduziram um novo eixo que diferenciava saúde mental completa da incompleta. Assim, alguém com sintomas suaves de doença mental, mas com um equilíbrio negativo de emocionalidade positiva *versus* negativa estaria em um estado de saúde mental incompleta. Apenas aqueles que mostrassem altos níveis de positividade e poucos sintomas de doença mental apresentariam um estado de saúde mental completa. Em outras palavras, a noção de saúde se dividiu em dois tipos: negativa e positiva. Otimismo, esperança, autoestima e bem-estar viriam a ser enquadrados na categoria de saúde mental completa, enquanto pessimismo, insegurança e insatisfação com a vida seriam classificados como saúde mental incompleta. Aos psicólogos positivos caberia a missão de descobrir as características psicológicas que descreveriam o funcionamento eficaz dos indivíduos e desenvolveriam as técnicas positivas para ajudar as pessoas a ir além de suas bases de referência rumo à saúde mental completa.

Logo depois da eclosão do movimento, críticos como Barbara Held argumentaram que a abordagem da psicologia positiva era fundada na suposição polarizante de que a "positividade

---

[7] E. Illouz, *O amor nos tempos do capitalismo* [2007], trad. Vera Ribeiro. Rio de Janeiro: Zahar, 2011.

é boa e faz bem, mas a negatividade é ruim e faz mal".[8] Para os psicólogos positivos, apenas comportamentos que contribuíssem para aumentar a felicidade seriam considerados funcionais e adaptativos, enquanto emoções, pensamentos e atitudes que falhassem em contribuir para a felicidade ou a diminuíssem tenderiam a ser retratados como inadequados e doentios. Já em 2002, Seligman declarara que a psicologia positiva provava que, enquanto emoções e estados cognitivos positivos impulsionam comportamentos funcionais e adaptativos, emoções e estados cognitivos negativos "atrapalha[m] a maioria das iniciativas", e isso presumivelmente explicaria por que "os pessimistas são perdedores em várias frentes".[9] Seligman insiste que, ao contrário da negatividade, a positividade é sempre benéfica, mesmo que isso signifique ser positivo "a um custo talvez de menos realismo".[10] Alguns colegas, cientes de que se apoiar na polarização entre a diferente natureza e a diferente funcionalidade das emoções positivas e negativas era um engano para a área, afirmaram que "seria um enorme erro presumir que tudo o que é positivo é bom"[11] e alertaram que a principal "armadilha de se concentrar nas experiências emocionais positivas como definidoras da vida boa é a tendência a ver as emoções negativas como problemáti-

8 B. S. Held, "The Negative Side of Positive Psychology". *Journal of Humanistic Psychology*, v. 44, n. 1, 2004, p. 12.
9 M. E. P. Seligman, *Felicidade autêntica: use a psicologia positiva para alcançar todo seu potencial* [2002], trad. Neuza Capelo. São Paulo: Objetiva, 2021, p. 201.
10 Ibid., p. 149.
11 Lisa G. Aspinwall e Ursula M. Staudinger, "A Psychology of Human Strengths: Some Central Issues of an Emerging Field", in L. G. Aspinwall e U. M. Staudinger (orgs.), *A Psychology of Human Strengths: Fundamental Questions and Future Directions for a Positive Psychology*. Washington: American Psychological Association, 2003, p. 18.

cas".[12] Contudo, foi o ponto de vista majoritário e polarizador que cresceu e se fortaleceu conforme o movimento ganhou visibilidade, popularidade e autoridade.

A obra de Barbara Fredrickson, que em 2000 já fora agraciada com o Prêmio Templeton em psicologia positiva por sua famosa "teoria *broaden-and-build*" [ampliar-e-construir], ilustra muito bem esta última abordagem.[13] Segundo a autora, emoções positivas e negativas são psicologicamente diferentes, desempenham papéis distintos e são responsáveis por definir pessoas funcionais em maior ou menor grau. Ao contrário das emoções negativas, as positivas aumentariam a percepção e os processos cognitivos de modo a ampliar a perspectiva dos indivíduos e permitir a assimilação de mais informações sobre o ambiente, o que por sua vez criaria um efeito amplificador. De modo similar, e diferente das emoções negativas, as positivas permitiriam que os indivíduos "produzissem recursos pessoais efetivos" e duradouros como a "competência (o domínio sobre o ambiente, por exemplo), o sentido (o propósito na vida, por exemplo), o otimismo (pensamentos pautados por itinerários, por exemplo), resiliência, autoaceitação, relacionamentos positivos e também saúde física", o que por sua vez geraria um efeito construtivo "do qual as pessoas se valeriam para percorrer a

---

[12] Laura A. King, "The Hard Road to the Good Life: The Happy, Mature Person". *Journal of Humanistic Psychology*, v. 41, n. 1, 2001, p. 53.
[13] B. L. Fredrickson, "Cultivating Positive Emotions to Optimize Health and Well-Being". *Prevention & Treatment*, v. 3, n. 1, 2000; id. e Thomas Joiner, "Positive Emotions", in C. R. Snyder e S. J. Lopez (orgs.), *Handbook of Positive Psychology*. New York: Oxford University Press, 2002.

jornada da vida com grande sucesso".[14] Da perspectiva de Fredrickson, aqueles que exploram os "efeitos de ampliar-e-construir" das emoções positivas são considerados indivíduos que "florescem" – isto é, "completamente saudáveis mentalmente" e que "vivem dentro de uma escala ótima de funcionamento humano".[15] Assim, o argumento central da teoria era que indivíduos felizes "não apenas se sentem bem e vivem bem", mas que "vivem bem ao se sentir bem".[16]

Fredrickson ainda teoriza uma oposição natural e inerente entre emoções positivas e negativas, e afirma que, enquanto as negativas teriam evoluído para assegurar a sobrevivência, as positivas teriam sido selecionadas em função de seus efeitos sobre o crescimento pessoal.[17] Assim, as emoções positivas e negativas seriam investidas de certa incompatibilidade e assimetria inerentes e funcionais que se manifestariam nos níveis evolutivo, fisiológico, psicológico e social. Quanto à incompatibilidade, a "hipótese anulatória" de Fredrickson afirmava que "emoções positivas são de algum modo incompatíveis com emoções negativas".[18] Ao que parecia, as emoções positivas funcionariam como "amortecedores" e também como "antídotos eficazes contra os efeitos prolongados das emoções negativas".[19]

14 B. L. Fredrickson, "Updated Thinking on Positivity Ratios". *American Psychologist*, v. 68, n. 9, 2013, p. 816.
15 Id. e Marcial F. Losada, "Positive Affect and the Complex Dynamics of Human Flourishing". *American Psychologist*, v. 60, n. 7, 2005, p. 678.
16 B. L. Fredrickson, "Updated Thinking on Positivity Ratios", op. cit., p. 816.
17 Ibid.
18 Id., "The Role of Positive Emotions in Positive Psychology: The Broaden-and-Build Theory of Positive Emotions". *American Psychologist*, v. 56, n. 3, 2001, p. 221.
19 Ibid.

Ainda que o "mecanismo preciso" desse efeito anulatório permanecesse "desconhecido", de acordo com Fredrickson pareceria não haver dúvida de que as emoções positivas ajudariam o indivíduo a minimizar e contrabalançar os danos das ressonâncias fisiológicas, psicológicas e sociais das emoções negativas, como uma probabilidade maior de problemas cardiovasculares e depressão, ou uma manifestação empobrecida de estratégias de resistência e habilidades socioemocionais, respectivamente.[20] Indivíduos resilientes seriam exemplos de "usuários avançados dos efeitos anulatórios das emoções positivas", assim como dos efeitos das emoções positivas sobre o comportamento adaptativo – já que as emoções positivas "são um reflexo da resiliência psicológica, como também a constroem".[21]

Quanto à assimetria, Fredrickson defendia que "enquanto a negatividade domina a positividade em termos de intensidade, a positividade domina a negatividade em termos de frequência",[22] o que quer dizer que, para que as emoções positivas produzam seus efeitos amplificadores, construtivos e anulatórios, a proporção entre emoções positivas e negativas deve ser de pelo menos 2,9:1.[23] Para o autor, "casamentos bem-sucedidos são caracterizados por proporções de positividade de 5:1, enquanto casamentos que rumam desenfreados para a dissolução têm proporções de 1:1", por exemplo.[24] E isso porque proporções mais elevadas de emoções positivas com relação a negativas

---

20 Id., *Positividade: descubra a força das emoções positivas, supere a negatividade e viva plenamente* [2009], trad. Pedro Libânio. Rio de Janeiro: Rocco, 2009.
21 Id., "Role of Positive Emotions in Positive Psychology", op. cit., p. 223.
22 Id., "Updated Thinking on Positivity Ratios", op. cit., p. 819.
23 Ibid.
24 Ibid., p. 818.

dispararíam "espirais ascendentes" que compensariam as "espirais descendentes" da negatividade e aumentariam os recursos funcionais dos indivíduos, "incluindo seus recursos cognitivos (traço *mindfulness*, por exemplo), psicológicos (domínio sobre o ambiente, por exemplo), sociais (relações positivas com os outros, por exemplo) e físicos (redução dos sintomas de doenças, por exemplo)".[25] Ainda que Fredrickson tenha a cautela de apontar que emoções em excesso – proporções de 11:1, por exemplo, como disse em "Positive Affect and the Complex Dynamics of Human Flourishing" – possam ser prejudiciais, os psicólogos positivos em geral afirmam que nenhum sinal de disfunção pôde ser encontrado mesmo nos níveis mais altos de felicidade e de positividade.[26]

O entusiasmo generalizado produzido pelas "proporções positivas" de Fredrickson e Losada – que, de acordo com Fredrickson, levaram a uma "enorme descoberta" para a ciência psicológica –[27] arrefeceu de modo significativo depois da publicação, em 2013, da crítica devastadora de Brown, Sokal e Friedman, num artigo que examina minuciosamente os fundamentos teóricos e metodológicos dessas proporções, e em especial o uso de equações diferenciais para justificá-las. Enquanto Fredrickson declarava que essas equações ofereceriam evidências matemáticas robustas para o "ponto de inflexão para além do qual o impacto total das emoções positivas é liberado",[28] Brown

25 Id., "Updated Thinking on Positivity Ratios", op. cit., p. 815.
26 Elisha Tarlow Friedman, Robert M. Schwartz e David A. F. Haaga, "Are the Very Happy Too Happy?". *Journal of Happiness Studies*, v. 3, n. 4, 2002, pp. 355-72.
27 B. L. Fredrickson, *Positividade*, op. cit., p. 122.
28 Id. e Laura E. Kurtz, "Cultivating Positive Emotions to Enhance Human Flourishing", in S. I. Donaldson, M. Csikszentmihalyi e J. Na-

e seus colegas argumentaram de modo convincente em sentido contrário, dizendo que "a existência de um nível mínimo crítico de proporção de positividade de 2,9013 não tem qualquer fundamento" nesse método.[29] Os autores da crítica se disseram "surpresos" que ninguém tivesse questionado o raciocínio por trás da noção de proporções positivas:

> Fredrickson e Losada (2005) na prática afirmaram – com base em uma análise de declarações verbais coletadas em uma série de encontros de uma hora realizados em ambiente de trabalho com equipes compostas exatamente por oito pessoas, a que se combinaram algumas invocações solenes de equações de Lorenz – ter descoberto uma verdade universal sobre as emoções humanas válida para indivíduos, casais e grupos de tamanhos arbitrários e que podia ser expressa numericamente em até cinco dígitos significativos [...]. Com base apenas nessa observação, estamos surpresos que, ao que parece, nenhum pesquisador tenha questionado de forma crítica essa afirmação ou a lógica em que ela se baseia.[30]

A própria Fredrickson reconheceu a validade dessa crítica em sua réplica ao artigo, em que afirmou: "Passei a ver razões suficientes para questionar a estrutura matemática específica que Losada e eu adotamos para representar e testar o conceito da existência de um ponto crítico de inflexão depois do qual a

---

kamura (orgs.), *Applied Positive Psychology: Improving Everyday Life, Health, Schools, Work, and Society*. London: Routledge, 2011, p. 42.
[29] Nicholas J. L. Brown, Alan D. Sokal e Harris L. Friedman, "The Complex Dynamics of Wishful Thinking: The Critical Positivity Ratio". *The American Psychologist*, v. 68, n. 9, 2013, p. 801.
[30] Ibid., p. 812.

proporção de positividade bifurca a saúde mental entre florescimento e definhamento humanos".³¹ Dito isso, ela defendeu que não havia motivo para "pôr tudo a perder" e acrescentou que as bases teóricas das proporções da positividade "não só continuam incontestes como agora se alicerçam sobre um suporte empírico ainda mais firme".³² Ainda que os fundamentos matemáticos com que as proporções de positividade tenham sido estabelecidas "não mais pareçam uma plataforma estável", seria seguro afirmar que "quanto mais alto, melhor" quando se trata de emoções positivas em comparação com as negativas. Fredrickson defende que esse também é o caso no que se refere à compreensão e ao estímulo do funcionamento humano otimizado: "Continua válida a afirmação de que a saúde mental que vinga está associada a proporções de positividade mais altas do que as constatadas em saúdes que definham".³³

UMA CISÃO FALACIOSA

A matemática por trás das proporções de positividade era completamente enganosa, assim como a cisão teórica e funcional que os psicólogos positivos postulam entre emoções positivas e negativas. Longe de ter continuado válida, essa distinção é marcada por várias armadilhas, omissões e erros. De um lado, a estrutura geral para as emoções que eles oferecem é bastante reducionista. Emoções são experiências complexas que abarcam

---

31 B. L. Fredrickson, "Updated Thinking on Positivity Ratios", op. cit., p. 814.
32 Ibid.
33 Ibid., p. 819.

um amplo leque de fenômenos diferentes e que se relacionam de modo imperfeito, como sentimentos (mudanças e percepções corporais e sensoriais), avaliações (percepção e valorações subjetivas), desempenho (padrões comunicativos e expressivos), sentidos históricos e culturais (conotações, valores e narrativas compartilhados) e estruturas sociais (roteiros, normas, regras e padrões sociais de comportamento incorporados).[34] Já a psicologia positiva se aferra a uma abordagem naturalística e compreende as emoções como "inerentes"[35] – um conjunto fixo de estados universais –, manifestações cuja complexidade e variedade são negligenciadas em prol de uma conceituação associal e a-histórica, como demonstraram muitas abordagens históricas, psicológicas e sociológicas do conceito.[36]

Os psicólogos positivos tampouco conseguem entender que, assim como pertencem a indivíduos, as emoções pertencem a grupos, comunidades e sociedades. E isso não apenas por possuírem funcionalidades interpessoais como a comunicação, a persuasão e a identificação, mas porque toda emoção é her-

---

34 Jerome Kagan, *What Is Emotion? History, Measures, and Meanings*. New Haven: Yale University Press, 2007; Margaret Wetherell, *Affect and Emotions: A New Social Science Understanding*. London: Sage, 2012.
35 Deborah Lupton, *The Emotional Self: A Sociocultural Exploration*. London: Sage, 1998.
36 Ute Frevert, *Emotions in History: Lost and Found*. Budapest: Central European University Press, 2011; R. S. Lazarus e Bernice N. Lazarus, *Passion and Reason: Making Sense of Our Emotions*. New York/Oxford: Oxford University Press, 1994; Michael Lewis, Jeannette Haviland-Jones e Lisa Feldman Barrett (orgs.), *Handbook of Emotions*. London: Guilford Press, 2008; Barbara H. Rosenwein, "Worrying About Emotions in History". *The American Historical Review*, v. 107, n. 3, 2002, pp. 821-45; M. Wetherell, *Affect and Emotions*, op. cit.

deira de significados culturais e sociais[37] e de questões de classe, gênero e raça.[38] A abordagem deles também negligencia em que medida a vida emocional das pessoas está intrinsecamente ligada a padrões cambiantes de escolha e consumo[39] e, ainda, a estruturas sociais – isto é, situações sociais e relações de poder.[40] Eles também desconsideram que as emoções são formas de definição e negociação das relações sociais e dos pontos de vista pessoais do eu no âmbito de certas ordens morais.[41] Na verdade, apesar de vários estudos ressaltarem a moral da felicidade,[42] os psicólogos positivos optam por perspectivas evolucionistas e positivistas que minimizam, neutralizam e mesmo rejeitam

---

37 Catherine Lutz e Geoffrey M. White, "The Anthropology of Emotions". *Annual Review of Anthropology*, v. 15, n. 1, 1986, pp. 405-36.
38 Catharine A. MacKinnon, *Are Women Human? And Other International Dialogues*. Cambridge: Harvard University Press, 2007; Lauren Berlant, *Cruel Optimism*. Durham: Duke University Press, 2011.
39 E. Illouz, *Why Love Hurts: A Sociological Explanation*. Cambridge: Polity, 2012; id., "Emotions, Imagination and Consumption: A New Research Agenda". *Journal of Consumer Culture*, v. 9, n. 3, 2009, pp. 377-413.
40 Jack M. Barbalet, *Emotion, Social Theory, and Social Structure: A Macrosociological Approach*. Cambridge: Cambridge University Press, 2004; A. R. Hochschild, *The Outsourced Self: Intimate Life in Market Times*. New York: Metropolitan Books, 2012.
41 Horace Romano Harré, *Physical Being: A Theory for a Corporeal Psychology*. Oxford: Blackwell, 1991.
42 Barbara Ehrenreich, *Sorria: como a promoção incansável do pensamento positivo enfraqueceu a América* [2009], trad. Maria Lúcia de Oliveira. São Paulo: Record, 2013; Louise Sundararajan, "Happiness Donut: A Confucian Critique of Positive Psychology". *Journal of Theoretical and Philosophical Psychology*, v. 25, n. 1, 2005; E. Cabanas e J. C. Sánchez-González, "The Roots of Positive Psychology". *Papeles del Psicólogo*, v. 33, n. 3, 2012.

o conteúdo moral profundo em que noções como bem-estar e satisfação e realização pessoal estão mergulhadas.

Quanto à divisão emoções positivas *versus* negativas, eles ignoram que, quando se trata de emoções, por uma questão de coerência, positivo e negativo não podem ser separados,[43] seja em termos sociológicos, seja psicológicos. Sentimentos ambivalentes marcam todos os eventos da vida. A notícia de que um parente próximo acaba de morrer depois de uma doença prolongada e dolorosa pode deixar um indivíduo ao mesmo tempo triste e aliviado, assim como furtar produtos em uma loja pode causar um misto de culpa e de entusiasmo, ou assistir a filmes de terror pode despertar tanto medo como prazer. Seria impreciso compreender as emoções como entidades estanques e de contornos bem-definidos, ou combinações de sentimentos mais simples ou mais básicos. Como Jerome Kagan aponta, ainda que "agentes, observadores e cientistas sejam com frequência forçados a selecionar um termo para um conjunto de categorias mutuamente excludentes, como assustado, triste, feliz, culpado, surpreso ou nervoso, [o que] os indivíduos muitas vezes experimentam [é] uma combinação de estados nomeados por esses conceitos abstratos,"[44] isto é, uma mistura para a qual não temos um nome, mas que deve ser em si mesma considerada como um estado emocional coerente e irredutível, e não mera somatória de emoções supostamente mais básicas e simples. Pode-se dizer que não há um estado ou uma experiência específica que possa se chamar de "felicidade", assim como não há um estado ou uma experiência que não sejam

---

43 R. S. Lazarus, "Does the Positive Psychology Movement Have Legs?". *Psychological Inquiry*, v. 14, n. 2, 2003.
44 J. Kagan, *What Is Emotion?*, op. cit., p. 8.

ao mesmo tempo bons e ruins, positivos e negativos, prazerosos e desagradáveis, funcionais e disfuncionais.

Do mesmo modo, dizer que emoções positivas produzem resultados positivos, enquanto as negativas levam a resultados negativos é de um simplismo excessivo. A esperança, por exemplo, sempre combina um desejo ou crença de que o resultado desejado ocorra com ansiedade e medo de que isso não aconteça.[45] A alegria nos impele a nos lançar em atividades desafiadoras, mas também a ser menos persistentes quando confrontados com tarefas difíceis, a fazer escolhas menos precisas, a assumir riscos mais altos e ser mais propensos ao conformismo e à complacência.[46] O perdão pode reduzir a hostilidade, mas também aumentá-la em certas circunstâncias: pode ser benéfico para casais que brigam só de vez em quando, mas prejudicial para aqueles que se desentendem com frequência.[47] A raiva pode levar a comportamentos destrutivos e à humilhação dos outros, mas também à contestação de figuras de autoridade e a um estreitamento de laços interpessoais e comunais diante da injustiça e de ameaças em comum.[48] A nostalgia pode acarretar tristeza e saudade do passado, mas também pode reparar essa saudade com um senso particular de pertencimento, impulsio-

---

45 R. S. Lazarus, "Does the Positive Psychology Movement Have Legs?", op. cit.
46 Joseph P. Forgas, "Don't Worry, Be Sad! On the Cognitive, Motivational, and Interpersonal Benefits of Negative Mood". *Current Directions in Psychological Science*, v. 22, n. 3, 2013; Hui Bing Tan e J. P. Forgas, "When Happiness Makes Us Selfish, but Sadness Makes Us Fair: Affective Influences on Interpersonal Strategies in the Dictator Game". *Journal of Experimental Social Psychology*, v. 46, n. 3, 2010, pp. 571-76.
47 M. Pérez-Álvarez, "Positive Psychology: Sympathetic Magic". *Papeles del Psicólogo*, v. 33, n. 3, 2012, pp. 183-201.
48 Anthony Storr, *Human Aggression*. Harmondsworth: Penguin, 1992.

nando as pessoas a se envolver em pensamentos retrospectivos e prospectivos e a construir ou fortalecer identidades comuns.[49] A inveja pode provocar ressentimento e hostilidade, mas também está associada a um aumento de esforço, a uma mudança para alcançar admiração e a meta desejada.[50] E tampouco a positividade é sempre benéfica e vantajosa. Expectativas otimistas sobre resultados futuros podem aumentar o risco de depressão quando confrontadas com acontecimentos negativos na vida,[51] e, sob certas circunstâncias, humores positivos podem aumentar a falta de compromisso emocional e impedir o cuidado, a empatia e a solidariedade pelos outros. Tan e Forgas mostraram que "em comparação com indivíduos tristes, o humor feliz aumenta o egoísmo na alocação de recursos no jogo do ditador tanto em ambientes públicos como em laboratório".[52] E ainda que possa aumentar a empatia subjetiva, à emocionalidade positiva com frequência se associa uma diminuição no desempenho empático objetivo, assim como a um aumento na estereotipagem e a erros de julgamento na justificação do próprio com-

---

[49] Svetlana Boym, *The Future of Nostalgia*. New York: Basic Books, 2001.

[50] Jens Lange e Jan Crusius, "The Tango of Two Deadly Sins: The Social-Functional Relation of Envy and Pride". *Journal of Personality and Social Psychology*, v. 109, n. 3, 2015, pp. 453-72.

[51] M. Pérez-Álvarez, "Positive Psychology and Its Friends: Revealed". *Papeles del Psicólogo*, v. 34, n. 3, 2013, pp. 208-26; Iris B. Mauss et al., "Can Seeking Happiness Make People Unhappy? Paradoxical Effects of Valuing Happiness". *Emotion*, v. 11, n. 4, 2011; Marino Pérez-Álvarez, "The Science of Happiness: As Felicitous as It Is Fallacious". *Journal of Theoretical and Philosophical Psychology*, v. 36, n. 1, 2016.

[52] H. B. Tan e J. P. Forgas, "When Happiness Makes Us Selfish", op. cit., p. 574.

portamento ou de terceiros[53] - pessoas com humores positivos tendem a ignorar fatores circunstanciais e são mais propensas a vieses e preconceitos.[54] De modo semelhante, a suposição de que emoções positivas formam melhor o caráter e são mais eficazes para a coesão social[55] não resiste a uma análise sociológica e histórica. Citemos, por exemplo, a análise de Smail sobre o ódio e a virtude na sociedade do período medieval tardio;[56] o estudo de Barbalet sobre a vergonha e a ordem social no século XVIII;[57] ou a obra de Cahill sobre o constrangimento e a verdade.[58] Emoções como inveja, humilhação, medo e raiva são tão favoráveis ou desfa-

[53] Hillary C. Devlin et al., "Not As Good as You Think? Trait Positive Emotion Is Associated with Increased Self-Reported Empathy but Decreased Empathic Performance", in Marco Iacoboni (org.), *PLOS One*, v. 9, n. 10, 2014; J. P. Forgas e Rebekah East, "On Being Happy and Gullible: Mood Effects on Skepticism and the Detection of Deception". *Journal of Experimental Social Psychology*, v. 44, n. 5, 2008, pp. 1362-67; Jaihyun Park e Mahzarin R. Banaji, "Mood and Heuristics: The Influence of Happy and Sad States on Sensitivity and Bias in Stereotyping". *Journal of Personality and Social Psychology*, v. 78, n. 6, 2000, pp. 1005-23.
[54] J. P. Forgas, "On Being Happy and Mistaken: Mood Effects on the Fundamental Attribution Error". *Journal of Personality and Social Psychology*, v. 72, n. 1, 1998, pp. 318-31; id., "Don't Worry, Be Sad!", op. cit.
[55] Christopher Peterson e M. E. P. Seligman, *Character Strengths and Virtues: A Handbook and Classification*. New York: Oxford University Press, 2004.
[56] Daniel Lord Smail, "Hatred as a Social Institution in Late-Medieval Society". *Speculum*, v. 76, n. 1, 2001, pp. 90-126.
[57] J. M. Barbalet, *Emotion, Social Theory, and Social Structure*, op. cit.
[58] Spencer E. Cahill, "Embarrassability and Public Civility: Another View of a Much Maligned Emotion", in D. D. Franks, M. B. Flaherty e C. E. Greenwich (orgs.), *Social Perspectives on Emotions*. Greenwich: JAI, 1995, pp. 253-71.

voráveis para a construção da personalidade e da coesão social quanto o amor ou a compaixão. Ainda que emoções como frustração, ressentimento e ódio tendam a ser vistas como fracassos na formação da psique, e prejudiciais às relações sociais, essas emoções se destacam como os principais motores para a formação de dinâmicas sociais cotidianas essenciais, como a coesão de grupos ou os movimentos coletivos – Hochschild salienta, por exemplo, que no final dos anos 1960 o movimento das mulheres se fortaleceu e ganhou eficácia com a constatação de um ressentimento comum contra maridos, pais, empregadores e outros homens.[59] O ódio pode mobilizar a sublevação diante da opressão e se manifesta quando os recursos são mal distribuídos ou estão sob ameaça, e quando se experimenta uma falta de reconhecimento, isto é, uma forma de desrespeito ou aniquilação do eu social.[60] Emoções como o ódio são essenciais para a ação e reação políticas, assim como para as noções de valor próprio e de identidade. Quando pregam a transformação de emoções negativas em manifestações positivas, de modo a torná-las adaptativas e valiosas, os psicólogos positivos não apenas as expugnam de suas funcionalidades pessoais e sociais, mas também as privam de suas naturezas políticas centrais.

Quando se trata de emoções, porém, não há caracteres secundários ou resultados funcionais ou disfuncionais *a priori*. Pelo contrário, qualquer emoção pode oferecer informações essenciais a respeito de como os indivíduos constroem narrativas pessoais, relacionam-se uns com os outros, lidam com seus ambien-

---

[59] A. R. Hochschild, "The Sociology of Feeling and Emotion: Selected Possibilities". *Sociological Inquiry*, v. 45, n. 2-3, 1975, pp. 280-307.
[60] Axel Honneth, *The Struggle for Recognition: The Moral Grammar of Social Conflicts*. Cambridge: MIT Press, 1996.

tes sociais e enfrentam as dificuldades, pressões e oportunidades do dia a dia. As emoções também dão subsídios para os incentivos sociais e políticos que movem e impulsionam indivíduos e grupos para a ação, mobilização, coesão e mudança. O principal desafio, assim, é a compreensão total da funcionalidade de cada emoção e o papel que cada resposta emocional desempenha na modelagem, manutenção ou contestação de certas dinâmicas individuais, sociais e culturais em determinado contexto – como identidades pessoais e sociais, ação coletiva, humor coletivo, reconhecimento mútuo, resistência política, consumo ou memória nacional –, sem que algumas sejam desconsideradas por serem dotadas de uma negatividade natural ou inerente e, portanto, marcadas por propriedades disfuncionais ou problemáticas.

Diante de algumas dessas críticas bem-fundamentadas, há pouco tempo alguns psicólogos positivos declararam defender uma "segunda onda da psicologia positiva", uma abordagem mais sensível à felicidade que inclua uma postura mais dialética e integrativa quanto à característica divisão entre positivo/negativo.[61] Apesar disso, e independentemente de essa sugestão ajudar a conduzir a área de estudo para uma posição mais reflexiva ou não, o surgimento de afirmações do tipo dentro das próprias fileiras da disciplina evidencia em que medida a dicotomia está firmemente estabelecida – assim como em muitos outros discursos populares e profissionais sobre a felicidade.

Críticas persuasivas e numerosas à parte, esse discurso emocional positivo – que fetichiza a felicidade, reduz a noção de funcionalidade ao domínio exclusivo do psicológico e iden-

---

[61] Tim Lomas e I. Ivtzan, 'Second Wave Positive Psychology: Exploring the Positive-Negative Dialectics of Wellbeing'. *Journal of Happiness Studies*, v. 17, n. 4, 2016, pp. 1753-68.

tifica saúde, sucesso e autoaprimoramento com altos níveis de positividade – goza de aceitação generalizada na ciência da felicidade de hoje. Paradoxalmente, longe de superar o afirmado viés negativo da psicoterapia tradicional, a divisão robusta e polarizante de emoções positivas e funcionais *versus* negativas e disfuncionais pôs em cena novas formas de patologização, ou seja, uma nova estratificação emocional segundo a qual pessoas negativas não estão qualificadas para uma vida completamente saudável e funcional. Ser capaz de se livrar de memórias indesejadas e de sentimentos e autocríticas negativos e adotar uma inclinação positiva diante da vida talvez tenham se estabelecido como requisito emocional para preservar um sentido subjetivo de bem-estar e de valor pessoal.

PERSISTA E NÃO SE PREOCUPE

Anos antes de dar início ao negócio da psicologia positiva, Seligman havia dedicado a maior parte de sua carreira acadêmica ao estudo do conceito de "desamparo aprendido". Seu artigo "Learned Helplessness" [Desamparo aprendido], publicado no *Annual Review of Medicine* em 1972, e seu livro *Helplessness: On Depression, Development, and Death* [Desamparo: depressão, desenvolvimento e morte], de 1975, geraram impacto e atenção enormes. O conceito de desamparo aprendido mostrava como, sob condições objetivas de impotência induzida, os indivíduos tendiam a aceitar sua situação pessoal e a normalizá-la, a entender que havia pouco a fazer para mudá-la de alguma forma. O conceito em si é interessante e poderia ter contribuído para o entendimento dos mecanismos de reprodução e transformação sociais em que sentimentos de impotência e vulnerabilidade são decisivos no uso e na distribuição do poder; na exibição de estratégias coercitivas em certas organizações; ou na dissolução do ultraje público e sua transformação em conformismo e apatia. Contudo, não foi essa a direção que Seligman e colegas escolheram explorar. Eles estavam interessados apenas em uma questão muito específica, e que poderíamos chamar de darwiniana: sob a condição experimental de desamparo, algumas cobaias se recusavam a permanecer passivas e continuavam buscando formas de evitar a situação de abandono. Seligman atribuiu (com certa dose de tautologia) esse comportamento a características psicológicas individuais como o otimismo: as pessoas que não se resignavam a uma situação desafortunada eram apresentadas como otimistas – ao mesmo tempo que o otimismo era definido como a capacidade psicológica inata de não sucumbir aos infortúnios. De acordo com Seligman, algumas pessoas simplesmente reenquadravam as adversidades não apenas para superá-las, mas também para aprender e crescer com elas. É isso o que hoje se conhece como resiliência.

No artigo "Building Resilience" [Construindo resiliência], publicado na prestigiosa *Harvard Business Review*, Seligman oferece um exemplo impactante da ideia de que, se por um lado o sucesso é causado pela resiliência, então a falta de sucesso, o desemprego e a mobilidade social para baixo são, por outro lado e consequentemente, o resultado de uma constituição psíquica fraca.

Douglas e Walter, dois estudantes de MBA da Universidade da Pensilvânia, foram dispensados de suas empresas de Wall Street dezoito meses atrás e entraram em parafuso: tristes, apáticos, indecisos e ansiosos quanto ao futuro. Para Douglas, esse humor foi transitório. Depois de duas semanas, ele disse a si mesmo:

"O problema não sou eu; é a economia que está passando por um mau bocado. Sou bom no que faço e haverá um mercado para mim". Ele atualizou seu currículo e o encaminhou a uma dúzia de empresas de Nova York – e foi rejeitado por todas. Tentou, então, seis companhias em sua cidade natal, Ohio, e depois de um tempo achou uma vaga. Walter, por outro lado, entrou numa espiral de desamparo: "Fui demitido porque não consigo produzir sob pressão", pensou. "Não fui feito para as finanças. A economia levará anos para se recuperar." Mesmo quando o mercado começou a reagir, ele não procurou um novo emprego; acabou voltando para a casa dos pais.

Douglas e Walter (na verdade um *mix* de vários entrevistados) estão em polos opostos do *continuum* de reações possíveis diante do fracasso. Os Douglas se levantam após um breve período de indisposição; um ano depois, amadureceram graças a essa experiência. Os Walters vão da tristeza à depressão e a um medo paralisante do futuro. Contudo, o fracasso é parte inevitável do trabalho; e, junto com a desilusão amorosa, é um dos traumas mais comuns da vida. É quase certo que pessoas como Walter encontrarão obstáculos em suas carreiras, e empresas que estejam cheias de empregados desse tipo estarão em maus lençóis em época difíceis. São pessoas como Douglas que chegam ao topo e são mais selecionadas pelas empresas. Mas como saber quem é um Walter e quem é um Douglas? E será que Walters podem virar Douglas?[62]

Douglas são mais resilientes do que Walters; ou seja, os Douglas "chegam ao topo" porque dispõem da capacidade de transformar

---

[62] M. E. P. Seligman, "Building Resilience". *Harvard Business Review*, 2011.

a adversidade em oportunidade, o sofrimento em vitória pessoal e a negatividade em positividade existencial. De acordo com Seligman, o mundo sorri para aqueles que se esforçam para sorrir de volta, não importa o que aconteça – e o mundo do trabalho competitivo, instável e precarizado não é exceção. Quanto à negatividade, nem tudo está perdido. Pelo contrário, ainda existe um jeito para usar a negatividade em proveito próprio. Ainda que, para os psicólogos positivos, ela seja ruim para quase todas as jornadas que as pessoas iniciam na vida, esses mesmos psicólogos têm o remédio para a doença que ajudaram a criar. Se pensamentos e sentimentos negativos forem moldados em algo positivo, isto é, sejam "positivados" e transformados em estratégias de crescimento e florescimento pessoais, a negatividade pode nos ensinar uma lição positiva e poderosa.

A psicologia positiva afirma que pessoas resilientes prosperam porque estão psicologicamente protegidas contra possíveis sentimentos de derrota, "levantam e dão uma volta por cima ainda maior", perseveram em seus esforços, alcançam o sucesso mesmo quando confrontadas com infortúnios e circunstâncias estressantes, e capitalizam bastante sobre suas emoções positivas depois de reenquadrar a negatividade como um recurso positivo de resistência:[63] "Seguir adiante apesar dos fatores negativos de estresse não é sinal de sorte de indivíduos bem-sucedidos,

---

[63] Fred Luthans, Gretchen R. Vogelgesang e Paul B. Lester, "Developing the Psychological Capital of Resiliency". *Human Resource Development Review*, v. 5, n. 1, 2006; Ann S. Masten e Marie-Gabrielle J. Reed, "Resilience in Development", in *Handbook of Positive Psychology*, op. cit., pp. 74-88; Karen Reivich et al., "From Helplessness to Optimism: The Role of Resilience in Treating and Preventing Depression in Youth", in S. Goldstein e R. B. Brooks (orgs.), *Handbook of Resilience in Children*. New York: Kluwer Academic/Plenum, 2005.

mas indicativo de um conceito conhecido como resiliência".⁶⁴ Segundo a pequena narrativa de Seligman, a resiliência é um dos aspectos cruciais para a distinção entre Douglas e Walter. Os Walters vão da tristeza à depressão e a um medo paralisante do futuro". Assim, a investigação sobre as dimensões psicológicas e da personalidade que fazem com que as pessoas resistam e amadureçam em momentos de adversidade poderia ensinar estratégias para transformar Walters em Douglas. Seligman diz que anos de estudo científico do conceito acabaram ajudando os colegas a encontrar as chaves para conferir a essa tarefa uma base científica e possibilitar sua execução de forma rigorosa: "Descobrimos não apenas como distinguir entre aqueles que amadurecerão depois do fracasso e aqueles que entrarão em colapso, mas também como desenvolver as habilidades das pessoas desta última categoria".

Mas a psicologia positiva não foi a criadora da noção de resiliência: ela já aparecia em contextos acadêmicos e fora deles algumas décadas antes do surgimento dessa área de estudo. No domínio acadêmico, por exemplo, já no fim dos anos 1980 e ao longo dos anos 1990, pesquisadores como Michael Rutter e Ann Masten falavam dos mecanismos psicológicos que protegiam as pessoas da adversidade e indicavam uma adaptação bem-sucedida apesar de eventos desafiadores ou ameaçadores.⁶⁵ Em

---

64 Michele M. Tugade e B. L. Fredrickson, "Resilient Individuals Use Positive Emotions to Bounce Back From Negative Emotional Experiences". *Journal of Personality and Social Psychology*, v. 86, n. 2, 2004, p. 320.
65 Michael Rutter, "Psychosocial Resilience and Protective Mechanisms". *American Journal of Orthopsychiatry*, v. 57, n. 3, 1987, pp. 316-31; A. S. Masten, Karin M. Best e Norman Garmezy, "Resilience and Development: Contributions from the Study of Children

áreas não acadêmicas, o conceito de resiliência foi popularizado nos Estados Unidos por autores de best-sellers como Dave Pelzer, em 1995, com *A Child Called 'It': One Child's Courage to Survive* [Uma criança chamada "isso": a coragem de uma criança para sobreviver] ou, na França, por Boris Cyrulnik, em 1999, com *Un merveilleux malheur* [Um infortúnio maravilhoso], todos eles bastante inspirados em memórias como a publicada por Viktor Frankl em 1946, *Em busca de um sentido*. O que essas histórias tinham em comum? Elas se relacionavam à experiência traumática de alguém e à sua sobrevivência. E também endossavam os aspectos de autoaperfeiçoamento: as pessoas envolvidas não apenas sobreviviam à tragédia, mas, mais importante, passavam por uma transformação poderosa e positiva depois de vivê-la. Para os psicólogos positivos, essas histórias provavam que alguns não só eram mais capazes de se reerguer e ir além diante das adversidades, mas que um tipo de "crescimento adversivo" acontecia depois do trauma. Eles até cunharam um termo: crescimento pós-traumático (CPT), conceito que começou a chamar atenção no começo dos anos 2000 e se consolidou em 2006 com o *Handbook of Posttraumatic Growth: Research and Practice* [Manual do crescimento pós-traumático: pesquisa e prática],[66] um guia dedicado a delinear e contextualizar o conceito.

O CPT foi apresentado como um conceito mais específico do que a resiliência e que se aplicava sobretudo aos eventos traumáticos e às pessoas que não só se adaptaram bem a eles, mas tam-

---

Who Overcome Adversity". *Development and Psychopathology*, v. 2, n. 4, 1990, pp. 425-44.
66 Lawrence G. Calhoun e Richard G. Tedeschi (orgs.), *Handbook of Posttraumatic Growth: Research and Practice*. Mahwah: Lawrence Erlbaum Associates, 2006.

bém experimentaram uma intensificação do apreço pela vida, sentiam-se existencial e espiritualmente mais ricas e viviam um sentimento positivo de renascimento ou uma percepção aumentada de autenticidade e aprimoramento pessoal.[67] Diferentemente do transtorno de estresse pós-traumático (Tept), supostamente mais característico da terapia negativa – e associado aos pesadelos da Guerra do Vietnã –, o CPT se voltava à empreitada mais positiva do estudo e do acolhimento de narrativas e de experiências de florescer após eventos traumáticos[68] como cânceres, ataques cardíacos, acidentes, abusos sexuais, catástrofes, doenças terminais e guerra. Os psicólogos positivos começaram a reunir testemunhos de pessoas que diziam ter amadurecido após passar por traumas, coletando-os de romances, de biografias e dos participantes de seus próprios estudos. As descobertas, ainda que inconclusivas, pareciam sugerir que "pessoas otimistas, intrinsecamente religiosas e que experimentam mais afetos positivos"[69] eram em geral mais propensas a alcançar um CPT.

Análises mais críticas contestam a validade científica do CPT e indicam que o conceito pode ser mais uma ilusão do que um fenômeno real.[70] Em termos mais prosaicos, ao que tudo

---

67 Corey L. M. Keyes e Jonathan Haidt (orgs.), *Flourishing: Positive Psychology and the Life Well-Lived*. Washington: American Psychological Association, 2003.
68 P. Alex Linley e Stephen Joseph, "Positive Change Following Trauma and Adversity: A Review". *Journal of Traumatic Stress*, v. 17, n. 1, 2004, pp. 11-21; R. G. Tedeschi e Lawrence G. Calhoun, "Posttraumatic Growth: Conceptual Foundations and Empirical Evidence". *Psychological Inquiry*, v. 15, n. 1, 2004, pp. 1-18.
69 P. A. Linley e S. Joseph, "Positive Change Following Trauma and Adversity", op. cit., p. 17.
70 Enric C. Sumalla, Cristian Ochoa e Ignacio Blanco, "Posttraumatic Growth in Cancer: Reality or Illusion?". *Clinical Psychology Review*,

indica o CPT seria apenas uma formulação científica do dito popular "o que não mata, fortalece". E o que é ainda mais prosaico: o CPT também implicaria, ainda que não em primeiro lugar, poupar muito dinheiro. Pessoas diagnosticadas com Tept custam a instituições e a governos benefícios sociais no valor de 3 mil dólares por mês pelo resto da vida – sem contar os processos judiciais. No capítulo "Transformando o trauma em crescimento", Seligman afirma que "esse tipo de dinheiro pode levar a sintomas exagerados e prolongados".[71] Ainda que não acredite que as pessoas finjam, Seligman sugere que esses diagnósticos podem ferir o orgulho dos indivíduos e coibir a motivação necessária para o aprimoramento de suas condições pessoais. O CPT se concentraria na prevenção do trauma, mas sobretudo em promover e incentivar o crescimento depois da tragédia – e, de passagem, economizaria o dinheiro do contribuinte.

Apesar disso, a resiliência e o CPT não estão circunscritos à terapêutica. Pelo contrário, foram conceitos introduzidos de modo poderoso no mundo do trabalho, e mesmo nas Forças Armadas. Com o artigo "Building Resilience", Seligman parece matar dois coelhos com uma cajadada só. De um lado, ele procurava divulgar o progresso da psicologia positiva quanto à resiliência apresentando-o ao público da revista – leitores não especializados, como empresários, administradores, *coaches*, profissionais do desenvolvimento pessoal e muitas organiza-

---

v. 29, n. 1, 2009, pp. 24-33; Patricia L. Tomich e Vicki S. Helgeson, "Is Finding Something Good in the Bad Always Good? Benefit Finding Among Women with Breast Cancer". *Health Psychology*, v. 23, n. 1, 2004, pp. 16-23.

71 M. E. P. Seligman, *Florescer: uma nova compreensão sobre a natureza da felicidade e do bem-estar* [2011], trad. Cristina Paixão Lopes. São Paulo: Objetiva, 2021, p. 176.

ções interessadas em conceitos como resistência, perseverança e força emocional –, todos eles profissionais que já vinham aplicando ao mundo do trabalho, desde os anos 2000, parâmetros como felicidade, resiliência e outros conceitos e técnicas da psicologia positiva. De outro lado, Seligman queria promover o conceito de resiliência entre militares, com os quais ele e outros colegas haviam recentemente começado a trabalhar. Seu artigo relacionava de modo explícito (e até mesmo equiparava) a esfera do trabalho e a militar, e enfatizava o quanto uma poderia aprender com a outra: "Acreditamos que empresários podem tirar lições [da resiliência], em especial em tempos de fracasso e estagnação. Ao trabalhar com soldados individuais (empregados) e com instrutores (administradores), ajudamos a criar um exército de Douglas que podem transformar as experiências mais difíceis em catalisadores de um desempenho melhor".[72]

De fato, desde 2008, representantes da psicologia positiva como Barbara Fredrickson, sob a supervisão de Martin Seligman, dirigem um programa destinado aos militares estadunidenses, o Preparo Abrangente de Soldados (*Comprehensive Soldier Fitness* – CSF), que, tendo recebido investimentos de 145 milhões de dólares, consiste basicamente em módulos de treinamento em resiliência e CPT. Segundo o pai da psicologia positiva, em questão de poucos anos a iniciativa em geral e o treinamento em resiliência em particular permitiram aumentar a capacidade de adaptação dos militares a exigências estressantes em combate, bem como ajudaram na recuperação de eventos traumáticos e na interação positiva com as obrigações cotidia-

[72] Id., "Building Resilience", n.p., par. 1-2.

nas.⁷³ O envolvimento de Seligman com o CSF (ele chegou a declarar que participava da iniciativa completamente *pro bono*) se manifestava no entusiasmo com o qual ele encorajava escolas e organizações a atentar aos progressos do treinamento em resiliência dos soldados (o que elas de fato fizeram, como se viu nos capítulos 2 e 3). Como ficou evidente em seu livro de 2011, boa parte do qual se dedicava a propagar os benefícios do projeto e, com grande dose de patriotismo e espiritualidade, a enaltecer o trabalho indispensável do Exército dos Estados Unidos.⁷⁴

Ainda assim, e apesar da defesa que Seligman e outros colegas seus fizeram do sucesso científico e prático colhido pelo projeto, muitos outros elementos mostram que a iniciativa CSF tem sido amplamente criticada.⁷⁵ Uma das primeiras e mais duras críticas veio da Coalition for an Ethical Psychology [Coalizão por uma Psicologia Ética], que levantou uma série de preocupações éticas sobre o alistamento involuntário de soldados no programa; a possibilidade de que a iniciativa os estivesse distraindo de outros efeitos graves e adversos derivados da exposição ao combate; os esforços para construir soldados indômitos; e a promoção do cristianismo de forma inapropriada.⁷⁶ A comissão também levantou ressalvas quanto à validade e a efetividade científicas do programa e destacou que "a pesquisa de avaliação

---

73 Id. e Raymond D. Fowler, "Comprehensive Soldier Fitness and the Future of Psychology". *American Psychologist*, v. 66, n. 1, 2011, pp. 82-86; M. E. P. Seligman, *Florescer*, op. cit.
74 Id., *Florescer*, op. cit., p. 200.
75 N. J. L. Brown, "A Critical Examination of the U.S. Army's Comprehensive Soldier Fitness Program". *The Winnower*, n. 2, 2015.
76 Roy Eidelson e Stephen Soldz, "Does Comprehensive Soldier Fitness Work? CSF Research Fails the Test". *Coalition for an Ethical Psychology Working Paper*, v. 1, n. 5, 2012, pp. 1-12.

do CSF parece profundamente falha, e afirmações recentes de que o programa 'funciona' parecem ser uma distorção grosseira dos dados".[77] Questões éticas, metodológicas e técnicas similares foram apresentadas por muitos outros estudiosos,[78] incluindo problemas de design de experimento; falta de estudos-piloto e grupos de controle; aplicação em soldados de treinamentos em resiliência não validados de forma empírica; e revisões significativas e improvisações em módulos diante da falta de resultados:

> Em suma, dos principais componentes do CSF, os treinadores mestres em resiliência produziram apenas um efeito (autorrelatado) muito pequeno sobre a resiliência e, em alguns casos, nem sequer oferecem qualquer tipo de treinamento, e os módulos abrangentes de resiliência apresentaram um desempenho ainda pior [...]. A combinação de dados enviesados, efeitos diminutos e vários fatores de confusão já descritos torna difícil afirmar que os soldados estejam se tornando muito mais resilientes, mesmo quando mensurados por suas próprias declarações.[79]

---

77 Ibid., p. 1.
78 Thomas W. Britt, et al., "How Much Do We Really Know About Employee Resilience?". *Industrial and Organizational Psychology*, v. 9, n. 2, 2016, pp. 378-404; John Dyckman, "Exposing the Glosses in Seligman and Fowler's (2011) Straw-Man Arguments". *American Psychologist*, v. 66, n. 7, 2011, pp. 644-45; Harris L. Friedman e Brent Dean Robbins, "The Negative Shadow Cast by Positive Psychology: Contrasting Views and Implications of Humanistic and Positive Psychology on Resiliency". *The Humanistic Psychologist*, v. 40, n. 1, 2012, pp. 87-102; Sean Phipps, "Positive Psychology and War: An Oxymoron". *American Psychologist*, v. 66, n. 7, 2011, pp. 641-42.
79 N. J. L. Brown, "A Critical Examination", op. cit., p. 13, par. 66.

Além disso, e além dos problemas científicos e técnicos que põem em dúvida a validade e a efetividade da iniciativa, as consequências sociais e morais derivadas do discurso e do uso da resiliência nas Forças Armadas e em outras organizações levantam outras questões importantes. Seriam esses soldados – resilientes e capazes de se recuperar rapidamente e com facilidade das atrocidades que são obrigados a cometer – mais valorosos do que aqueles que sofrem com as consequências terríveis de seus atos? Seriam esses trabalhadores – resilientes e imunes às crueldades, à exploração e às estratégias coercitivas empregadas por seus empregadores – mais admiráveis do que aqueles que sucumbem a essas condições? Essa é uma conclusão bastante duvidosa, seja teórica ou moralmente. A resiliência suscita questões importantes, ainda, quanto à compreensão e ao tratamento social dispensado ao sofrimento. O que pensar daqueles que sofrem por não serem capazes de se tornar resilientes ou manter uma atitude positiva diante de circunstâncias adversas? E daqueles que lutam com a ideia de não serem capazes de se sentir felizes ou felizes o suficiente com suas condições de vida? Será que esse discurso resiliente e positivo não promoveria o conformismo e justificaria hierarquias e ideologias implícitas? A insistência em uma atitude positiva, a despeito das circunstâncias, não privaria os sentimentos negativos de legitimidade e transformaria o sofrimento em algo inútil e até desprezível? Pensamos que sim.

SOFRIMENTO INÚTIL

Cunegunda, a heroína aristocrática de *Cândido*, de Voltaire; Pollyana Whittier, a jovem órfã do clássico da literatura infantil *Pollyana*, de Eleanor Porter; e Guido Orefice, o personagem principal no filme de Roberto Benigni *A vida é bela* – todos têm algo em comum. A despeito de desgraças e tragédias atrozes, continuam convencidos de que tudo corre o melhor possível neste vale de lágrimas. Ainda que a vida pareça maltratá-los, no fim das contas ela é bela. O mundo pode despojá-los da honra, da família e da liberdade, mas nunca será capaz de impedi-los de recorrer ao "jogo do contente", uma atividade cujo objetivo é encontrar o lado positivo de cada situação, não importa quão infeliz ela possa ser. O lado sombrio nas histórias desses personagens motivacionais e amáveis é que a felicidade, assim como o sofrimento, é apresentada como uma escolha pessoal, de modo que aqueles que preferem não jogar o jogo do contente se tornam suspeitos de desejar o infortúnio e, assim, de serem responsáveis por ele.

Apresentada em uma veia menos ficcional, essa mensagem está no âmago do discurso científico da felicidade em geral e de conceitos como resiliência em particular. As narrativas aqui citadas, biografias do mercado da literatura de autoajuda e o conceito científico de resiliência, tudo isso transmite duas morais principais: o sofrimento é inútil caso nenhuma noção positiva possa derivar dele; e o sofrimento prolongado é uma escolha, já que não importa quão inevitáveis algumas tragédias sejam, os indivíduos dispõem do poder para encontrar a saída delas. De fato, os cientistas da felicidade transmitem e com frequência repetem a mensagem de que um ponto de vista positivo está ao alcance de todos, não importam as circunstâncias particulares. Se os estressados, deprimidos, marginalizados, explorados, pobres, falidos, viciados, enlutados, doentes, solitários, desempregados, nostálgicos, malsucedidos e assim por diante não levam vidas mais felizes e realizadas, é porque não se esforçaram o bastante; não afinaram seus humores e atitudes ao modelo positivo ou não fizeram limonadas com os limões que a vida lhes ofereceu. Consideremos o seguinte exemplo. Quando lhe perguntaram se a atenção às emoções positivas poderia ser um luxo a que poucos indivíduos seriam capazes de se dar, dadas as condições terríveis e desafiadoras da vida, Barbara Fredrickson respondeu:

> Eu acho que emoções positivas estão disponíveis para todos. Pesquisas realizadas ao redor do mundo com moradores de favelas e prostitutas analisaram o bem-estar e a satisfação dessas pessoas com a vida, e o resultado sugere que emoções positivas têm menos a ver com recursos materiais do que nós pensamos; tudo depende da sua atitude e do modo como você aborda as circunstâncias. Vidas duras com frequência parecem piores ao observador externo. Se vemos alguém que vive na rua, pensamos que cada minuto da vida daquela pessoa deve ser terrível. Pensamos que ter certas doenças ou limitações físicas deve ser horrível o tempo todo. Mas, se você estudar as pessoas que têm essas doenças ou vivem nas ruas, vai descobrir que elas se sentem bem quando estão com amigos ou familiares, que se entusiasmam quando encontram algo novo e assim por diante.[80]

Certamente, transformar emoções negativas em positivas ou demonstrar um autoconceito positivo que ajude a resistir aos inevitáveis contratempos da vida pode ser tão benéfico e recomendável em certas circunstâncias quanto seria razoável supor (cf. a discussão sobre os conselhos da psicologia positiva e a for-

[80] Angela Winter, "The Science of Happiness: Barbara Fredrickson on Cultivating Positive Emotions". *The Sun Magazine*, 2009, pp. 4-13.

malização do senso comum no capítulo 4). Isso não é um problema. O problema surge quando a positividade se torna uma tirana que responsabiliza as pessoas pela maior parte de seus infortúnios e sua impotência circunstancial, independentemente de quão míope, sem base ou injusto isso possa ser. E é ainda mais problemático quando uma ciência da felicidade afirma que essa atitude tirânica é fundada em evidências empíricas e objetivas. Em um mundo em que todos são responsabilizados por seus próprios sofrimentos, há pouco espaço para a pena e a compaixão.[81] Em um mundo em que se diz que todos são inerentemente equipados com os mecanismos necessários para transformar a adversidade em vantagem, também há pouco espaço para reclamações.

Questionar o estado das coisas, desfamiliarizar o familiar e investigar os processos, sentidos e práticas que moldam nossas identidades e comportamentos diários são esforços fundamentais do pensamento crítico social.[82] Vislumbrar formas alternativas e mais libertadoras de viver, organizar o desejo, orientar expectativas e oferecer justiça e gratificação também são parte disso, já que algum grau de pensamento utópico é não só inevitável, mas também indispensável para a análise social tanto crítica como construtiva. Não é de estranhar, porém, que a ideologia da felicidade neutralize tudo isso. Essa ideologia se apresenta como um estandarte da realidade, ainda que não seja de forma alguma menos utópica do que outras tentativas de aperfeiçoar a natureza e a sociedade, não importa o que defensores,

---

[81] Martha Nussbaum, *The Fragility of Goodness: Luck and Ethics in Greek Tragedy and Philosophy*. New York: Cambridge University Press, 2001.
[82] Ruth Levitas, *Utopia as Method: The Imaginary Reconstruction of Society*. Basingstoke: Palgrave Macmillan, 2013.

cientistas e profissionais da felicidade afirmem em sentido contrário. Aqueles que estão no poder sempre afirmarão que a realidade está do lado deles[83] – não em função da exatidão daquilo que dizem, mas sobretudo porque é deles o poder de fazer com que essas afirmações pareçam verdadeiras. Psicólogos positivos como Fredrickson podem se dar ao luxo de declarar abertamente que as emoções positivas e a vida boa estão ao alcance de todos, sem considerar as circunstâncias pessoais, incluindo pessoas sem-teto e prostitutas, porque esses cientistas foram investidos da autoridade não apenas para fazer afirmações não fundamentadas e conservadoras, mas também da autoridade para impô-las.

Que os cientistas da felicidade tenham sido com frequência beligerantes face ao pensamento social crítico não é segredo, tachando-o como negativo, enganoso e até mesmo desonesto. Esses cientistas acreditam que devemos nos livrar desse tipo de negatividade, já que apenas alimenta reivindicações, sem sentido e infrutíferas, por mudança social e política. Foi o que declarou Ruut Veenhoven, por exemplo,[84] para quem supostamente já haveria evidências científicas suficientes para provar que a vida está melhorando de forma geral e global.[85] Afirmações negativas seriam apenas parte de uma "longa tradição de

---

[83] Jean Baudrillard, *Simulations*. New York: Semiotext(e), 1983.
[84] R. Veenhoven, "Life Is Getting Better: Societal Evolution and Fit with Human Nature". *Social Indicators Research*, v. 97, n. 1, 2010.
[85] Ad Bergsma e Ruut Veenhoven, "The Happiness of People with a Mental Disorder in Modern Society". *Psychology of Well-Being: Theory, Research and Practice*, v. 1, n. 2, 2011; A. Bergsma et al., "Most People with Mental Disorders Are Happy: A 3-year Follow-Up in the Dutch General Population". *The Journal of Positive Psychology*, v. 6, n. 4, 2011, pp. 253-59.

crítica social e profecias apocalípticas"[86] alimentadas por teóricos sociais e jornalistas que, "em continuidade aos trabalhos de Marx, Freud, Durkheim, Riesman, Ritzer ou Putnam [...] ganham a vida lidando com problemas sociais e, por isso, tendem a enfatizar o mal".[87]

Esses intelectuais, argumenta Veenhoven, disseminam uma "visão negativa" da sociedade moderna que nos afasta das melhorias concretas. Seligman já havia elaborado essa mesma ideia em termos similares e afirmara que "essas ciências sociais vêm investigando e já descobriram muito acerca das instituições que tornam a vida difícil, ou mesmo insuportável", mas sem nos dizer nada sobre "como minimizar essas condições desfavoráveis".[88]

Afirmações desse tipo não apenas são frustrantes de um ponto de vista científico, na medida em que são historicamente ingênuas e intelectualmente mal-informadas; elas são politicamente perigosas, já que nos condicionam a aceitar o ponto de vista panglossiano e ultrassimplista de que já vivemos no melhor dos mundos possíveis. Como Thomas, um dos personagens principais do romance de Thomas Mann *Os Buddenbrook*, diz, não se trata de aceitar que vivemos no melhor dos mundos possíveis, o que não temos como saber; trata-se de interrogar se vivemos no melhor dos mundos imagináveis. É quanto a isso que o pensamento social crítico nos convida a refletir. Apesar de tudo, a tirania do pensamento positivo tende a nos empurrar o

---

86 R. Veenhoven, "Life Is Getting Better", op. cit., p. 107.
87 Ibid., p. 120.
88 M. E. P. Seligman, *Felicidade autêntica: usando a nova psicologia positiva para a realização permanente* [2002], trad. Neuza Capelo. São Paulo: Objetiva, 2021, p. 292.

melhor dos mundos possíveis, ao mesmo tempo que nos impede de pensar o melhor dos mundos imagináveis.

Mas a repressão de emoções e pensamentos negativos não contribui somente para justificar hierarquias sociais e defender certas ideologias: ela também deslegitima e banaliza o sofrimento. A insistência onipresente na transformação do negativo impraticável em um positivo prático, de modo a manter uma atitude otimista diante de nós mesmos e do mundo, transforma emoções como angústia, raiva e tristeza em algo disruptivo e indesejável, mas, pior, também em algo infrutífero, inútil ou "por nada", como disse Levinas.[89] As Cunegundas, as Pollyanas e os Guidos do mundo fazem do sofrimento algo não só ofensivo para aqueles que não sofrem, mas também um sentimento menos suportável e mais humilhante para aqueles que o experimentam. Indivíduos satisfeitos que atribuem o "mérito" de se sentirem felizes com a vida se colocam na posição de atribuir àqueles que não se sentem da mesma forma a responsabilidade de não ter feito as escolhas certas, de não se adaptar às circunstâncias adversas e não serem flexíveis o bastante para usar os fracassos como oportunidades para crescer e viver vidas melhores. Os sofredores, assim, veem-se obrigados a lidar com o fardo individual de seus próprios sentimentos e com a sensação de culpa que resulta da incapacidade de superar as circunstâncias. A tirania do positivo nos condiciona a ver a tristeza, a desesperança ou o luto como contratempos menores ou estágios fugazes da vida que irão embora caso nos esforcemos o bastante. Isso sugere que a negatividade pode e deve desaparecer sem deixar qualquer rastro ou marca na psique – ainda mais agora que os psicólogos

---

[89] Emmanuel Levinas, *Entre nós: ensaios sobre a alteridade* [1991], org. de trad. Pergentino Stefano Pivatto. Petrópolis: Vozes, 1997.

positivos supostamente encontraram a forma científica de substituir o desespero pelo otimismo. Mas, apesar das boas intenções, a insistência em sempre olhar para o lado bom da vida tende a esconder uma indiferença e algumas insuficiências profundas quanto à compreensão daqueles que realmente sofrem. William James dizia que, na vida, sempre haverá perdas reais e perdedores reais. A tragédia, seja ela pequena ou expressiva, não pode ser evitada, pois a resposta a questões morais importantes ("como devo viver?") sempre implica o conflito de um bem com outro. Apenas as mentes estreitas não conseguem ver os muitos caminhos que foram sacrificados para que nos tornássemos o que somos e vivêssemos como vivemos.[90] Não há um eu único e mais autêntico ou absoluto, tampouco uma meta única e inequivocamente suprema a perseguir. Isso vale para a ideia de felicidade. Toda escolha moral, exercida ou imposta, pessoal ou coletiva, implica o sacrifício de algum bem – constituir algum valor, defender algum princípio ou realizar alguns projetos sociais. Eis aí a tragédia irredutível, indissociável do livre-arbítrio e intrínseca à experiência pessoal, social e política do dia a dia. Nem mesmo o melhor da ciência da felicidade seria capaz de nos poupar das dores suaves ou profundas e das perdas que inextricavelmente vêm com os sacrifícios menores ou maiores que fazemos durante a vida.

[90] Sidney Hook, *Pragmatism and the Tragic Sense of Life*. New York: Basic Books, 1974.

CONCLUSÃO

Em seu texto "Preâmbulo às instruções para dar corda no relógio", de 1962, o escritor argentino Julio Cortázar expressa maravilhosamente bem em que medida passamos a ficar obcecados com o tempo e como essa obsessão fez com que ele passasse da condição de servo a mestre. Seu relógio funciona como uma metáfora para o tempo:

> Pense nisto: quando dão a você de presente um relógio estão dando um pequeno inferno enfeitado, uma corrente de rosas, um calabouço de ar [...] não dão de presente somente esse miúdo quebra-pedras que você atará ao pulso e levará a passear [...] dão a você um novo pedaço frágil e precário de você mesmo, algo que lhe pertence mas não é seu corpo, que deve ser atado a seu corpo com sua correia como um bracinho desesperado pendurado a seu pulso. Dão a necessidade de dar corda todos os dias, a obrigação de dar-lhe corda para que continue sendo um relógio; dão a obsessão de olhar a hora certa nas vitrines das joalherias, na notícia do rádio, no serviço telefônico. Dão o medo de perdê-lo, de que seja roubado, de que possa cair no chão e se quebrar. Dão sua marca e a certeza de que é uma marca melhor do que as outras, dão o costume de comparar seu relógio aos outros reló-

gios. Não dão um relógio, o presente é você, é a você que oferecem para o aniversário do relógio.¹

O texto de Cortázar nos oferece uma metáfora do que a felicidade se tornou: uma obsessão, é claro, mas também um presente falso e enganoso. Ela não é um tesouro humano descoberto por pessoas desinteressadas de jaleco branco que – assim como Prometeu, que presenteou o fogo do Olimpo aos meros mortais – simplesmente resolveram entregá-lo à humanidade para libertá-la. Se de fato há alguma oferenda envolvida, somos nós que, assim como o destinatário do relógio de Cortázar, somos oferecidos à felicidade. A maioria das coisas que fazemos em nome dela, benéficas ou não, frustrantes ou não, enganosas ou não, são antes de mais nada favoráveis e benéficas para aqueles que se arrogam a condição de detentores das verdades sobre o bem-estar. O envolvimento com a busca de felicidade não implica necessariamente trabalhar com vistas a nosso melhor eu ou a uma sociedade melhor, mas ainda assim traz consigo o trabalho em prol da legitimação, onipresença e potência da felicidade em si mesma como conceito, negócio, indústria e um estilo de vida consumista. Ela passou a ser útil para o controle de nossa vida porque nós nos tornamos escravos da busca obsessiva por sua realização; porque não é a felicidade que se esforça para se adaptar a nós – aos *chiaroscuros* de nossos sentimentos, às ambiguidades de nossos pensamentos ou às texturas complexas de nossa vida. Somos nós que temos de nos esforçar e nos adaptar a fim de nos adequar à lógica consumista da felicidade, cumprir suas demandas ideológicas tirânicas e veladas e aceitar

1 Julio Cortázar, *Histórias de cronópios e famas*, trad. Gloria Rodriguez. Rio de Janeiro: Civilização Brasileira, 2007, p. 16.

seus pressupostos de visão curta, reducionistas e psicologizantes. Chegar a essa conclusão pode ser decepcionante, dadas as expectativas que os defensores da felicidade criaram para nós. Mas pensar de outra forma, isto é, não pensar de modo crítico, apenas serviria para manter em funcionamento o maquinário da felicidade que um punhado de acadêmicos, especialistas e profissionais poderosos e influentes montaram para nós.

Acreditamos sinceramente que a ciência da felicidade ajude alguns indivíduos, que alguns de seus conselhos e métodos de fato tornem as pessoas melhores e que a felicidade possa ser um conceito importante e interessante a ser estudado sob uma perspectiva científica. Mas não pensamos que ela seja o bem supremo e evidente que os psicólogos positivos, os economistas da felicidade e outros cientistas e especialistas costumam se vangloriar de ter descoberto. Pelo contrário, em sua forma e usos atuais, ela é uma ferramenta poderosa para que organizações e instituições construam trabalhadores, soldados e cidadãos mais obedientes. Em nossos tempos, a figura da obediência assume a forma do processamento e da maximização do eu. Nos séculos XVIII e XIX, desejar a felicidade individual tinha um sabor transgressivo. Mas, graças a um desvio irônico na história, hoje a felicidade está suavemente bordada na trama do poder contemporâneo.

Se a felicidade é um bem evidente em si, como os cientistas da felicidade afirmam sem cessar, então não precisaríamos de cientistas e especialistas que nos dissessem isso – nós simplesmente saberíamos. E se no final das contas ela se revelar um bem evidente que ninguém, salvo esses especialistas, é capaz de ver, então acreditamos que ela seria importante demais para ser deixada nas mãos de uma ciência ambígua e reducionista marcada por vieses ideológicos, incorporada pelo mercado, convenientemente reciclada em políticas tecnocráticas e absolutamente conivente com o mundo corporativo, com o exército e com a educação neoliberal. Todas as razões para desconfiar dos especialistas que afirmam deter os segredos da felicidade estão presentes. Vimos de onde essas declarações provêm, como elas entraram em pauta, quem mais se beneficiou delas e quais eram os interesses por trás de suas ideias. Além disso, já ouvimos muitas promessas e declarações similares no passado. Devemos desconfiar desses defensores porque, apesar de suas promessas enfadonhas e duradouras de entrega das chaves da boa vida, tais chaves não podem ser encontradas em lugar nenhum. Tudo o que temos são "palavras, palavras, palavras, nada além de palavras", como Hamlet disse a Polônio. Até hoje, e ainda que não esteja claro em que medida as pessoas se beneficiaram do surgimento e da consolidação da ciência da felicidade, sem dúvida os psicólogos positivos, os economistas de felicidade e todo um conjunto de profissionais do desenvolvimento pessoal colheram lucros tremendos.

Também temos todos os motivos para acreditar que esses segredos da psicologia nunca serão revelados. Isso se deve sobretudo à ideia de que, caso haja um segredo para a felicidade, alguma chave mágica capaz de abrir seu baú dourado, esse mistério pode muito bem não ser de ordem psicológica. Que a psicologia tenha as chaves científicas para desvendar todos os fenômenos sociais importantes é algo que também já ouvimos muitas vezes. Os próprios psicólogos positivos afirmavam que não entrariam no mercado como os psicólogos de sempre, mas acabaram sempre sendo os psicólogos do mercado. Eles estão convencidos de que podemos entender a felicidade caso cavouquemos a mente de pessoas felizes da mesmíssima forma como outros psicólogos nos asseguram que poderíamos entender o abuso ao escavar a mente do assediador, o sucesso se nos infiltrássemos na mente dos bem-sucedidos, o assassinato caso mergulhássemos na mente dos homicidas ou o amor, a religião e o terrorismo caso nos colocássemos na mente dos amantes, dos fiéis e dos terroristas. Os psicólogos vêm trabalhando sob esse pressuposto há tanto tempo que não há por que acreditar que isso vá mudar. O ramo positivo da psicologia não é exceção. Na verdade, e com mais frequência do que seria desejável, parece que psicólogos e psicólogos positivos estão preparados para repetir a história apenas para que não se vejam obrigados a reconhecer suas próprias histórias – seus excessos no passado, suas raízes culturais e suas dívidas ideológicas.

Ao discutir conceitos como felicidade, os psicólogos em geral, mas os positivos e os cientistas da felicidade em particular, não só os descrevem, mas também os moldam e prescrevem. Não passa despercebido a ninguém o quão conveniente parece ser que o perfil psicológico da pessoa feliz retratada pelos defensores da felicidade e depois disseminado e mobilizado pelo mercado combine quase perfeitamente com o retrato neoliberal do cidadão ideal autogerido e autodeterminado que prospera por seus próprios esforços – consolidado na figura de Gardner, em suas versões da vida real e da fictícia (como comentamos na introdução). De fato, quais seriam as chances de que uma ciência da felicidade nova, independente e imparcial chegasse à conclusão de que os mesmíssimos atributos psicológicos que definem um indivíduo feliz correspondem diretamente aos atributos psicólogos que a visão de mundo neoliberal considera os mais desejáveis a serem desenvolvidos pelos cidadãos? Quais as chances de que as mesmíssimas necessidades e demandas por autonomia, flexibilidade, resiliência, persistência e autogestão características do ambiente organizacional instável e competitivo em ascensão espelhem de forma tão perfeita o perfil psicológico do empregado feliz que esses cientistas nos oferecem? É claro que a ciência social não é impermeável a influências ideológicas e econômicas. Apesar disso, em nenhum outro lugar essas influências são mais nítidas e bem-delimitadas que na ciência da felicidade, cujas alianças institucionais, cujo trânsito político e penetração no mercado falam com frequência por si próprias.

Tampouco a ciência social é infalível. Ainda assim, cientistas e especialistas da felicidade costumam se manifestar como se fossem indefectíveis e enfeitam seus próprios estudos com um longo inventário de expressões como "descobertas revolucionárias", "evidências sólidas", "descobertas empíricas" ou "benefícios incontestes". Falam com frequência como se fossem gurus, oráculos ou mesmo seres iluminados. O problema principal, no entanto, não é que tudo o que esses cientistas dizem esteja errado. O que eles dizem com frequência não passa de senso comum reformulado, revestido de um jargão solene e psicologizante. O problema principal é que tudo o que esses especialistas dizem é claramente aceito por muita gente disposta a acreditar nessas afirmações, apesar do grande número de evidências contrárias. E, quanto mais dados e evidências são coletados para sustentar afirmações favoráveis, tantas outras análises vêm enfraquecer, contestar e refutar essas evidências. Quando muito, aquilo que o conceito de felicidade e que seus principais defensores provaram é que eles dispõem de uma resiliência inveterada a fatos e argumentos contrários, tenham vindo de fora ou de dentro de suas fileiras. Apesar disso, mais pesquisas e financiamentos continuam a chegar, já que muitos ainda tendem a acreditar que algum dia descobrirão os verdadeiros segredos da felicidade.

De certo modo, isso é compreensível. A despeito de todas as críticas, a felicidade se mostrou altamente resiliente porque ela instila nas pessoas certa noção de esperança, poder e consolo. Para um número cada vez maior de pessoas, é crucial a promessa de que, mesmo em situações de vulnerabilidade e desvantagem, a busca da felicidade mostrará uma luz no fim do túnel. Mas a felicidade não equivale à esperança, e muito menos a um poder real – ao menos não a felicidade apresentada na visão reducionista, psicologizante e supremacista que esses especialistas adotam. Não devemos ser presas da crença de que esse tipo de felicidade proporcionará uma saída para todos os nossos problemas. O culto da felicidade é, na melhor das hipóteses, uma distração entorpecente, não uma cura para sensações profundas de vulnerabilidade, impotência e ansiedade. Devemos encontrar uma rota de fuga que nos leve para fora da felicidade em si mesma, isto é, devemos questionar esses pressupostos perigosos que a acompanham e que podem dar sustentação a muitos problemas que nos afetam. Precisamos de esperança, mas sem o otimismo paralisante, tirânico, conformista e quase religioso, como Terry Eagleton nos mostra.[2] Precisamos de uma esperança fundada na análise crítica, na justiça social e na ação coletiva; que não seja paternalista, não decida por nós e não procure nos poupar do pior, mas que nos proporcione as melhores condições para confrontá-lo. E não como indivíduos isolados, mas juntos como sociedade.

Não é na interioridade que queremos construir e viver nossa vida. Nem alcançar qualquer mudança social significativa. Não queremos ser controlados pelas promessas ambíguas de transformação pessoal ou viver obcecados por nossos pensamentos, sentimentos e expectativas de autoaperfeiçoamento.

[2] Terry Eagleton, *Hope without Optimism*. New Haven: Yale University Press, 2015.

Reconhecemos a boa intenção de quem sustenta que a busca da felicidade joga a nosso favor; ainda assim rejeitamos essa oferta. De outro modo, terminaríamos na longa sombra projetada por aquela prometida melhor versão de nós mesmos, que, como no paradoxo de Zenão, está sempre em movimento e nunca alcança seu alvo. Na verdade, essa flecha disparada nunca alcançará seu alvo, mas, sobretudo, ela pode já ter nos distraído da criação de um senso de união e coletividade ao enfatizar a individualidade e estigmatizar qualquer tipo de negatividade. Devemos salientar mais uma vez o caráter essencial dos sentimentos negativos. Manifestações populares e mudança social advêm do acúmulo de muitos cidadãos irritados e ofendidos. Ocultar sentimentos negativos sob o tapete do pensamento positivo significa estigmatizar e tornar vexaminosa a estrutura emocional do mal-estar social e da instabilidade. Alguns dirão que optamos por privar trabalhadores dos benefícios da ciência do bem-estar em troca do aceno de uma ideia vaga de consciência coletiva. A felicidade, como alguns empiristas ferrenhos afirmarão, é o único bem tangível em que podemos pôr as mãos aqui e agora. Nossa resposta e nossa objeção final podem ser encontradas na famosa refutação do utilitarismo de Robert Nozick, filósofo anarquista de Harvard.[3] Em 1974, ele pediu a seus leitores que participassem de um experimento mental que consistia em imaginar que estamos conectados a uma máquina que nos proporciona qualquer experiência prazerosa. Nossos cérebros seriam estimulados a acreditar que estaríamos vivendo a vida que desejamos. A pergunta de Nozick, então, era: dada a possibilidade de escolha, você preferiria a máquina prazerosa à

[3] Robert Nozick, *Anarchy, State, and Utopia*. New York: Basic Books, 1974.

vida real (e presumivelmente mais infeliz)? Uma resposta a essa questão parece hoje ainda mais relevante do que antes, sobretudo agora que a ciência da felicidade (e as tecnologias virtuais) se tornam tão predominantes. Nossa resposta, assim como a de Nozick, é a de que o prazer e a busca da felicidade não podem superar a realidade e a busca por conhecimento – o pensamento crítico sobre nós mesmos e sobre o mundo que nos rodeia. Uma "máquina da experiência" do tipo que Nozick imaginou e que Huxley descreveu tem hoje seu equivalente em uma indústria da felicidade que pretende nos controlar: ela não apenas borra e confunde a capacidade de conhecer as condições que moldam nossa existência, mas também faz com que essas condições em si sejam irrelevantes. Conhecimento e justiça, e não felicidade, continuam a ser o propósito moral revolucionário da vida.

SOBRE OS AUTORES

EDGAR CABANAS DÍAZ nasceu em Madri, na Espanha, em 1985. É graduado (2008) e doutor (2013) em psicologia pela Universidad Autónoma de Madrid (UAM). Entre 2014 e 2016, realizou pós-doutorado no Centre for the History of Emotions, no Max Planck Institute for Human Development (MPG), em Berlim. Em 2016, participou da fundação da rede acadêmica internacional "Popular Psychology, Self-Help Culture and the Happiness Industry". Desde 2017, atua como professor de psicologia da educação e pesquisador na Universidad Camilo José Cela, em Madri, financiado pelo Programa de Atracción del Talento de la Comunidad de Madrid. Lecionou disciplinas de psicologia, educação e história para alunos de graduação e mestrado na Humbolt Universität zu Berlin, na Universidad Autónoma de Madrid, na Universidad de Barcelona, e na Universidad Oberta de Catalunya. Também coordenou cursos e seminários no Max Planck Institute, na Universidad de Oviedo, na Universidad Complutense de Madrid e na Universidad Nacional de Educación a Distancia.

OBRAS SELECIONADAS

[com José Carlos Sánchez-González] "Inverting the Pyramid of Needs: Positive Psychology's New Order for Labor Success". *Psicothema*, v. 28, n. 2, 2016, pp. 107-13.

"Positive Psychology and the Legitimation of Individualism". *Theory & Psychology*, v. 28, n. 1, 2018, pp. 3-19.

"'Psytizens', or the construction of happy individuals in neoliberal societies", in E. Illouz (org.), *Emotions as Commodities: Capitalism, Consumption, and Authenticity*. London: Routledge, 2018, pp. 173-96.

"Rekindling individualism, consuming emotions: constructing 'psytizens' in the age of happiness". *Culture & Psychology*, v. 22, n. 3, 2016, pp. 467-80.

EVA ILLOUZ nasceu em Fez, no Marrocos, em 1961. É graduada em sociologia, comunicação e literatura e mestre em literatura pela Université Paris X (Nanterre). Em 1986, concluiu o mestrado em comunicações na Hebrew University of Jerusalem e, em 1991, o doutorado em comunicações e estudos culturais na University of Pennsylvania. Ocupou diversos cargos na Université Paris Sciences et Lettres (PSL – França), na Zurich University (Suíça), na Bezalel National Academy of Arts and design e na Hebrew University of Jerusalem (Israel), na Princeton University e na Northwestern University (Estados Unidos). É pesquisadora sênior no Van Leer Jerusalem Institute, diretora da École des Hautes Études en Sciences Sociales (EHESS), na França, e membro do Center of Rationality na Hebrew University, instituição na qual também ocupa a cátedra Rose Isaac de Sociologia desde 2010. Recebeu prêmios internacionais de diversas instituições, como a American Sociological Association, a Societé Alpine de Philosophie e a Humboldt Foundation. Illouz também contribui para os jornais *Le Monde, Le Nouvel Observateur, Der Spiegel, Die Zeit* e *Ha'aretz*.

OBRAS SELECIONADAS

Les Sentiments du capitalisme. Paris: Seuil, 2006.
Cold Intimacies: The Making of Emotional Capitalism. Cambridge: Polity, 2007.
Saving the Modern Soul. Berkeley: University of California Press, 2008.
O amor nos tempos do capitalismo, trad. Vera Ribeiro. Rio de Janeiro: Zahar, 2011.
Why Love Hurts: A Sociological Explanation. Cambridge: Polity, 2012.

The End of Love: A Sociology of Negative Relations. London: Oxford University Press, 2019.

[com Dana Kaplan] *What is Sexual Capital?*. New Jersey: Wiley, 2022.

COLEÇÃO EXIT

Como pensar as questões do século XXI? A coleção Exit é um espaço editorial que busca identificar e analisar criticamente vários temas do mundo contemporâneo. Novas ferramentas das ciências humanas, da arte e da tecnologia são convocadas para reflexões de ponta sobre fenômenos ainda pouco nomeados, com o objetivo de pensar saídas para a complexidade da vida hoje.

LEIA TAMBÉM

24/7 – capitalismo tardio e os fins do sono
Jonathan Crary

Reinvenção da intimidade – políticas do sofrimento cotidiano
Christian Dunker

Esperando Foucault, ainda
Marshall Sahlins

Big Tech – a ascensão dos dados e a morte da política
Evgeny Morozov

Depois do futuro
Franco Berardi

Diante de Gaia – oito conferências sobre a natureza no Antropoceno
Bruno Latour

Tecnodiversidade
Yuk Hui

Genética neoliberal – uma crítica antropológica da psicologia evolucionista
Susan McKinnon

Políticas da imagem – vigilância e resistência na dadosfera
Giselle Beiguelman

O mundo do avesso – Verdade e política na era digital
Letícia Cesarino

Terra arrasada – além da era digital, rumo a um mundo pós-capitalista.
Jonathan Crary

Ética na inteligência artificial
Mark Coeckelbergh

Estrada para lugar nenhum
Paris Marx

© Éditions Premier Parallèle, 2018
© Ubu Editora, 2022

EDIÇÃO DE TEXTO Maria Emília Bender
PREPARAÇÃO Gabriela Naigeborin
REVISÃO Marlon Magno
PROJETO GRÁFICO DA COLEÇÃO Elaine Ramos
 e Flávia Castanheira
PRODUÇÃO GRÁFICA Marina Ambrasas

EQUIPE UBU
DIREÇÃO Florencia Ferrari
DIREÇÃO DE ARTE Elaine Ramos; Julia Paccola (assistente)
COORDENAÇÃO Isabela Sanches
COORDENAÇÃO DE PRODUÇÃO Livia Campos
EDITORIAL Gabriela Ripper Naigeborin
 e Maria Fernanda Chaves
COMERCIAL Luciana Mazolini e Anna Fournier
COMUNICAÇÃO/CIRCUITO UBU Maria Chiaretti,
 Walmir Lacerda e Seham Furlan
DESIGN DE COMUNICAÇÃO Marco Christini
GESTÃO CIRCUITO UBU/SITE Cinthya Moreira, Vic Freitas
 e Vivian T.

3ª reimpressão, 2025.

Dados Internacionais de Catalogação na Publicação (CIP)
Bibliotecário Vagner Rodolfo da Silva – CRB 8/9410

C112h Cabanas, Edgar
 Happycracia – fabricando cidadãos felizes / Edgar Cabanas, Eva Illouz; traduzido por Humberto do Amaral. Título original: *Happycracy: Manufacturing Happy Citizens*. São Paulo: Ubu Editora, 2022. /
 288 pp. / Coleção Exit
 ISBN 978 65 86497 90 8

 1. Psicologia. 2. Emoções: aspectos sociológicos. 3. Busca da felicidade. 4. Neoliberalismo. I. Amaral, Humberto. II. Título.

2022–200   CDD 150   CDU 159.9

Índice para catálogo sistemático:
1. Psicologia 150
2. Psicologia 159.9

UBU EDITORA
Largo do Arouche 161 sobreloja 2
01219 011 São Paulo SP
ubueditora.com.br
professor@ubueditora.com.br
❐ ◎ /ubueditora

FONTES Edita e Italian Plate
PAPEL Alta alvura 75 g/m²
IMPRESSÃO Margraf